¿Y TÚ?

Parte primera

TEACHER'S ANNOTATED EDITION

TAE

¿Y TÚ?

Spanish 1

Gilbert A. Jarvis **Diane W. Birckbichler**
Thérèse M. Bonin **Linita C. Shih**

Parte primera

HOLT, RINEHART AND WINSTON

AUSTIN NEW YORK SAN DIEGO CHICAGO TORONTO MONTREAL

Printed in the United States of America

ISBN 0-03-021423-8

90123 040 9876543

Guide to Symbols Used in _¿Y tú?_

L   indicates an activity designed to teach listening skills.

W   indicates an activity specifically designed to develop writing skills. Unmarked activities may also be designated as writing assignments at the teacher's discretion.

    indicates a passage or activity found on audio tape.

Each tapescript has a unique number. Those that correspond to the student text begin with **ST,** those that correspond to the Listening Activities begin with **LA,** and those that correspond to the Testing Program begin with **TP.** Abbreviated scripts may be found in the Teacher's Edition of each component, while the complete, collected scripts are in the Tape Manual in the Teacher's Resource Binder. There is a separate set of tapes for each component.

¿...?   is an invitation to the teacher and students to add their own cues, questions, and responses to an activity or drill.

CONTENTS

Teacher's Preface

Introduction

Much has been learned about language acquisition in recent years. The new editions of **¿Y tú?** and **Entre todos** incorporate that knowledge in a way that takes into account the realities of today's classroom. In creating this state-of-the-art series, we have incorporated the following features:

1. *An emphasis on meaning and communication.* Too often in the past, foreign language instruction has separated language from meaning, resulting in negative student attitudes and in a misconception of language learning as the dull, repetitive memorization of strange forms that have little to do with real life. With the materials in this series, you can engage students in communication from the first day of class, rather than promise them communication "someday."
2. *An opportunity for you, the teacher, to improve the quality of instruction by taking into account your classroom facilities, your students' interests and abilities, and your own personality and goals.* The teacher is not a technician who follows the prescriptions of the textbook, but a professional who uses his or her knowledge to decide how to use it as a resource. What to have students do with a conversation or an interview, what sequence of activities is appropriate, whether an activity should be done in small groups or by the whole class, orally or in writing, are all decisions best made by you. While offering abundant material and a workable framework for teaching Spanish, this series does not impose any single methodology. It can easily be adapted to different teaching styles, student abilities, and course objectives. At the same time, the annotations in the Teacher's Edition contain an abundance of cultural facts, teaching suggestions, and quick-reference answers to activities that provide you with the greatest possible support in making decisions quickly, conveniently, and confidently.
3. *A functional approach that relates each grammar point to its function or role in communication.* We believe that a function-oriented approach, while in many ways advantageous, must be combined with a pedagogically sound grammar sequence if true proficiency is to be achieved in an efficient manner.

4. *A richness and variety of cultural insights that increase students' inter-cultural awareness.* Students read about Spanish culture and see aspects of it depicted in the **Rincones culturales**. They see reflections of the culture in readings or dialogues, they draw cultural conclusions from the way an idea is expressed in Spanish, and they are presented with the opportunity to learn cultural customs and practices from the contexts of the exercises. Whatever the approach, students increase their knowledge and understanding of cultures that are different from their own.

When we examined the teaching of Spanish in middle schools, junior high schools, and senior high schools across the country, we were immediately struck by the enormous diversity of teaching styles and environments. With this observation in mind, we have designed a series that allows for diversity while improving the quality of the teaching-learning process and increasing students' enthusiasm for learning a new language.

Teachers can make a difference in attitudes toward learning, and our textbook will help greatly in giving students a positive attitude. We have carefully tested the materials in our series with students in classrooms across the country. Their responses, and the responses of the teachers, have been invaluable in shaping the series and in reinforcing our conviction that, in your hands, **¿Y tú?** and **Entre todos** can make a significant difference in language learning.

Gilbert A. Jarvis
Thérèse M. Bonin
Diane W. Birckbichler
Linita C. Shih

The Ohio State University

I. Organization of *¿Y tú?*

The Holt Spanish series consists of **¿Y tú?** (Level 1), **Entre Todos** (Level 2), and **Fronteras** (Level 3).

¿Y tú? is divided into 12 numbered chapters and four supplementary reading chapters. **Parte primera** of the junior high version contains chapters 1 through 6 and the first two reading chapters. A review chapter, entitled **Capítulo puente**, chapters 7 through 12, and the two remaining reading chapters are found in **Parte segunda** of the junior high program. There is also a brief **Capítulo preliminar** that teaches basic greeting formulas, classroom expressions, the numbers 0–15, and pronunciation. Each of the chapters 1 through 12 is organized as follows.

1. **INTRODUCCIÓN.** Each chapter begins with an **Introducción** that contains a variety of activities: **(a) En contexto,** a lively dialogue or reading, followed by a **Comprensión** to evaluate understanding; **(b) Así se dice,** which presents new vocabulary through pictures and recognition activities; **(c)** a **Comunicación** section that encourages students to use the new vocabulary creatively.

2. **EXPLORACIONES.** Each chapter contains four explorations of major grammar structures. Each **Exploración** is divided into three sections: **(a)** the **Presentación** explains the grammar topic and relates it to a communicative function; **(b)** the **Preparación** section provides contextualized, structured practice of the new function and structure; **(c)** the **Comunicación** section gives students the opportunity to relate the new material to their own lives through open-ended, personalized activities. The **Rincones culturales,** found between the **Exploraciones,** provide cultural information and a variety of related activities.

3. **PERSPECTIVAS.** The **Perspectivas** uses readings, dialogues, and communication activities to integrate and reinforce the language presented in the chapter. Each **Perspectivas** is divided into three sections: **(a)** the **Lectura,** a reading or conversation, followed by a **Comprensión; (b)** the **Comunicación** activities; **(c)** a **Pronunciación** section to review and reinforce the new sound system.

4. **INTEGRACIÓN.** In this optional section, a series of activities, organized by the four traditional skills, reviews and integrates the material from the chapter: **(a) Vamos a escuchar** checks aural comprehension; **(b) Vamos a leer** practices reading skills; **(c) Vamos a escribir** provides writing practice; **(d) Vamos a hablar** gives students practice speaking in challenging and realistic situational role plays.

5. **VOCABULARIO.** Each chapter ends with a comprehensive vocabulary list organized into useful thematic categories such as "sports terms" or "nouns related to school".

6. **GACETAS.** Located after every third instructional chapter, these colorful, magazine-like sections offer students an opportunity to develop reading strategies, such as contextual guessing and using cognates, that will help them read Spanish more easily and effectively. The readings have been selected for their authenticity and their appeal to teenagers.

II. Instructional Strategies for Teaching Proficiency

Each section of **¿Y tú?** has been designed to provide maximum flexibility and to be used in a variety of ways, depending on available class time and teacher preferences, as well as on the needs, goals, and interests of the class and of individual students. For most programs, instructional strategies will emphasize communicative proficiency in all the skills.

The following are guidelines and suggestions that will help you utilize to greatest benefit the various sections contained in **¿Y tú?** Although each section of **¿Y tú?** focuses on a different aspect of language learning, several guidelines apply to all sections.

1. Involve students actively in all stages of language learning. Teaching a skill implies that students should use that skill rather than talk or be told about it.

2. Minimize rote manipulation or recall of language, and emphasize meaningful communication.

3. Vary the contexts in which material is learned so that students have the opportunity to use the language often and to see it used in a wide variety of situations.

4. Provide practice in each of the skill areas (listening, reading, writing, speaking) because student abilities vary with each skill. The exclusion of practice in one skill may deprive a student of success in learning Spanish. **¿Y tú?** has been carefully designed to practice all skill areas. The symbol **L** designates activities that target listening, and the symbol **W** indicates writing. Of course the majority of activities can be used, at your discretion, to practice more than one skill.

5. Provide a logical sequence of tasks, beginning with drill, progressing to structured, meaningful practice, and ending with open-ended, creative activities. This is the normal sequence of exercises in each **Exploración**. The new edition of **¿Y tú?** also provides early recognition activities for new word lists to precede communicative use of the thematic vocabulary.

6. Encourage students to see the many similarities between themselves and the peoples of the Hispanic world and to examine the differences that exist between them.

7. Create a classroom atmosphere in which students feel free to express their ideas and feelings, to take risks in the language, and to view errors as a natural part of language learning.

8. Let students see *you* using the language creatively. When you can phrase more complicated or advanced ideas in Spanish with the vocabulary and grammar they know, go ahead. This encourages students to use the language to express more advanced thoughts and ideas.

9. Encourage students to use Spanish beyond the classroom—with friends at school or on the telephone, with members of their families, or within the community if possible.

10. Recognize the diversity of students in your class, and try to accommodate individual learning styles, needs, and interests.

Here are some specific strategies for the sections of **¿Y tú?**

A. INTRODUCCIÓN

1. **En contexto.** One prerequisite to comprehension is the ability to relate to one's preexisting knowledge of oneself, other people, and one's environment. **¿Y tú?** strengthens that ability by providing interesting language-in-context passages that are based on previously learned structures. Here are some ways to enchance comprehension of these passages. Most of these teaching suggestions will also apply to the language-in-context **Lecturas** in the **Perspectivas** section.

   - Familiarize students with the new words.

   - Ask students to use the title and the accompanying illustrations to try to guess what the passage is about.

   - Ask students to answer the prereading question or do the prereading activity that appears in a teacher's note before the reading.

   - "Set the scene" with a brief introduction in Spanish or in English.

   - Relate the content of the **Introducción** to students' lives. For example, in Chapter 3 there is a discussion concerning a friend of Ana and Marta who has overdramatized an illness and is now in the hospital. You might ask students in this instance: **¿Tienes un(a) amigo(a) que está en el hospital ahora?** or **¿Tienes un(a) amigo(a) que es un poco exagerado?**

   - Ask students to anticipate content by looking over the **Comprensión** before reading or listening to a passage.

   - Present new vocabulary through visual aids, gestures, Spanish synonyms or paraphrases, and English translations. The marginal glosses can serve as a reference point if students do not remember the meanings of the new words.

   - Put the **Introducción** without glosses on duplicating masters, and see how many meanings of words students can guess from the context in which they occur.

   - If the passage is assigned as homework, students can study the marginal glosses first and think about the word meanings as they read.

After students have learned new vocabulary and "the scene has been set," they will be better prepared to deal with the entire passage. Although it can be introduced in one day, you might want to present several lines one day and the remaining lines on another. The presentation of the passage can take several forms.

- Present transparencies and other visuals that illustrate the passage before students see it in written form.

- Put the language-in-context passage on a transparency, and read it through with the class, pointing out those parts that students should note. Use visuals to reinforce the content.

- Have students listen to the tape before seeing the passage. As follow-up, have them listen to the tape again after having learned the vocabulary and gone over the **Comprensión**. Students will be surprised at how much they understand the second time.

- Assign the reading as homework or as in-class work, and go over the passage the next day in class, using, for example, the **Comprensión**.

- Ask students to match the lines of a conversation or reading with visuals.

Each of these presentations has an appropriate time and place in the classroom. What is essential is that *students be attentive to the meaning* of what they are seeing and hearing, no matter which presentation strategy is used.

2. **Comprensión.** Although individual or whole-class repetition of a dialogue or reading helps pronunciation of new vocabulary and sentence patterns, this activity does not guarantee comprehension of the passage. Here are some suggestions for using the **Comprensión** to determine whether students have understood the passage.

- Ask students to look over the **Comprensión** before the presentation of material to help them find important information.

- Ask students first to listen to or read the **Introducción** and look for the main idea. Later they can be asked to find more specific information or to draw inferences and conclusions.

- Ask the **Comprensión** questions orally after the class has listened to or read the passage.

- Assign the **Comprensión** as homework, and go over it the next day in class. You might put answers on a transparency so that students can easily check their responses.

- Assign a question or questions to individual students or to small groups of students, who are then responsible for finding the answers and reporting back to the rest of the class.

- Use the questions as a game to see which student or team of students can find the answers to the questions in the shortest period of time.

Some tasks you might ask students to do will involve them more directly in checking comprehension. Have students do the following.

- Select the accurate sentences from a summary of the passage you provide that contains some misinformation.

- Make up their own questions to ask each other.

- Ask students to choose adjectives to describe the people in the conversations or readings.

- Draw or find pictures that summarize the content or illustrate particular parts of the passage and discuss them orally or in writing.

- Make up a new title for the reading (in English in early chapters and later in Spanish) or choose from among those given by the teacher.

- Create a new beginning or end of the passage or rewrite the material, relating it to their lives.

- Put scrambled passages or related illustrations in the right sequence.

- Summarize the passage in Spanish or English.

- Play the role of a character or characters in a conversation, and have other students ask them questions.

3. **Así se dice** and **Comunicación.** These two sections that follow the **En contexto** passage introduce useful vocabulary related to the chapter theme through visuals and interesting contexts. You can enhance this function by helping students relate the new vocabulary to their needs and interests. For example, in **Capítulo 6,** ask in English what kinds of food students like to eat, and let them use the visuals to discover the equivalent Spanish words. You may also choose to present vocabulary groupings through the use of visuals as well as gestures, Spanish synonyms, and English equivalents or by assigning the vocabulary as homework or in-class work.

Physical response activities can help motivate students and minimize the use of English. They also allow students to demonstrate understanding without requiring premature production of words and patterns that might be prone to errors. You might play charades, ask students to give and act out commands, or engage in role-play activities with real props, pictures, or cutouts. Teach a few (4–6) new words at a time, and proceed from simple to combined commands.

Éste es un sombrero.
Paula, ¿es esto un sombrero o una bolsa?
Ramón, ponte el sombrero por favor.
Evita, levántate, pasa al pizarrón y quítale el
sombrero a Ramón.

B. EXPLORACIONES

1. **Presentación.** The **Presentación** explains a point of Spanish grammar and its communicative functions. It provides a concise grammar rule in English with examples of the pattern in Spanish. Each of the explanations have subsections. Thus, each presentation may be treated in its entirety or on separate days. Here are a variety of ways for handling the **Presentación** section.

   - Use transparencies or other visuals to give examples of the grammar so that students can formulate the general rules that govern their use.

   - Because the grammar explanations are straightforward and examples are given, you may assign the **Presentación** as homework. The next day, you can proceed to the **Preparación** section or discuss the grammar if particular problems occur.

   - Lead the students through the **Presentación** while discussing the use of the pattern in the sample sentences.

   - Use the **Presentación** for review or for makeup work.

   Each **Presentación** begins with a brief statement about how the grammar is used to communicate in Spanish so that students can immediately see the usefulness of a grammar structure. You can extend the functional approach by making additional comments or by asking other questions. For example, when talking about the negative, ask students to think of situations in which they might want to make a negative statement. Or, before introducing the preterite, ask students to consider what communication would be like if they could not talk about past events. In addition to helping students see the usefulness of the material they are studying, these questions heighten the students' awareness of their own language and of language in general.

   The Teacher's Annotated Edition substitution and transformation drills give students initial practice in manipulating structures and making rapid responses within controlled language. The number of drills used will depend on student needs, class time, and teacher preferences. If students are able to understand a particular grammar concept easily, few preparatory drills will be necessary, and students can progress to the **Preparación** and **Comunicación** sections.

2. **Preparación.** The **Preparación** activities are a bridge between the simple manipulation required by the drills in the Teacher's Annotated Edition, where students focus on grammar forms and linguistic accuracy, and the **Comunicación,** where the transmission of ideas is the primary goal. Although the **Preparación** activities are set in realistic contexts, the student does not yet give personal or open-ended responses.

- The **Preparación** activities can be used immediately after doing all or part of the drills.

- Students can complete the **Preparación** immediately after the grammar presentation, moving back to the drills in the Teacher's Annotated Edition if more work is needed.

- In some cases, not all of the **Preparación** activities will be needed. It will be possible for students to move more directly into the **Comunicación,** leaving remaining **Preparación** exercises for remedial work.

- Because the **Preparación** activities range from easy to more complicated, you may choose to do selected activities rather than complete the entire section in class. The activities you select will depend on student abilities, class time, and the extent to which students understand various points within the grammar.

- Selected **Preparación** exercises can also be assigned as written homework.

When used in class to improve oral skills, these sections can be completed in various ways.

- Give cues and have students respond individually or as a class.

- Give a student leader the correct answers, and have him or her complete the activity with the class.

- Divide students into small groups, each of which has a student leader with correct answers. You can circulate to check each group's progress.

- Have students role-play certain activities, especially those in which two people are engaged in a simulated conversation.

Suggestions for modifying or extending the **Preparaciones** are found in the annotations of this Teacher's Edition. You may wish to do some **Preparación** activities with books closed, and others with books open. Those done with books open can then be repeated with books closed. It is important that you "set the stage" for an activity by establishing its context so students readily associate the response with the situation. Attention should be drawn to the model sentence so that students clearly understand their task.

3. **Comunicación.** The **Comunicación** sections of **¿Y tú?** provide rich and varied contexts in which students express their own ideas. Below are some ways in which communication can be encouraged, as well as some practical suggestions for dealing effectively with the wide variety of communication activities that appear throughout **¿Y tú?**

   a. **Encouraging communication.** In a communicative classroom, students use what they know to express their ideas, which should be listened to and valued. Be sure to do communication activities several times throughout the week. Each time they are done, various students respond in different ways, thus creating new practice for everyone.

   b. **Correcting errors.** Because relatively little valid research is available to guide the correction of errors, teachers must rely on their experience, intuition, and knowledge of the students in their class. Some believe students generally do not need to be corrected as long as a native speaker would understand. For them, correction should be limited to those exercises where the production of correct forms is a paramount goal. Others are fairly consistent in identifying and correcting errors of form as they occur. Whatever the case, correction of errors must leave room for students to speak freely and take risks in expressing ideas while maintaining standards that enable the students' language abilities to develop to the fullest.

   Errors can be pointed out to students in subtle ways. If a student says, **Soy mucha hambre,** the teacher can rephrase the statement, **Ah, tienes mucha hambre,** or the teacher can respond with a variation of the correct structure: **Yo también tengo mucha hambre.** Frequently recurring mistakes can be pointed out to the entire class rather than singling out the individual who has made the error. The **error de la semana** can be placed on a chalkboard or bulletin board, and everyone in the class can be corrected if he or she makes that particular error. Students may be encouraged to expect, and to learn from, errors. They can, for example, keep a list or flash cards of their errors, correct errors themselves that you have marked, or correct each other's errors. Whatever strategies are used, the classroom environment should encourage students to take risks, to be willing to make errors, and to try to express ideas that are important to them.

   c. **Using small groups.** Small-group work encourages communication and cooperation. Many of the activities in **¿Y tú?** are easily adaptable to small groups.

   - Communication is more lifelike in small-group work.

   - Students may be more at ease in small groups.

- Each student talks more frequently in small groups.

- In addition to providing vocabulary or help when needed, you can participate in—rather than direct—conversations.

The effectiveness of small-group work is largely dependent on the teacher. First, the task should be clearly defined so that students know exactly what they are to do. For example, to ask students to get together to find out each other's favorite school subjects would, for most students, be too unstructured. The formats employed in the **Comunicación** provide more specific guidance for students. (See p. 186.) Second, the time allotted should be clearly indicated. Students should be given enough time to complete the task without being distracted. Third, students should be responsible for the information found out during their tasks. If they are to ask each other questions, they can report back to the class what they learned about the student(s) interviewed. They can also write a short report. Students could put some of this information on 3″ × 5″ cards and put them on the bulletin board: **El deporte favorito de Julio es el béisbol**. These cards could subsequently be used for a whole-class activity: **¿Cuál es el deporte favorito de María?**

d. **Communication Activities.** Here are some of the kinds of communication activities in **¿Y tú?** and possible ways to use them as whole-class or small-group activities.

   Questions/Interview. This consists of a series of questions that students answer or use to interview another student. (See p. 226.)

   ### Sample Activity

   C. **¿Cómo te sientes?**   Answer the following questions, or use them to interview another student.

   1. ¿Tienes más sed o hambre ahora?
   2. ¿Tienes más calor o frío ahora?
   3. ¿Quién tiene razón con más frecuencia, tú o tus padres?

These interviews can be set up with one student asking the questions and the other responding; the roles can then be reversed. In addition, the activity can become more like a conversational exchange if the student answers a question and then asks his or her partner's opinion. Small groups can also be used, in which students start with one question and pass that question around the group until everyone has asked and answered the question. The same procedure is followed with the remaining questions.

Students can prepare questions for homework. If the questions are used for in-class interviews, a follow-up activity will encourage students to be responsible for the information learned. Students can share with others the information they learned from their partners (**David no tiene hambre pero tiene sed**). They can take brief notes on their partners' answers and submit them to you, or you may want to have students answer questions orally (**¿Tiene David calor ahora?**).

Group Interviews and Activities. Other formats allowing for one-on-one or group interviews include those that incorporate lists, charts, or illustrations from which students form personalized questions and responses. (See p. 230.)

Sample Activity

B.   ¿Conocer es comprender.   Get to know the people in your class better by asking them questions using **saber** or **conocer**.

EJEMPLO   hacer arroz con pollo
            Tú: **Eva, ¿sabes hacer arroz con pollo?**
            Eva: **Sí, sé hacer arroz con pollo.**

tocar el piano   si va a hacer frío mañana
la música de Bob Dylan   programar computadoras
qué hora es en España   a un sabelotodo

These types of activities can be done in small groups or as a whole-class survey in which students move around the room addressing questions to several different classmates. At the end of the activity, the teacher can transform the cues into questions for whole-class discussion.

Completions and Question Formation. Students create sentences, questions, or written assignments based on their own experiences, opinions, or feelings, using suggestions given. (See p. 87.)

Sample Activity

A.   Opiniones.   Make up some questions to ask other classmates.

EJEMPLO   **En tu opinión, ¿es guapo Julio Iglesias?**

la música clásica   formidable
los exámenes   difícil
el Presidente de los   bonito
    Estados Unidos   inteligente
las películas de terror   aburrido
los profesores   importante
la lucha libre   excelente
¿ . . . ?   ¿ . . . ?

One student might ask a question and then respond to the same question given by the partner before moving to the next question. The symbol ¿...? encourages students to move beyond the suggestions given in the book, and to create questions based on their own thoughts and ideas. The teacher can facilitate this process by providing some additional questions beforehand.

As a follow-up activity, the teacher may ask individuals what they found out about their classmates. Another useful follow-up activity is to have students write a short paragraph describing the person they interviewed. Students may either turn in this assignment or read it to the class.

Sentence Builders. Students combine items from different columns to make complete sentences that describe their opinions or experiences or those of others. (See p. 157.)

Sample Activity

B.   Preguntas.   Ask your teacher some questions, using words from the following lists.

> **EJEMPLO**   simpático / amigos
> **¿Son simpáticos sus amigos?**

> grande   estudiantes
> joven   exámenes
> aburrido   amigos
> . . .   . . .

The teacher can ask students to volunteer questions or sentences or can elicit responses by using one of the columns given: **Marcela, en tu opinión ¿son aburridas las fiestas? ¿Por que (no)?** If a student says, for example, **No, las fiestas no son aburridas porque hay muchas personas interesantes,** the teacher can ask another student: **Juan, ¿generalmente hay muchas personas interesantes en tus fiestas?** In this way, the statements students create can lead to group discussion.

Several of the activities of this type are structured as writing activities in the text. The teacher may assign them as writing tasks and follow up the next day with an in-class discussion or have students perform in groups or pairs and summarize the results in writing.

Expression of Personal Opinions / Experience. Students use the options given to describe opinions or experience. (See p. 196.)

Sample Activity

D. **¿Crees?** Find out a classmate's opinion on these subjects dealing with school and other occupations.

> EJEMPLO ir a la escuela
> **¿Es importante ir a la escuela?**
> **Creo que sí. (Creo que no.)**

1. estudiar las ciencas (importante)
2. aprender a nadar (fácil)
3. estudiar las matemáticas (necesario)

Opinion activities may be performed in pairs, in small groups, or as a whole-class survey. You can creatively expand opinion activities by asking related questions after students have interviewed each other: **¿Por qué es importante ir a la escuela? ¿Tus hermanos también creen que es importante ir a la escuela?**

Hypothetical situations. Students answer according to what their own feelings or reactions would be or ask another student what he or she would do in given situations. (See p. 110.)

Sample Activity

A. **¿Barómetro de los sentimientos.** Check your mood barometer. Choose from the following words to describe how you would feel in each situation.

> EJEMPLO ¿Cómo estás hoy?
> **Estoy cansado.**

emocionado	preocupado
encantado	nervioso
contento	sorprendido
. . .	. . .

1. No hay clases mañana.
2. Vas a viajar.
3. Vas a ganar mucho dinero.

You may assign this activity as writing, in which students describe themselves, or have students interview a classmate and follow up orally or in writing. To extend the activity, it is useful to add new situations. **Tu novio habla con otra chica muy bonita.**

Activities that are especially suitable for writing assignments are marked with a W. Writing activities can be done in class with another student or at home. To follow up, you can ask students questions related to their assignment. You might also have students read aloud part or all of their responses to the class. Students could be assigned to find related pictures or articles from magazines and present them to the class (e.g., in a collage or scrapbook format). Writing activities may be extended to games in which the student or group of students with the longest or most accurate list wins.

C. RINCONES CULTURALES

The **Rincones culturales,** which contain information about Hispanic cultures and insights into communication, are independent learning activities. They contain familiar grammar and vocabulary and a limited number of new cognates. Because **¿Y tú?** encourages active participation by students, each **Rincón cultural** has either a student activity or questions that invite the student to react to the new cultural information. The teacher may use the **Rincones culturales** for

- homework or in-class work

- small-group or whole-class discussions

- individual or small-group research in which, for example, students find out about and briefly describe the the cities and tourist attractions in the photos and map of Puerto Rico in **Capítulo 2**

- enrichment material, along with slides, photographs, and realia

- a bulletin-board project with tasks that students must complete or information they must obtain (maps, charts, realia, etc.)

- surveys of friends, family, and people in the community

D. PERSPECTIVAS

The **Perspectivas** introduce a limited number of new words and integrate the chapter grammar and vocabulary into a passage that uses authentic language to give students a wider view of language and theme. As in the **Introducción** passage, a **Comprensión** and a **Comunicación** follow. (For hints on how to teach the **Perspectivas,** the **Comprensión,** and the **Comunicación,** see pp. T9–T19.) If time is limited, teachers may omit the activities but hold students responsible for the **Perspectivas** vocabulary.

E. PRONUNCIACIÓN

The **Pronunciación** sections offer contextualized practice in pronouncing selected letters and letter combinations. Instructions to the first-year student are simple and direct, and the scope of the **Pronunciaciones** in **¿Y tú?** covers the basics of pronouncing the vowels, consonants, diphthongs, and unique Spanish letters, as well as the fundamentals of stress and unique Spanish punctuation.

Listening to native speakers is one of the most valuable forms of pronunciation practice, and the tapes of the **Pronunciaciones** can be used to advantage here. Recording and playing back students' voices can also be helpful. Whatever the approach, the emphasis should be on encouraging students to listen attentively to native speakers and to seek to imitate them and on treating mistakes as an opportunity for learning.

Errors in pronunciation can be treated in the same way as errors in grammar. For suggestions on how to handle error correction, see (p. T 15).

F. INTEGRACIÓN

The **Integraciones** review the material taught in the chapter through a set of additional activities that integrate the grammar and vocabulary in communicative contexts. The format of the activities is similar to that of activities on the end-of-chapter Achievement Test, and the activities are separated into the four traditional language skills of listening, reading, writing, and speaking in order to ensure a systematic, multifaceted reprise of the newly learned material.

The listening, reading, and writing activities may be used

- in class as a review of the chapter to determine whether students are ready for the Achievement Test, to diagnose areas of weakness that need additional practice, and to increase student confidence prior to taking a test

- as homework to reinforce newly learned material and provide additional practice; the activities may be assigned individually as each topic is covered

- as independent small-group work that can free you to spend time doing remedial oral work with other students as needed

- as an alternate to the end-of-chapter Achievement Test when needed for makeup grades; individual activities from the **Integración** may substitute for activities on the Achievement Test at your discretion

- as additional in-class activities to supplement or replace **Preparación** or **Comunicación** activities at your discretion

Each **Integración** culminates in a set of two or more **Situaciones,** or situational role plays, that challenge students to use their speaking skills in a spontaneous lifelike setting that is carefully controlled to elicit known structures and vocabulary. These **Situaciones** may be used

- to check students' proficiency in speaking; the **Situaciones** may be used for an oral grade in conjuction with or separately from the achievement test; you may assign group or individual grades. For further suggestions on how to score performance in speaking, see "Testing and Evaluation" (pp. T33–T35).

- as ungraded challenge activities to motivate students to see the value of being able to communicate about everyday concerns

In either case, the **Situaciones** should be as natural and spontaneous as possible. Here are some suggestions for getting the most from a **Situación**.

- Students may prepare for a situation by studying the topic, discussing it among themselves, and taking brief notes. They should be discouraged from writing their lines word for word and then reading them.

- Encourage students to use props, whether real items or magazine pictures and cutouts, to increase the feeling of realism when role-playing the situations.

- Students should stretch their skills by extemporizing as their experience allows, but should be redirected to learned structures and vocabulary if they overreach themselves.

- Students should listen and observe as others perform their situations. Good listening leads to greater proficiency in the other skills. You might ask the class at large to summarize or discuss a small-group performance as a follow-up to a situation.

- Accuracy should be fostered during situational role plays, but error corrections should be discreet during actual performance, when spontaneity and naturalness of speech are a primary goal. You might select common errors from a performance and target them in remedial work at a different class time.

A well-managed situational role play can enhance your Spanish class by giving students the opportunity to see just how much they can do, to observe their own progress from chapter to chapter, and to see how the linguistic functions they are learning can be applied to the real world.

G. VOCABULARIO

The vocabulary at the end of each chapter contains the new words in the **Introducción,** in the **Presentación** grammar topics, and in the **Perspectivas**. Although the **Rincones culturales** contain some new words, these are not included in the list of active vocabulary, and students are not expected to use them in subsequent sections of the book.

The lists are organized in both grammatical and thematic categories to help students learn efficiently. Because vocabulary is amply recycled throughout, the lists may serve simply as a reference or as review for chapter tests.

Teachers may encourage active use of vocabulary words by having students

- make up sentences containing the words that they have not yet mastered

- practice vocabulary in small groups with flash cards

- find visuals of the words for vocabulary packets that they can then use for review

- prepare vocabulary posters, mobiles, pictograms, or collages to decorate the classroom

- use word games such as Lotto and Password to review thematic vocabulary such as food, sports, and school subjects

- use groups of words to make up original dialogues and skits

- organize lists of words into their appropriate thematic categories (e.g., school subjects) or put words into other categories (e.g., foods that are eaten for breakfast)

- act out the meanings of appropriate groups of words (e.g., feelings, sports)

- act out simple or combination commands that add a few new words to previously learned vocabulary

H. GACETAS

The **Gaceta** found after every third chapter offers special opportunities to challenge students with high-interest, authentic reading selections that demonstrate how to acquire and apply specific reading skills in Spanish.

The selections, taken from a variety of authentic sources including magazines, directories, and newspapers, cover a wide range of formats and topics. While they challenge students to infer the meaning of unknown vocabulary and structures from context without the aid of a glossary, the **Gacetas** have been carefully compiled to ensure students of every chance of success based on their expected level or proficiency.

Each **Gaceta** focuses on a particular set of reading strategies, such as recognition of cognates, previewing for author's intent, and guessing meaning from context. Within the **Gacetas,** each selection is accompanied by a set of activities that guide the students to read for meaning while avoiding pitfalls such as word-for-word translation or answering questions without understanding basic content. These activities are designed to permit students to work with a minimum of teacher direction. This allows individuals or small groups to explore interesting materials in class while other students focus on oral testing, remedial work, or other tasks that require a great deal of teacher intervention. Checking the answers to the activities, which are printed as teacher's notes in the Teacher's Annotated Edition, will allow you to determine whether students have made the best use of the time they spend with the **Gacetas**.

The **Gacetas** can be used

- by advanced students at home or in their free class time

- by Spanish-speaking students who need to improve their reading skills

- by students who wish to earn bonus credit

- by the whole class as a "breather" activity between chapters

When using the **Gacetas** in class, you may wish to discuss the targeted reading strategy with students and do one of the selections together. When you ask students to read aloud, remember that they may be concentrating on pronunciation rather than on meaning and that they may encounter unfamiliar vocabulary and grammar. You may wish, instead, to have students read silently. Here are some other suggestions for getting the most out of the **Gacetas**.

- Allow students to complete the readings at their own natural pace— browsing, skimming, and analyzing freely as they would outside the classroom.

- Encourage students to complete the activities without using a dictionary or trying to decode the meaning of every word, but allow them to use a dictionary after completion of the task to expand their vocabulary.

- Use the readings as a point of departure for class discussions after the activities have been completed, when your role as a teacher can become more active again.

- Encourage students to find similar selections at home or at the library and to practice applying their newly learned skills with texts they have chosen. In-class reports could lead to stimulating discussions and activities that would allow the entire class to benefit from a few individuals' performance.

In addition to teaching reading strategies, the **Gacetas** offer unique insights into the culture and life-styles of Spanish speakers from around the world and from many walks of life. For many students, the **Gacetas** will represent a rare chance to perceive how Spanish speakers see themselves.

III. Using the Components of *¿Y tú?*

A. **PUPIL'S EDITION.**   The student textbook encourages active student participation from the beginning and supplies a variety of types of activities in each of the four skills. You will find abundant practice of listening, speaking, reading, and writing, as well as information on culture and the structure of language. Activities specifically designed for listening comprehension are marked **L**, while those for writing are marked **W**. Those exercises marked with a **W** and a cassette symbol are dictations. Exercises and passages that are on tape are also marked with a cassette symbol.

B. **TEACHER'S ANNOTATED EDITION.**   In addition to a general introduction, abbreviated scripts of the taped listening activities in the Pupil's Edition, and specific information about **¿Y tú?**, the Teacher's Annotated Edition contains the complete student edition with annotations that suggest ways in which activities may be modified for small-group work or adapted to special students, follow-up activities, cultural information, quick-reference answers to activities, and specific notes for particular grammar presentations. The notes are not prescriptive; they are simply suggestions for ways to modify or complement activities.

C. **WRITING ACTIVITIES.**   The contextualized grammar exercises and communication activities in the Writing Activities for **¿Y tú?** are coordinated with the grammar presentations in the textbook and give students additional opportunities for written communication. The activities range from simple to complex, allowing teachers to assign material commensurate with the needs of the class or individual students. Answers to these activities are found in the Teacher's Edition of the Writing Activities. The new edition contains word games in each chapter that teach useful vocabulary and skills in an enjoyable manner.

D. LISTENING ACTIVITIES.   The taped activities in the Listening Activities give the student additional practice in aural comprehension and pronunciation. Answers to the activities and an abbreviated tape script are found in the Teacher's Edition of the Listening Activities. In the new edition, you will find a series of popular or folkloric Spanish songs that provide unique insights into Hispanic culture through an attractive and universal medium.

E. TESTING PROGRAM.   The Testing Program consists of short Quizzes, chapter Achievement Tests, and a Final Exam. There are three short written quizzes per chapter—one covering **Exploraciones 1–2,** one covering **Exploraciones 3–4,** and one covering vocabulary. These formative quizzes are designed to check mastery of basic concepts and skills. They are highly structured, grammar-oriented, discrete-point, and comprehensive tests that may be used to diagnose strengths and weaknesses before administering the end-of-chapter Achievement Test.

Each of the 12 chapters has an end-of-chapter Achievement Test that tests listening, reading, and writing in a more global, integrated, and communicative manner.

A final exam tests students over the material of **Capítulos 1–12**.

None of the tests prescribes test formats, but rather they show a variety of ways in which understanding of grammar and vocabulary may be evaluated. They may be used as presented or modified to fit particular needs according to the amount of class time available and student abilities. Answers to all tests and an abbreviated tapescript of the listening sections are found in the Teacher's Edition of the Testing Program.

F. TAPE PROGRAM AND TAPE MANUAL.   The Tape Program is available on cassettes. The program consists of tapes of listening activities from (**1**) the Pupil's Edition, (**2**) the Listening Activities, and (**3**) the Testing Program. Taped passages and activities in the Pupil's Edition are marked with a cassette symbol. The Tape Manual provides the complete scripts of all the taped exercises. The various listening components have been recorded on separate sets of tapes for greater ease in locating the desired activity.

G. TRANSPARENCIES.   The four-color transparencies are organized by chapters and coordinated with the vocabulary introduced in each of the 12 chapters. The transparencies contain visual representations of vocabulary items in the text as well as reproductions of selected activities which incorporate visuals in a way that promotes meaningful communication. The unlabeled depictions may be used to quiz students or for games or other classroom activities once the vocabulary has been presented.

H. **MAP TRANSPARENCIES.** The colorful Map Transparencies with multiple overlays can be used to present information about political divisions and geographical aspects of Spanish-speaking regions.

I. **ADDITIONAL ACTIVITIES AND CULTURAL ENRICHMENT.** In this booklet, which is keyed to the chapters of the Pupil's Edition, there are short descriptions of aspects of Spanish culture and activities that involve the students in making an active response to cultural insights and settings. A set of refreshing, creative, fun activities correlated to each chapter and separated by language skill provides the opportunity to go beyond the normal classroom routine and explore the possibilities of games, video, and a variety of other motivational activities.

J. **SPECIAL ADAPTATIONS.** This guide contains suggestions for adapting ¿Y tú? for use with native speakers and with younger students, as well as additional activities especially geared to these types of students.

K. **DIAGNOSTIC TEST AND RETEACHING SHEETS.** The Diagnostic Test can be used to document mastery of the content of ¿Y tú? either at the end of Level 1 or at the beginning of Level 2. Keyed to the Diagnostic Test are Reteaching Sheets, which are brief restatements of structures taught and additional practice that can be used remedially at either Level 1 or Level 2.

L. **COPYING MASTERS.** Copying Masters are available to supply charts for selected activities in the Pupil's Edition. They include blank schedules, answer charts for listening exercises, and other useful formats.

IV. Further Development of Language Skills

A. **LISTENING.** Listening is a skill that pervades all classroom activities. Students are constantly listening to and reacting to the teacher or to other students. In addition to using the specific listening activities (marked **L**) found in the Pupil's Edition and those provided by the Tape Program and Listening Activities, teachers can easily prepare additional listening comprehension activities.

- Corrected student compositions can be read aloud, preferably anonymously, although students are usually pleased to have their work selected. In addition, the teacher can ask comprehension questions that the teacher or the author of the composition has prepared.

- Skits and rewrites of dialogues can be put on audiotape or videotape and subsequently used as listening practice in several classes.

- Students should be encouraged to listen closely to each other. If students have named the sports they enjoy, the teacher can ask them to remember what sport each one preferred. Students can also comment on the statements made by others: **¡Yo también! ¡A mí no! ¿Verdad?**

- The teacher might interview a student or have students interview one another in front of the class. The remaining students can listen and then summarize the conversation orally or in writing. These conversations could also be taped ahead and played later.

- Teachers can assign special projects in which students tape short excerpts from literature, such as a well-known poem or passage from a simple short story. The teacher may also assign outside projects such as interviews with native speakers or dialogues around a certain topic that two or more students create. This might include a radio or TV interview, sports broadcast, news announcement, or dramatic reading. Students can include authentic background music or sounds and present them in recorded form for the class.

- The teacher may assign students to create a mock telephone conversation that pairs of students would present in front of the class. Real telephone sets could be included in this activity to create an authentic atmosphere.

- The teacher might bring in a recording of a currently popular Latin or Spanish song and provide a handout with accompanying lyrics. Each chapter of the Listening Activities closes with a song that is also recorded on the corresponding cassette.

B. **WRITING.** Students are provided numerous writing activities (marked **W**) in the Pupil's Edition and also in the Writing Activities. If students need more practice in acquiring grammatical accuracy, they can also write the answers to many of the speaking activities in the **Preparaciones** and **Comunicaciones**. Dictations found in each chapter help students learn to spell and to predict grammar structures and vocabulary.

Answers to **Comprensión** questions can be written out and turned in. You might also ask students to write a base sentence: **Voy al cine.** After checking the accuracy of their sentences, they are asked to change the base sentence in a variety of ways: change the subject of the verb, put a sentence in the negative or the interrogative, or change the tense of a verb. In addition, new communicative activities that expand students' writing skills may be found in the Writing Activities, in the Additional Activities and Cultural Enrichment, and in the Special Adaptations.

In addition to using the writing provided in the **¿Y tú?** program, you can encourage writing for communication in other ways.

- Graffiti walls or chalkboards could be provided in the classroom or in the hallway, where students write slogans and comments in Spanish.

- Students could write to pen pals. (Contact the Oficina Nacional de Correspondencia, Mr. James M. Fonseca, Molloy College, 1000 Hempstead Ave., Rockville Centre, New York, New York, 11570.)

- Even at early levels of language instruction, class newsletters could be prepared using results of interviews conducted in class, interviews with native speakers in the school or community, and news items about the Spanish-speaking world. Upper-level students could help edit and prepare these newsletters.

- Bilingual announcements about Spanish Club activities could be placed around the school.

- Students, especially those who are native speakers, could be encouraged to keep a personal journal.

C. **READING.**   To learn to read, students need to read and to check their comprehension. **¿Y tú?** provides many such opportunities. The **Introducción** and **Perspectivas** can be assigned as reading, and the **Comprensión** used to check understanding. The **Gacetas** provide stimulating authentic texts and specific guidance in learning strategies for developing reading skills. Annotations in the Teacher's Edition furnish abundant suggestions for prereading and postreading activities specific to each passage or selection.

We know that reading is neither a passive activity nor a receptive skill, but rather a process in which the reader is actively involved with the meaning of the printed page. Successful readers do not read word for word, but instead grasp the meaning of phrases and sentences. Here are some suggestions for helping your students become good readers.

- Give them practice in contextual guessing. Put texts on copying masters, leaving out words, and have students fill in the missing words, with or without cues.

- Point out cognates, word families, and prefixes and suffixes wherever possible.

- Encourage students to read a passage, skimming first for the general content and then scanning for more specific information.

- Remind students to anticipate the content by looking at titles, visuals, and photographs.

- Tell students that words such as **hoy, ayer,** and **mañana** are cues that will help them recognize sequences of events.

- Encourage students to apply the reading skills developed in the **Gacetas** to actual Spanish texts. Even though they may not understand everything, they will be able to grasp a surprising amount.

- Use student compositions and reports of oral interviews for reading practice. They will enjoy reading about themselves and their friends.

  Remember that reading aloud requires the student to pay attention to intonation and pronunciation rather than to concentrate on meaning. Nonetheless, reading aloud has a place in pronounciation and intonation practice if balanced with reading for comprehension.

D. SPEAKING.   To learn to speak, we must practice speaking. Although there is no magical transfer from any other skill, teachers know that skills may be combined during practice. Many oral activities can be done with books open, thus accommodating different learning styles and enhancing learning possibilities. We therefore recommend flexibility in deciding how communication activities are best done.

In addition to the ample speaking practice they receive in **¿Y tú?,** students can speak Spanish with their friends at school (perhaps at a conversation table in the cafeteria) or on the telephone (the teacher can assign partners). Students can even teach some Spanish to their parents and to siblings, thereby further reinforcing their own knowledge. If native speakers live in the community or if exchange students are studying at your school, they can visit the class and talk about life in their countries and their impressions of the United States. Even at early levels, students can address simple questions in Spanish to the visitor, who can be encouraged to respond in simple language. Also, students in advanced classes can engage in small-group conversations with first-level students, thus showing beginning students the results of further language study and providing advanced students with a chance for further practice. If possible, activities relating to Spanish Club or class activities can be given in Spanish (and then in English) over your school's public address system.

V. Different Levels and Modes of Learning

Every effort has been made to ensure that students practice new structures in varied modes—with visual, written, and oral cues. To accommodate the variety of learning styles among students, it is advisable to select activities in a variety of modes and styles. Students who advance more quickly and work well on their own may spend more time working on the **Comunicación** section or doing supplemental activities from the Writing Activities or Listening Activities or from the Additional Activities and Cultural Enrichment. Students who learn less quickly may spend more time practicing or writing answers to exercises from the **Preparaciones.** They may also use the Reteaching Sheets.

A. SPANISH-SPEAKING STUDENTS

Spanish-speaking students will benefit from different approaches, depending on their backgrounds. Here are some common problems faced by such students as well as some suggestions for overcoming them.

- Students who can read and comprehend spoken Spanish but who do not speak it may benefit from reading aloud and practicing speaking in contexts that build self-confidence. You may have them work in small groups on speaking exercises from the **Integraciones,** the Additional Activities and Cultural Enrichment, or the Special Adaptations.

- Students who speak a nonstandard dialect of Spanish or whose pronunciation is somewhat Anglicized will benefit from reading and listening to standard native Spanish in many contexts. Rather than disparage the Spanish these students speak among friends and family, encourage them to see the value of standard Spanish in business and other formal social settings. You may also assign them the more challenging readings and activities; there are ample suggestions in the Teacher's Annotated Edition and in the supplements found in your Teacher's Resource Binder.

- For students who can understand and speak Spanish but cannot read or write it, you may point out that they can transfer their English reading skills to Spanish. You may assign them additional reading and writing practice, of which there is an abundance throughout the program. Such students might benefit especially from the guided reading practice found in the **Gacetas**. You may also ask them to keep a personal journal.

Spanish-speaking students will benefit from cultural projects that build pride in their Hispanic heritage. Throughout the Teacher's Annotated Edition, there are suggested special projects for your Spanish-speaking students.

B. YOUNGER STUDENTS

The flexibility and variety in **¿Y tú?** make it easily adaptable to younger students. If you wish to use **¿Y tú?** with middle school or junior high school students, you may wish to follow these suggestions.

- Work at a slower pace, and check more frequently for comprehension of both concepts and language. Younger students may need to spend more time on the drills in the Teacher's Annotated Edition and on the **Preparación** activities before going on to the **Comunicación** activities.

- Present new material in smaller segments, and reteach more often. You will find ample additional practice in your Teacher's Resource Binder. This material is generally designed for use in the classroom, although it might also be assigned as homework.

- Games, physical response activities, and special in-class projects such as cooking and artistic activities are often more readily accepted by the younger students. They can be used to enhance cultural awareness while teaching vocabulary and communicative skills.

- Visuals such as the Overhead and Map Transparencies in your Teacher's Resource Binder can be especially effective in a classroom with younger students.

In addition to the Listening Activities, the Writing Activities, and the Additional Activities and Cultural Enrichment, the Special Adaptations and the Diagnostic Test and Reteaching Sheets will be especially helpful in giving younger students ample structured practice.

VI. Testing and Evaluation

The emphasis on communication in today's language classroom has led to an increasing interest in research concerning the evaluation of students' ability to communicate. We have incorporated this new knowledge in the preparation of the tests following these guidelines.

- *Unlike more traditional formats that normally test isolated bits of language, communicative tests attempt to evaluate the student's ability to bring together various elements of a given chapter as well as the material in preceding chapters.* Therefore, parts of the Achievement Tests require the student to show understanding of several learning objectives. The short Quizzes test specific grammar points or learning objectives and can be given periodically as the class progresses through a chapter. These easy-to-grade Quizzes identify specific learning problems, whereas the chapter Achievement Tests assess the student's ability to integrate the material.

- *Formats that allow students to express themselves in a more creative way are an integral part of communicative testing.* Although these formats are more time-consuming to evaluate than are multiple-choice items, they are essential if students are to perceive communication as a primary goal.

- Each Achievement Test contains sections that deal with the student's ability to read, write, and understand the spoken language. Available teacher time often precludes frequent formal testing of oral skills. The following section offers some suggestions for evaluating speaking skills within the framework of the **¿Y tú?** program.

A. Evaluating Speaking

The ability to express oneself orally in Spanish is an important classroom goal for most teachers and can be tested formally or informally. Teachers may give students a daily or weekly oral communication grade based on the amount of communication the student engages in, the quality of what he or she says, and the improvement shown throughout the period. Although this type of grade is subjective, it nevertheless provides a regular means of evaluating a student's oral performance. **¿Y tú?** offers the following possible ways of testing oral achievement.

- The **Vamos a hablar** section of the **Integración** may be used for oral testing as is or with some modification.

- Students may describe visuals or photographs. The chapter vocabulary visuals, for example, can be used for a short oral quiz. Students can be asked to provide the word for each of the depictions or to respond to questions about them.

- Students can assume a role, respond to a short series of questions, or speak extemporaneously on topics chosen from a chapter—for example, feelings **Capítulo 3** or school life **Capítulo 5**.

- Personalized questions may be used to evaluate speaking. Students respond to a series of questions, which may be based on interviews or other activities from the **Comunicación**.

The ability to ask questions is another important skill that may be evaluated in a formal test. Students may ask questions based on a series of Spanish or English cues: For example, "ask another student (1) how he or she is, (2) if he or she works a lot, (3) if he or she listens to records."

Although all of these formats are valid for testing speaking, the last two (asking and answering questions) are of particular importance to beginning language students.

B. General Scoring Suggestions

Testing for communication requires a reevaluation of grading. When students fill in a blank, grading is simple because answers are predictable. When students communicate a personal message, evaluation is less clearcut because students are free to write or say whatever they wish as long as they use vocabulary they know and respond appropriately to the question. The following suggestions may help you determine the type of scoring best suited to you and your students.

- When students choose from a vocabulary list to fill in the blanks of an incomplete sentence or paragraph, one point may be given for the correct choice of word and another for its correct form (for example gender, number, or verb ending). Partial credit allows students to be given points for what they do know and to be penalized only for what they do not know.

- In communicative testing, students may be given half credit for adequately transmitting an appropriate response and half credit for properly using grammar and vocabulary. This allows students to be rewarded for conveying an adequate message while being reminded that the correct use of grammar and vocabulary is important.

Scoring Information for a Speaking Test: Answering or Asking Questions. Use the scale below to evaluate each response or question on a speaking test. Do not hesitate to assign scores such as 2½ or 1½ if you feel comfortable with more differentiation in the scale.

4 points   **Excellent.** The student's response or question is appropriate and grammatically correct, with acceptable pronunciation and fluency.

3 points   **Good.** The student's response or question is appropriate and comprehensible but contains minor errors in pronunciation and/or grammar.

2 points   **Fair.** The student's response or question contains faulty grammar and poor pronunciation but is comprehensible.

1 point   **Poor.** The attempted student response is largely incomprehensible or inappropriate.

0 points   **Failing.** No response was given.

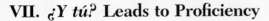

VII. ¿Y tú? Leads to Proficiency

Developing proficiency, or the capacity to use language in a meaningful and functional way, is the aim of the Holt foreign language series. The emphasis throughout is on fostering genuine communicative ability, guiding the student from structured introductory practice to open-ended, personalized communication. Language is taught not as meaningless, memorized utterances, but as meaningful communication relevant to real situations.

Implementing a proficiency-oriented classroom requires thoughtful planning and execution by the teacher. Perhaps the most important ingredient in this transition is the textbook series that is adopted. **¿Y tú?** and **Entre todos** are ideally suited for use with proficiency guidelines. Many school systems have also developed their own guidelines for evaluating proficiency, and professional organizations such as The American Council on the Teaching of Foreign Languages have developed proficiency guidelines. (The ACTFL *Provisional Proficiency Guidelines* are an adaptation of the United States Foreign Service Institute's evaluation scale.) Such guidelines may be used to help evaluate students' abilities, or they may inspire you to develop your own standards to suit your curriculum and students. The evaluation standards used can be converted into points and blended with the test procedures described in this Preface to accommodate your school's grading procedures.

SCOPE
AND
SEQUENCE

CH.	FUNCTION	STRUCTURE	VOCABULARY	CULTURE
P	Greeting and introducing people Expressing preferences and dislikes Spelling Counting Understanding classroom instructions	**me/te gusta** Spanish alphabet Cardinal numbers 0–15 Classroom expressions Learning strategies Spanish punctuation Spanish sounds Statements, questions, and exclamations	Greetings and leave-takings Spanish names Common sports Spanish alphabet Numbers 0–15 Classroom expressions Cognates	Becoming aware of the Spanish-speaking world and the importance of learning Spanish Maps of the Hispanic world
1	Expressing likes and dislikes Stating people's origins Describing people and things Counting Naming things	**me/te gusta(n)** Definite articles **ser** Subject pronouns Noun/adjective agreement **¿Cuántos hay?** and **hay** Cardinal numbers 16–100	Some basic **-ar** infinitives Common objects Common adjectives Numbers 16–100	Famous people of Hispanic origin Spanish placenames in the United States Concept of time
2	Making plans Going places Expressing desires Asking questions	**ir** Contraction **al** **querer** Tag questions Questions by inversion	Common verb expressions Adverbs of time Places to go in town Household activities	Julio Iglesias Tour of Puerto Rico Dating customs

CH.	FUNCTION	STRUCTURE	VOCABULARY	CULTURE
3	Identifying people and things Expressing emotions and personal conditions Talking about having things Expressing obligations and preferences Discussing weather	Indefinite articles **estar** with adjectives **tener** Expressions with **tener** Weather expressions	Exclamations Personal and household objects Adjectives that describe feelings Physical ailments Weather	Greetings among Latin Americans Gestures Medical classified ads
4	Indicating possession Describing family relations Expressing actions Giving addresses and prices	**de** phrases Possessive adjectives **-ar** verbs Cardinal numbers above 100 and ordinal numbers	Personal objects and clothing Games Classroom objects Numbers 100–1,000,000 Family members	Saint's days Fifteenth birthday party Friendship and generosity
5	Telling time Referring to people and pets Expressing actions Telling when things are done	Expressions of time Personal **a** Regular **-er** verbs and **ver** Days of the week	School subjects Time of day Parts of the day Days of the week	The 24-hour clock Report cards and grading system Secondary schools
6	Expressing actions Expressing feelings Telling what or who is known Expressing likes and dislikes	**-ir** verbs and irregular **-er** and **-ir** verbs Expressions with **tener** **saber** and **conocer** Verbs requiring a prepositional pronoun	Food and beverages Feelings Items and people in a restaurant	Fast food versus traditional meals Three typical meals Grocery shopping

Abbreviated Tapescripts *

Capítulo preliminar

ST 7, page 13 D. ¿Cuánto cuesta?

1. diez pesos (**10**)
2. cuatro pesos (**4**)
3. catorce pesos (**14**)
4. siete pesos (**7**)
5. quince pesos (**15**)
6. un peso (**1**)
7. ocho pesos (**8**)
8. nueve pesos (**9**)
9. once pesos (**11**)
10. seis pesos (**6**)

ST 10, page 14 A. ¿Sí o no?

1. Saquen papel y lápiz, por favor. (**no**)
2. Siéntense, por favor. (**sí**)
3. Saquen la tarea. (**sí**)
4. Repitan, por favor, "Buenos días". (**no**)
5. Levántense, por favor. (**no**)
6. Cierren el libro. (**sí**)
7. Escuchen, por favor. (**no**)
8. "¿Entienden?" Contesten, por favor. (**no**)
9. Abran el libro. (**sí**)
10. Vayan al pizarrón, por favor. (**sí**)

ST 11, page 14 B. Instrucciones

a. Saquen papel y lápiz, por favor. (**8**)
b. Repitan, por favor, "Buenos días". (**5**)
c. Levántense, por favor. (**7**)
d. Vayan al pizarrón, por favor. (**10**)
e. Siéntense, por favor. (**2**)
f. Escuchen, por favor. (**4**)
g. Abran el libro. (**9**)
h. Saquen la tarea. (**3**)
i. Cierren el libro. (**6**)
j. "¿Entienden?" Contesten, por favor. (**1**)

ST 12, page 14 C. Mandatos

1. Saquen la tarea, por favor.
2. Abran el libro, por favor.
3. Saquen papel y lápiz, por favor.
4. Vayan al pizarrón, por favor.
5. Cierren el libro, por favor.
6. Contesten, por favor.
7. Escuchen, por favor.
8. Repitan, por favor.
9. Saquen la tarea, por favor.

ST 13, page 19 A. ¿Español o inglés?

1. patio (*English*)
2. cafetería (*Spanish*)
3. burro (*Spanish*)
4. chocolate (*Spanish*)
5. California (*English*)
6. Florida (*Spanish*)
7. Los Angeles (*English*)
8. San Francisco (*Spanish*)

Capítulo 1

ST 16, page 34 A. ¡Me gusta! ¡No me gusta!

See Copying Masters.

1. Me gusta el español. (*likes*)
2. No me gusta la lucha libre. (*dislikes*)
3. No me gusta el béisbol. (*dislikes*)
4. Me gusta la escuela. (*likes*)
5. Me gusta la televisión. (*likes*)
6. No me gusta el volibol. (*dislikes*)
7. No me gusta la gimnasia. (*dislikes*)
8. Me gusta el dinero. (*likes*)

ST 17, page 42 E. O.E.A.

See Copying Masters.

1. Nosotras <u>somos</u> de Centroamérica.
2. Sí, Elena, <u>soy</u> de Guatemala. Y tú, ¿<u>eres</u> de Costa Rica?
3. Y Julio, ¿de dónde <u>es</u>?
   Mm, <u>es</u> de Uruguay.
4. Bárbara y Mario <u>son</u> de Chile.
5. ¿<u>Es</u> Adriana de Argentina?
   No, <u>es</u> de Colombia.
6. Alejandro y Pilar <u>son</u> de Bolivia.

ST 18, page 48 E. La escuela

See Copying Masters.

1. El libro es <u>muy</u> interesante.
2. Los <u>estudiantes</u> son inteligentes.
3. Los profesores son <u>populares</u>.
4. <u>Las</u> tareas son <u>fáciles</u>.
5. La <u>escuela</u> es <u>buena</u>.
6. Los deportes son <u>emocionantes</u>.

*Scripts not contained in the Abbreviated Tapescripts may be found in the Tape Manual in the Teacher's Resource Binder.

ST 19, page 53 A. Un mercado

1. cuarenta pesos (**treinta**)
2. ochenta y cinco pesos (**setenta y cinco**)
3. sesenta y siete pesos (**cincuenta y siete**)
4. treinta y nueve pesos (**veintinueve**)
5. dieciséis pesos (**seis**)
6. noventa y tres pesos (**ochenta y tres**)
7. cincuenta y un pesos (**cuarenta y uno**)
8. setenta y cuatro pesos (**sesenta y cuatro**)
9. cien pesos (**noventa**)
10. sesenta y ocho pesos (**cincuenta y ocho**)

ST 22, page 56 C. Una estrella

Soy una persona muy alegre. Me gusta mucho bailar, cantar y trabajar. También me gusta ver televisión. Sobre todo me gustan las telenovelas. Me gustan también los juegos electrónicos. Por cierto, en mi carro hay dos juegos electrónicos y tres televisores.

ST 24, page 57 A. ¿Cuánto cuesta?

1. un juego electrónico, treinta y siete dólares (**$37**)
2. un televisor, noventa y tres dólares (**$93**)
3. un libro, dieciséis dólares (**$16**)
4. un teléfono, veintiocho dólares (**$28**)
5. una guitarra, sesenta y seis dólares (**$66**)
6. un radio, cuarenta y cuatro dólares (**$44**)
7. un libro de arte, quince dólares (**$15**)

Capítulo 2

ST 27, page 65 A. Buenos ejercicios

1. hablar por teléfono (*down*)
2. jugar tenis (*up*)
3. descansar en una hamaca (*down*)
4. hacer gimnasia (*up*)
5. andar en bicicleta (*up*)
6. escuchar la radio (*down*)
7. nadar (*up*)
8. estudiar español (*down*)
9. dar un paseo (*up*)
10. jugar boliche (*up*)
11. jugar baloncesto (*up*)
12. trabajar en la computadora (*down*)
13. ver una película (*down*)
14. esquiar (*up*)
15. mirar las estrellas (*down*)
16. jugar volibol (*up*)

ST 28, page 69 E. Esta noche
See Copying Masters.

SUSANA Felipe, ¿vas a trabajar en la computadora esta noche?
FELIPE No, esta noche no.
SUSANA ¿Entonces qué vas a hacer?
FELIPE A lo mejor voy al cine con unos amigos.
SUSANA ¿Con Luis?
FELIPE No. con Rafael y Antonio. ¿Por qué? ¿Qué vas a hacer tú?
SUSANA No sé. ¿Qué va a hacer Luis?
FELIPE Va al partido de fútbol en la escuela.
SUSANA Bueno, entonces yo también voy al partido.

ST 29, page 73 A. Javier y el parque
See Copying Masters.

Mamá está muy ocupada hoy. Primero va al correo. También va al banco y a la biblioteca. Y por supuesto, más tarde va al supermercado y a las tiendas. ¿Por qué no vas al parque en autobús?

ST 30, page 79 A. Mónica

1. Mónica, ¿quieres dar un paseo con nosotros? (*friends*)
2. Mónica, ¿quieres cocinar o lavar los platos? (*parents*)
3. Mónica, vamos al concierto este fin de semana, ¿quieres? (*friends*)
4. Mónica, ¿quieres lavar la ropa o lavar el carro hoy? (*parents*)
5. Mónica, ¿quieres hacer gimnasia o andar en bicicleta? (*friends*)
6. Mónica, ¿quieres ir al correo? (*parents*)
7. Mónica, vamos a arreglar la casa, ¿quieres? (*parents*)
8. Mónica, ¿quieres ir a la fiesta con nosotras? (*friends*)

ST 31, page 85 A. Yo sé por qué

1. Alfonso, ¿dónde es el partido de baloncesto? (*question*)
2. ¿También va a jugar Julio? (*question*)
3. Me gusta ver los partidos de baloncesto. (*statement*)
4. Yo quiero ir con ustedes. (*statement*)
5. ¿Cuándo van a jugar? (*question*)
6. ¿Y qué van a hacer ustedes esta noche? (*question*)
7. ¿Van a una fiesta? (*question*)
8. Julio también va, ¿verdad? (*question*)
9. Me gustan mucho las fiestas. (*statement*)
10. A lo mejor yo también voy a la fiesta. (*statement*)

ST 34, page 90 **D. ¿Quién es?**

Answers are underlined.

PABLO	¿Quién es esa chica? Es atractiva, ¿verdad?
ADÁN	Sí. ¿Por qué no vas a hablar con ella?
PABLO	No, yo no. Soy muy tímido. ¡Ve tú!
ADÁN	Está bien..
ADÁN	Buenas tardes. Ahh...me llamo Adán.
LA SEÑORITA	Y yo soy la señorita Martínez.
ADÁN	¿Ah sí? Mucho gusto. Ah...con permiso. Quiero hablar con mi amigo.
PABLO	¿Y? ¿Cómo se llama?
ADÁN	Se llama señorita Martínez.
PABLO	¿Cómo que señorita Martínez? ¿Cuántos años tiene?
ADÁN	No sé. Un momento.
ADÁN	Ah...perdón, señorita. ¿Se puede saber cuántos años tiene usted?
LA SEÑORITA	Veintiuno. Soy la nueva profesora de español.
ADÁN	¿Ah sí? ¡Qué interesante! Con permiso.
PABLO	¿Y? ¿Cuántos años tiene?
ADÁN	Veintiún años.
PABLO	No entiendo. ¿No es una nueva estudiante entonces?
ADÁN	No, amigo, no es una nueva estudiante. Oye, vamos a clase.
PABLO	¿Eh? Está bien, pero, ¿por qué va ella a la clase también?
ADÁN	¡Porque ella es la nueva profesora!

ST 36, page 91 **A. A lo mejor sí**

a. 1. A lo mejor van a viajar. (**sí**)
    2. A lo mejor quieren jugar volibol. (**sí**)
    3. A lo mejor van a estudiar. (**no**)
    4. A lo mejor quieren ver televisión. (**no**)
b. 5. A lo mejor va a andar en bicicleta. (**sí**)
    6. A lo mejor quiere hablar por teléfono. (**no**)
    7. A lo mejor quiere sacar fotos. (**sí**)
    8. A lo mejor va a tocar música. (**no**)

ST 37, page 91 **B. La preguntona**

1. Vas a jugar boliche hoy con Pedro, ¿no? (**a**)
2. ¿Cuántos años tiene Pedro? (**a**)
3. ¿Adónde van ustedes ahora? (**b**)
4. ¿Van a escuchar discos aquí más tarde? (**a**)
5. Pedro es muy simpático, ¿no? (**c**)

Capítulo 3

ST 40, page 100 **A. ¿Qué se dice?**

1. ¡Qué pena! (**sí**)
2. ¿Qué importa? (**no**)
3. ¡No me digas! (**sí**)
4. ¡No puede ser! (**sí**)
5. ¡Qué pesado! (**no**)
6. ¡Qué tontería! (**no**)
7. ¡Qué pesado! (**no**)
8. ¡Qué bueno! (**sí**)
9. ¡Cuánto lo siento! (**no**)
10. ¡Cuánto me alegro! (**sí**)

ST 41, page 104 **D. ¿Qué quieres?**

See Copying Masters. Answers are on page 104.

1. ¿Quieres una máquina de escribir?
   No, no quiero una máquina de escribir.
2. ¿Quieres un tocadiscos?
   Sí, quiero un tocadiscos.
3. ¿Quieres un radio?
   Sí, quiero un radio.
4. ¿Quieres unas fotos?
   No, no quiero unas fotos.
5. ¿Quieres unos libros?
   Sí, quiero unos libros.
6. ¿Quieres un televisor?
   Sí, quiero un televisor.
7. ¿Quieres unos juegos electrónicos?
   Sí, quiero unos juegos electrónicos.
8. ¿Quieres una cámara?
   Sí, quiero una cámara.
9. ¿Quieres una guitarra?
   No, no quiero una guitarra.
10. ¿Quieres un reloj?
    No, no quiero un reloj.
11. ¿Quieres una grabadora?
    Sí, quiero una grabadora.
12. ¿Quieres unas historietas?
    No, no quiero unas historietas.
13. ¿Quieres una bicicleta?
    Sí, quiero una bicicleta.

ST 42, page 108 **C. ¿Hermanos o hermanas?**

1. Están bastante contentas. (**hermanas**)
2. Están muy celosos. (**hermanos**)
3. Están cansados. (**hermanos**)
4. Están muy encantadas. (**hermanas**)
5. Están nerviosas. (**hermanas**)
6. Están aburridos. (**hermanos**)

7. Están bastante deprimidos. (**hermanos**)
8. Están muy desilusionados. (**hermanos**)

ST 43, page 117 G. ¿Qué tenemos que hacer?
See Copying Masters.
1. Yo <u>tengo que trabajar</u>.
2. Tú <u>tienes que lavar el carro</u>.
3. María <u>tiene que estudiar</u>.
4. Jorge y Luis <u>tienen que arreglar el cuarto</u>.
5. Ana y tú <u>tienen que practicar piano</u>.
6. Nosotros <u>tenemos que ir al banco</u>.

ST 44, page 121 A. ¿Qué tiempo hace?
1. Está nevando. (**Nueva York**)
2. Hace buen tiempo. (**Caracas**)
3. Hace frío. (**Bariloche**)
4. Hace calor. (**Santo Domingo**)
5. Hace viento. (**Acapulco**)

ST 47, page 126 D. Pronóstico del tiempo
1. Hoy hace viento y mañana va a estar nublado. (**Santiago de Compostela**)
2. Hoy está lloviendo y mañana va a hacer frío. (**Burgos**)
3. Hoy está nublado y mañana va a hacer viento. (**Zaragoza / Valencia**)
4. Hoy está nevando y mañana va a hacer mucho viento. (**Barcelona**)
5. Hoy está nevando y mañana va a llover. (**Madrid**)
6. Hoy hace sol y mañana también va a hacer sol. (**Islas Baleares / Islas Canarias / Sevilla**)

ST 49, page 128 A. ¿Qué debo llevar?
1. Mañana va a hacer buen tiempo, con una temperatura máxima de 24 grados centígrados. (**a**)
2. Va a llover, con vientos de hasta 30 kilómetros por hora. (**c**)
3. Mañana va a hacer mucho sol y la temperatura va a ser agradable. Un día fantástico para ir al parque. (**a**)
4. Mañana va a hacer frío. Va a nevar por la tarde. (**b**)
5. Mañana va a llover por la mañana y durante el día va a estar bastante nublado. (**c**)
6. Mañana va a hacer mucho frío. También va a nevar durante todo el día. (**b**)

ST 50, page 128 B. ¡Pobre Carlos!
See page 128 for questions and answers.
CARLOS ¡Ay, Ana! Estoy desilusionado, nervioso, preocupado y deprimido.

ANA ¡Cuánto lo siento! ¿Por qué, Carlos?
CARLOS Porque tengo dolor de cabeza. Además, tengo dolor de estómago y tengo fiebre también.
ANA ¡No me digas! ¡Ay, qué pena, Carlos! ¿Tienes gripe entonces?
CARLOS ¡No, no tengo gripe, tengo un examen de inglés mañana!

Capítulo 4

ST 53. page 145 A. Un regalo
1. una pulsera (*up*)
2. una blusa (*up*)
3. un cartel (*down*)
4. una camisa (*up*)
5. un álbum (*down*)
6. una cinta (*down*)
7. un rompecabezas pequeño (*down*)
8. un suéter (*up*)
9. una calculadora pequeña (*down*)
10. un osito de peluche grande (*down*)
11. una bolsa (*down*)
12. un anillo (*up*)

ST 54, page 149 B. En la escuela
1. Los anteojos, ¿de quién son? (**de la señorita Blas**)
2. ¿De quién son las calculadoras? (**del señor Reyes**)
3. ¿Y el diccionario inglés-español? (**del señor Ruiz**)
4. Mira—unos bolígrafos bastante buenos. ¿De quién son? (**del señor Herrera**)
5. ¿De quién es el cuaderno viejo? (**de la señorita Méndez**)
6. Mira, aquí hay una mochila. ¿De quién es? (**de la señorita Díaz**)
7. ¡Mira, una camisa de fútbol! ¿De quién es? (**del señor Navarro**)
8. Y las revistas, ¿de quién son? (**de la señorita Martínez**)

ST 55, page 155 D. ¿Cómo son tus familiares?
See Copying Masters.
1. Mi <u>abuela</u> tiene ochenta años y mi <u>madre</u> tiene treinta y nueve.
2. Mi <u>tía</u> Laura y mi papá son <u>hermanos</u>.
3. Mis <u>primos</u> Memito y Ceci son <u>pequeños</u>

todavía.

4. Mis <u>tíos</u> tienen otro <u>hijo</u> que se llama Bernardo.
5. Y en tu <u>familia,</u> Lourdes, ¿cuántas personas hay?

ST 56, page 156 F. Unos regalos

1. ¿Para quién es el osito de peluche? (**tu prima Pamela**)
2. ¿Para quién es la bolsa? (**tu abuela doña Matilde**)
3. ¿Para quién es la mochila? (**tu primo Damián**)
4. ¿Para quién son los libros de música? (**tu abuelo don Carlos**)
5. ¿Para quién es el álbum de fotos? (**tu tío Fernando**)

ST 57, page 161 C. ¿Qué pasa?

1. ¿Qué tocan? (**d**)
2. ¿Qué lavas? (**b**)
3. ¿Qué compras? (**f**)
4. ¿Qué escuchan? (**c**)
5. ¿Qué cocinan? (**g**)
6. ¿Qué lees? (**e**)

ST 58, page 166 C. Ofertas

1. Mira, un tocadiscos, Cuesta $689. (**e**)
2. Aquí hay un televisor a colores. Cuesta $205. Está bien, ¿no? (**f**)
3. ¡Qué anillo más bonito! ¡Y qué caro! Mira, cuesta $999. (**d**)
4. ¿Cuánto cuesta la guitarra eléctrica? Sólo cuesta $296. (**c**)
5. Te gustan las motos, ¿no? Aquí hay una por $986. ¿Qué te parece? (**b**)
6. ¿Cuánto cuestan las computadoras? Cuestan $2,225. Están caras todavía. (**a**)

ST 61, page 172 D. ¡Feliz cumpleaños!

See page 172 for questions and answers.

MAMÁ Bueno, ahora los regalos. Aquí está el regalo de tu hermana.

GABRIELA Ah, un rompecabezas... de quinientas piezas. ¡Qué difícil, pero qué divertido! Gracias, Rosa.

ROSA De nada, hermana. Feliz cumpleaños.

ABUELO Y aquí tienes el regalo de nosotros, mi amor.

ABUELA ¡Qué emoción!, ¿verdad?

MAMÁ Ay, sí. ¡Va a estar muy sorprendida!

GABRIELA Un regalo tan grande... ¿Qué es?... Pues, ¿qué es esto?... ¿una computadora? ¡No puede ser, abuelita!

ABUELA Sí, mi amor, es una computadora. ¿Qué te parece? ¿Te gusta?

GABRIELA ¡Ay, sí! Muchísimas gracias, abuelita y abuelito. ¡Qué regalo más maravilloso—es exactamente lo que yo quiero!

JOSÉ Y ahora, Gabriela, aquí está mi regalo.

GABRIELA Gracias, José. ¿Y qué es esto? ¿Historietas de Supergato? Eh, ¿pero qué voy a hacer con unas historietas, chico?

JOSÉ ¿Qué pasa? ¿No te gustan? A mí me gusta muchísimo Supergato.

GABRIELA Sí, José. Para ti es un regalo fabuloso, pero para mí es un regalo raro, ¿no te parece? Pero, bueno, gracias por las buenas intenciones.

JOSÉ De nada, de nada.

PAPÁ Y por último, hija, tu mamá y yo te tenemos un pequeño regalo. Tenemos otro regalo más divertido para mañana cuando esté presente toda la familia. ¿Qué te parece?

GABRIELA Perfecto, papá. Ah, qué bonita blusa. Gracias, papá y mamá. Y gracias a todos.

ST 63, page 173 A. En la feria

1. Y las cintas, ¿cuánto cuestan? Las cintas cuestan doscientos setenta y cinco bolívares. (**275**)
2. ¿Cuánto cuestan las billeteras y las bolsas, por favor? Quinientos treinta y dos bolívares. (**532**)
3. ¿Y los carteles? A ver, cuestan ciento diez bolívares. (**110**)
4. ¿Cuánto cuestan los anillos? Los anillos cuestan cuatro mil novecientos bolívares. (**4.900**)
5. Y las calculadoras, ¿cuánto cuestan? Mm, cuestan novecientos quince bolívares. (**915**)
6. ¿Cuánto cuestan las mochilas, por favor? A ver, cuestan ochenta y ocho bolívares. (**88**)

ST 64, page 173 B. Nuestros familiares

1. Mi prima tiene una cámara cara que saca muy buenas fotos. (**d**)
2. Su novio nunca tiene las llaves del carro cuando quiere salir (**e**)
3. Su hermana Susana gasta mucho dinero. (**f**)
4. El novio de Susana muchas veces visita otros países. (**a**)
5. Mi hermano es muy estudioso. Saca muy buenas notas. (**b**)
6. Mi hermana trabaja y gana bastante dinero (**c**)

ST 65, page 174 C. ¡Cuántos problemas!

1. **a.** ¡Qué pesado! Todos los días tengo que ayudar en casa.
   b. ¡Qué bueno! Algún día voy a tener mucho dinero.
2. **a.** ¡Cuánto me alegro! Mi novio saca muy buenas notas.
   b. Mi novio siempre mira a las otras chicas. ¡Qué frustración!
3. **a.** ¿Por qué regresas tan tarde a casa?
   b. ¿Qué tal, hijo? ¿Tienes hambre?
4. **a.** ¡Qué importa! ¡Vamos a bailar!
   b. ¡Fantástico! ¡Vamos a la fiesta!
5. **a.** ¡Qué fantástico! ¡Vamos ahora!
   b. Cuando vamos al cine, tú siempre hablas mucho y no miras la película.

Capítulo 5

ST 68, page 182 A. Las clases

1. el francés, la química, la biología
2. el español, la mecanografía, el francés
3. la historia, la biología, las ciencias
4. las matemáticas, el álgebra, el arte
5. la contabilidad, el inglés, la programación de computadoras
6. la física, la química, la música

ST 69, page 182 D. ¿Qué curso?

1. ¿Qué clase tienes después de francés? (**arte**)
2. ¿Qué clase tienes después de biología? (**geografía**)
3. ¿Qué clase tienes antes de biología? (**geometría**)
4. ¿Qué clase tienes después de geometría? (**biología**)
5. ¿Qué clase tienes antes de francés? (**recreo**)
6. ¿Qué clase tienes después de geografía? (**recreo**)
7. ¿Qué clase tienes antes de geografía? (**biología**)

ST 70, page 185 A. ¿Dónde está?

1. Son las dos de la tarde. (**sí**)
2. Son las nueve de la noche. (**no**)
3. Son las once de la noche. (**no**)
4. Son las diez y media de la mañana. (**sí**)
5. Es mediodía. (**sí**)
6. Es la una y media de la tarde. (**sí**)
7. Son las siete y media de la mañana. (**sí**)
8. Es medianoche. (**no**)
9. Son las nueve y cuarto de la mañana. (**no**)
10. Son las tres menos cuarto de la tarde. (**sí**)

ST 71, page 185 B. La hora

1. Es la una y veinte. (**1:20**)
2. Son las doce menos diez. (**11:50**)
3. Son las seis y media. (**6:30**)
4. Son las diez y cuarto. (**10:15**)
5. Es mediodía. (**12:00**)
6. Son las tres y media. (**3:30**)
7. Son las ocho menos cuarto. (**7:45**)
8. Es la una menos cinco. (**12:55**)

ST 72, page 191 B. Y tú, ¿qué haces?
Answers will vary.

1. Hace frío. ¿Invitas a los amigos a nadar?
2. Hace mal tiempo. ¿Ayudas a tus padres en casa?
3. Está lloviendo. ¿Lavas el carro?
4. Está nevando. ¿Invitas a tus amigos a esquiar?
5. Hace sol. ¿Vas de compras?

ST 73, page 193 A. ¿Qué hacen?

1. Tomás y Silvia deben estudiar. (**no**)
2. Pablito debe arreglar sus cosas. (**sí**)
3. Alonso debe comer. (**sí**)
4. Alonso debe lavar los platos. (**sí**)
5. Tú debes lavar el carro. (**no**)
6. Silvia debe arreglar su cuarto. (**no**)
7. Pablito debe ayudar a lavar el carro. (**sí**)

ST 74, page 195 E. Un fin de semana perfecto
See Copying Masters.

1. Pepe come muchísimo.
2. ¿Yo? Leo una tarjeta.
3. Mamá lee una revista.
4. Papá y Silvia leen el periódico.
5. Silvia promete llamar a su prima.
6. Tomás y yo leemos la lección.
7. Mis padres ven televisión.
8. Y tú aprendes a tocar el piano.

ST 75, page 199 A. Una semana de exámenes

1. El examen de álgebra es el miércoles por la tarde.
2. El examen de biología es el viernes por la mañana.

3. El examen de geometría es el lunes por la mañana.
4. El examen de francés es el jueves por la mañana.
5. El examen de geografía es el martes por la mañana.
6. El examen de historia es el viernes por la tarde.
7. El examen de inglés es el miércoles por la mañana.
8. El examen de química es el lunes por la tarde.

ST 78, page 203 D. ¿Cuándo vamos?

Es el jueves por la tarde y Elena habla con su amiga Alicia durante el recreo.

ELENA ¡Oye, Alicia! ¿Quieres ir al cine esta tarde?
ALICIA Lo siento, Elena, pero tengo un examen de biología mañana a las nueve y tengo que estudiar. Por eso no puedo ir al cine esta tarde.
ELENA ¡Entonces, vamos al cine mañana por la tarde, después del colegio!
ALICIA ¡Es imposible, Elena! Después del colegio, voy a jugar baloncesto con unos amigos. ¿Quieres jugar con nosotros?
ELENA Sí, por supuesto. ¡Pero también quiero ir al cine! ¿Vamos el sábado entonces?
ALICIA Los sábados siempre visito a mis abuelos.
ELENA Bueno, pues vamos al cine el domingo por la tarde, ¿sí?
ALICIA ¡Bueno, vamos el domingo!

ST 80, page 205 A. El horario

1. Tengo geografía a las nueve y diez de la mañana. (**geografía, 9:10**)
2. Tengo historia a las diez menos diez. (**historia, 9:50**)
3. Tengo química a las once menos cuarto. (**química, 10:45**)
4. Tengo español a la una y media de la tarde. (**español, 1:30**)
5. Tengo educación física a las dos de la tarde. (**educación física, 2:00**)
6. Y tengo geometría a las tres de la tarde. (**geometría, 3:00**)

ST 81, page 205 B. Una carta
See Copying Masters.
Questions and answers
are on page 205.

Querida mamá:
De lunes a viernes estoy muy contento porque tengo tanto que hacer. Los lunes y los miércoles trabajamos en el jardín y cocinamos en grupo. ¡Me gusta mucho cocinar! Los martes y los jueves practicamos deportes. Por ejemplo, nadamos los martes. Los viernes estudiamos música y aprendemos a tocar la guitarra. Pero los fines de semana son diferentes. Es un poco aburrido. Los sábados escuchamos música en la radio y los domingos descansamos.

Capítulo 6

ST 84, page 217 A. ¿Qué es?
Answers will vary.

1. **las carnes**: el huevo, el tocino, las uvas, el helado, el jamón, el bistec, las manzanas, las chuletas de cerdo
2. **las verduras**: el pan, los plátanos, el arroz, las fresas, los frijoles, el desayuno, las papas, las espinacas
3. **las frutas**: las fresas, las tartas, el queso, las peras, el melón, la mantequilla, las naranjas
4. **los postres**: el pollo, el arroz, el flan, el helado, las zanahorias, los pasteles, las tartas

ST 85, page 217 B. ¿Sal o azúcar?

1. la tarta de manzanas (*sugar*)
2. la carne asada con papas (*salt*)
3. los huevos fritos (*salt*)
4. el chocolate (*sugar*)
5. el pescado (*salt*)
6. la tortilla de huevo (*salt*)
7. el pollo con verduras (*salt*)
8. el café con leche (*sugar*)

ST 86, page 217 A. ¿Qué hay de comer?
Answers will vary.

1. Para el desayuno, pan con mantequilla, fresas y plátanos o huevos con frijoles.
2. Y para tomar, jugo de naranja, jugo de manzana o jugo de tomate.

3. Para el almuerzo, jamón con arroz, una ensalada de zanahoria o pescado frito.
4. Y para tomar, refrescos, leche o agua mineral.
5. Para la cena, una tortilla de huevo, bistec con papas o unas chuletas de cerdo.
6. Y de postre, helado de chocolate, tarta de manzana o flan.

ST 87, page 221 **F. Después de trabajar**
See Copying Masters.
1. ¿**Sale** Marcos a las 8:00 todavía?
2. Sí, y ustedes **salen** a las 7:00, ¿no?
3. No, ahora nosotros **salimos** más tarde.
4. Sara, ¿a qué hora **sales** tú?
5. Yo **salgo** a las 6:30.
6. Pero Ana **sale** a las 9:30.

ST 88, page 221 **G. Yo también**
1. Siempre hacemos la tarea. (**hago**)
2. Siempre ponemos nuestras cosas donde van. (**pongo**)
3. Siempre escribimos cartas a nuestros familiares. (**escribo**)
4. Siempre conducimos bien. (**conduzco**)
5. Siempre recibimos buenas notas. (**recibo**)
6. Siempre salimos con amigos simpáticos. (**salgo**)

ST 89, page 225 **A. En el café**
1. Para mi hermanita un jugo de uva. (**Ella tiene sed.**)
2. Y pan con queso para María y Ana. (**Ellas tienen hambre**.)
3. Pero yo quiero un helado de chocolate. (**Yo tengo hambre**.)
4. ¿Qué refrescos tienen? (**Nosotras tenemos sed.**)
5. También una pizza, ¿verdad, Elisa? (**Nosotras tenemos hambre**.)
6. ¿Quieres un sandwich de jamón también, Juan? (**Tú siempre tienes hambre**.)

ST 90, page 226 **B. Reacciones**
1. Nunca desayunas y ahora es mediodía. (**Tengo mucha hambre.**)
2. Hace mucho frío en la casa y no tienes suéter. (**Tengo mucho frío.**)
3. Después de hacer gimnasia, no tienes dinero para un refresco. (**Tengo mucha sed.**)
4. Tienes problemas para dormir por la noche. ¿Qué tienes por la mañana? (**Tengo mucho sueño.**)

5. Tu hermanito insiste en que dos y dos son cinco. Tú insistes que no. (**Tengo mucha razón.**)
6. Estás en un parque por la noche. Es muy tarde y no ves nada. (**Tengo mucho miedo.**)

ST 91, page 230 **C. En Bogotá**
See Copying Masters.
1. Ramón, ¿conoces a mi hermano Juan Carlos? (**conozco**)
2. ¿Ya conocen ustedes a muchas personas aquí en Bogotá? (**conocemos**)
3. Estela, ¿conoces a mis amigas Consuelo y a Adriana? (**conozco**)
4. ¿Conocen ustedes el Parque Nacional? (**conocemos**)
5. ¿Sus padres ya conocen a mis tíos, ¿no? (**conocen**)
6. Ya conoce su mamá las tiendas del centro, ¿verdad? (**conoce**)

ST 92, page 234 **D. En la cafetería**
See Copying Masters.
1. A Juana le gustan las frutas.
2. A Mónica no le gustan las chuletas de cerdo.
3. A mí me encanta el pollo frito.
4. A ti también te gusta el pollo, ¿verdad?
5. A nosotros nos gustan mucho los frijoles.
6. A Felipe y a Silvia no les parecen sanas las papas fritas.

ST 95, page 238 **C. A comer**
See page 238 for questions and answers.

MESERO	¿Quieren pedir ahora?
AMIGO	Sí. ¿Qué platos principales recomienda Ud.?
MESERO	Bueno, la paella valenciana es excelente, señor, y siempre recomendamos el arroz con pollo.
AMIGO	¿Ah sí? No conozco la paella. ¿Cómo es?
MESERO	Es un plato español con arroz, jamón, pollo, camarones y verduras.
AMIGO	Muy bien, me gustaría la paella entonces, con una ensalada de tomate.
MESERO	Bueno, una paella y una ensalada de tomate. ¿Y para tomar?
AMIGO	Un jugo de naranja, por favor.
MESERO	Está bien. ¿Y no quiere Ud. una entrada o un postre?

AMIGO Pues sí, ¿qué hay de entrada?
MESERO Jamón con melón y sopa de verduras, señor.
AMIGO Me gustaría una sopa de verduras. Y de postre, un flan, por favor.
MESERO ¿Algo más?
AMIGO No, eso es todo.
MESERO Bien, inmediatamente traigo el pan con mantequilla.
AMIGO Gracias.

ST 97, page 239 A. ¿Qué comida es?

1. Tengo ganas de pedir un desayuno americano. Tú sabes, un plato completo de huevos fritos, pan con mantequilla y mermelada, tocino y jugo de naranja. (**no**)
2. Es bueno comer frutas frescas como uvas, fresas, naranjas y melón si quieres bajar de peso. (**no**)
3. Me gustaría el plato de pescado, con arroz y plátano frito, por favor. (**sí**)
4. La tarta de manzana con helado es un postre favorito de muchos norteamericanos y el flan es un postre popular entre los latino-americanos. (**no**)
5. ¿Qué necesito para hacer paella? A ver, arroz, pollo, jamón y camarones. (**no**)
6. ¡Qué lástima! Esta noche vamos a tener que comer verduras ya preparadas. A ver, tenemos zanahorias, espinacas y maíz. ¿Cuál prefieres tú? (**sí**)

ST 98, page 239 B. Buenas razones

1. Insisto en desayunar porque tengo mucho calor. (**ridículo**)
2. Nosotros no queremos ver la película de Drácula esta noche porque tenemos miedo. (**lógico**)
3. Roberto insiste en dormir durante la clase porque tiene mucho frío. (**ridículo**)
4. A mis padres no les gusta conducir por la noche porque tienen mucha sed. (**ridículo**)
5. Yo sé por qué tú no desayunas. Eres como yo. Siempre tenemos mucha prisa por la mañana. (**lógico**)
6. Para mí, el hermano de María es un sabelotodo porque siempre insiste en tener razón. (**lógico**)

¿Y TÚ?

Spanish 1

Gilbert A. Jarvis
Thérèse M. Bonin

Diane W. Birckbichler
Linita C. Shih

Parte primera

1866

HOLT, RINEHART AND WINSTON

Austin New York San Diego Chicago Toronto Montreal

Requests for permission to make copies of any part of the work should be mailed
to: Permissions, Holt, Rinehart and Winston, Inc., 1627 Woodland Avenue,
Austin, Texas 78741.

Printed in the United States of America

ISBN 0-03-021422-X
90123 040 9876543

Acknowledgments

For permission to reprint copyrighted material, grateful acknowledgment is made to the following sources:

CAPÍTULO 1: p. 40; *Marian Reiner for Joan Daves:* From "I Have A Dream" by Martin Luther King, Jr. Copyright © 1963 by Martin Luther King, Jr.

GACETA 1: p. 138; *Joaquín S. Lavado, Quino:* Advertisement, "Malfalda . . ." Copyright © 1987 by Joaquín S. Lavado, Quino. Published by Editorial "La Oveja Negra."

p. 139; *edizioni LANCIO s.p.a.:* From "Amarse perdidamente" in *Gran Color: Lunela*, año XII, no. 130, p. 81. Copyright © 1986 by edizioni LANCIO s.p.a.

CAPÍTULO 5: p. 195; *Colegio San Ignacio:* Colegio San Ignacio authorizes Holt, Rinehart and Winston, Inc. to publish a facsimile of the student's identification card in *¿Y tú?* on the condition that Colegio San Ignacio neither be responsible for the content nor be liable for any other material contained therein.

CAPÍTULO 6: p. 222; *Editorial América, S.A.:* "Menú básico de 1200 calorías" from "La dieta de pollo" in *Buenhogar*, año 21, no. 4, p. 31, February 12, 1986. Copyright © 1986 by A. de Armas Publications Co.

GACETA 2: p. 246 (top left); *Hotel Doral:* Advertisement, "Hotel Doral . . .," from *Colombia 85: Anuario Turístico y Comercial*, July 1985–July 1986, p. 273. Copyright © 1985 by Hotel Doral. Published by Publicaciones Periódicas Ltda.

p. 246 (bottom); *CAFAM:* Advertisement, "Vacaciones felices . . .," from *Colombia 85: Anuario Turístico y Comercial*, July 1985–July 1986, p. 41. Copyright © 1985 by CAFAM. Published by Publicaciones Periódicas Ltda.

p. 247 (top left); *Guía Publicaciones Limitada:* Adapted from "Juanillo" in *La Guía de Bogotá*, año 13, no. 77, p. 72. Copyright © 1986 by Guía Publicaciones Limitada.

p. 247 (bottom left); *Guía Publicaciones Limitada:* Adapted from "Chalet Suizo" in *La Guía de Bogotá*, año 13, no. 77, p. 73. Copyright © 1986 by Guía Publicaciones Limitada.

p. 247 (right); *Pizzerías D'omo:* Adapted from advertisement, "Pizzerías D'omo . . .," in *Colombia 85: Anuario Turístico y Comercial*, July 1985–July 1986, p. 63. Copyright © 1985 by Pizzerías D'omo. Published by Publicaciones Periódicas Ltda.

p. 249; *Publicaciones Periódicas Ltda.:* From "Guía y servicios de caldas" in *Colombia 85: Anuario Turístico y Comercial*, July 1985–July 1986, p. 188. Copyright © 1985 by Publicaciones Periódicas Ltda.

p. 250; *Editorial América, S.A.:* "Un 'genio' de 17 años que repite de grado es el empleado extranjero más joven contratado por la NASA" from *Hombre de Mundo*, año 12, no. 3, p. 8, March 1987. Copyright © 1987 by Editorial América, S.A.

Table of Contents

Rincones Culturales

Topics

SOUNDS OF THE SPANISH ALPHABET

SPELLING	SOUND	SPANISH EXAMPLE	NEAREST ENGLISH EQUIVALENT
a	/a/	casa	father
b	/b/	banco	bank
c (ca, co, cu)	/k/	casa	case
*c (ce, ci)	/s/	cinco	cent
ch	/ch/	chico	cheek
d	/d/	donde	door
e	/e/	este	best
f	/f/	familia	family
g (ge, gi)	/h/	gente	hen
g (ga, go, gu)	/g/	gato, gordo, gustar	gone, go, goose
gu (gua)	/gw/	Guatemala	Guam
gu (gue, gui)	/g/	guerra, guineo	guess, guilt
h	—	hablar	honor
i	/i/	si	machine
j	/h/	ojo	Idaho
k	/k/	kilo	keep
l	/l/	leche	late
*ll	/y/	llamo	yard
m	/m/	mamá	mama
n	/n/	no	no
ñ	/ñ/	año	canyon
o	/o/	bonito	hope
p	/p/	papá	spot
qu (que, qui)	/k/	que	skate
r	/r/, /rr/	para, rosa	potter, (trilled r)
rr	/rr/	carro	(trilled r)
s	/s/	si	seat
t	/t/	tu	stoop
u	/u/	uno	rule
v	/b/	ver	bear
x	/gs/, /h/	examen, México	examine, ahead
y	/i/, /y/	y, yo	easy, yoke
*z	/s/	zapato	sob

*Exceptions for central Spain

c (ce, ci)	/th/	cero, cine	theft, thing
ll	/ly/	llamar	million
z	/th/	zapato	thought

Art Credits

Penny Carter: pp. 16, 29, 33, 35, 65, 117, 118, 131

Felipe Galindo: pp. 9, 11, 34, 36, 39, 46, 51, 58, 59, 68, 72, 78, 85, 102, 107, 112, 114, 121, 148, 154, 160, 163, 165, 181, 184, 189, 192, 201, 202, 219, 224, 225, 233

David Griffin: pp. 12, 13, 14, 15, 16, 18, 29, 32, 33, 35, 40, 41, 52, 53, 58, 59, 65, 69, 70, 79, 80, 87, 90, 91, 94, 99, 103, 108, 115, 116, 118, 122, 127, 130, 131, 146, 149, 150, 193, 199, 204, 224, 229, 237

Pam Ford Johnson: pp. 30, 36, 40, 59, 102, 104, 121

Mike Krone: pp. 73, 120, 128, 153, 156, 161, 173, 194, 207, 212, 213, 214, 215, 216, 225, 238, 239, 241

Dale Minor: pp. 12, 20, 48, 103, 105, 130, 145, 146, 148, 149, 166, 168, 172, 185, 206

Hillary Newby: 183, 184, 226

Photo Credits

Abbreviations used: (t)top; (c)center; (b)bottom; (l)left; (r)right; (i)inset.

Table of Contents: Page **iv**(t), Robert Fried / D. Donne Bryant; **iv**(c), HRW Photo by Robert Royal; **iv**(c), Ellis Herwig / The Picture Cube; **iv**(b), Mark Antman / The Image Works; **v**(t), Chip and Rosa María de la Cueva Peterson; **v**(c), HRW Photo by Russell Dian; **v**(c), Walter R. Aguiar.

Capítulo Preliminar: Page **xii**(tl), Robert Fried / D. Donne Bryant; **xii**(tr), Robert Frerck / Odyssey Productions; **xii**(bl), HRW Photo by Russell Dian; **xii**(br), J. Messerschmidt / Bruce Coleman, Inc.; **1**, Cameramann International, Ltd.; **2**(tl), **2**(tr), HRW Photo by Russell Dian; **2**(br), **3**(t), HRW Photo by Rodney Jones Studios; **3**(b), **4**(t), **4**(b), **5**(t), **5**(c), **5**(b), **6**, HRW Photo by Russell Dian; **8**, Morton Beebe; **17**(t), **17**(b), HRW Photo by Russell Dian.

Capítulo 1: Page **26**(tl), **26**(tr), HRW Photo by Russell Dian; **26**(b), Cameramann International, Ltd.; **27**, HRW Photo by Robert Royal; **28**(t), HRW Photo by Russell Dian; **28**(b), Owen Franken; **30**, HRW Photo by Robert Royal; **31**, Carl Purcell / Words and Pictures; **32**(l), Cameramann International, Ltd.; **32**(r), HRW Photo by Russell Dian; **37**(tl), Irv Glaser / Gamma-Liaison; **37**(tr), Andrew Rakoczy; **37**(bl), Mitchell B. Reibel / Sports Photo File; **37**(br), Henry Grossman; **41**, Diane Walker / Gamma–Liaison Agency; **42**, Andrew Rakoczy / Bruce Coleman, Inc.; **43**, Katherine A. Lambert; **48**(l), Susan Van Etten / The Picture Cube; **48**(r), Chip and Rosa María de la Cueva Peterson; **49**, HRW Photo by Russell Dian; **50**(l), **50**(r), **51**(tl), **51**(tr), HRW Photo by Ruben Guzman; **53**, Stephanie Maze / Woodfin Camp & Associates; **54**, HRW Photo by Russell Dian; **56**, Robert Frerck / Woodfin Camp & Associates; **57**, Robert Frerck / Click / Chicago; **60**, Cameramann International, Ltd.

Capítulo 2: Page **62**(tl), Ellis Herwig / The Picture Cube; **62**(tr), Nick Pavloff / The Image Bank; **62**(b), M. Solomon / The Image Bank; **63**, Comstock Inc. / Comstock-Dewitt; **64**, Cindy Karp / Black Star; **70**, Jesus Carlos / Peter Arnold, Inc.; **71**, Courtesy CBS Records, **71**(i), HRW Photo by Russell Dian; **75**(l), Joe Viesti; **75**(r), HRW Photo by Russell Dian; **75**(tl), Roberto Redondo / Fotolaminados de P.R. Inc.; **76**(cr), HRW Photo by Russell Dian; **76**(bl), Roberto Redondo / Fotolaminados de P.R., Inc.; **76**(br), HRW Photo by Roberto Redondo; **77**(tl), Susan McCartney / Photo Researchers; **77**(r), HRW Photo by Russell Dian; **77**(bl), John Kimmach / Gartman Agency; **81**, Chip and Rosa María de la Cueva Peterson; **82**, Tor Eigeland; **83**, HRW Photo by Russell Dian; **88**, **89**, HRW Photo by Russell Dian; **90**, Cameramann International, Ltd.; **93**, HRW Photo by Robert Royal.

Capítulo 3: Page **96**(tl), Joel Gordon; **96**(tr), Mark Antman / The Image Works; **96**(b), Larry Dale Gordon / The Image Bank; **97**, HRW Photo by Robert Royal; **98**, **105**(l), HRW Photo by Russell Dian; **105**(r), **109**, HRW Photo by Robert Royal; **111**(tl), **111**(tr), **111**(cr), Antonio Suarez / Wheeler Pictures; **111**(bl), Robert Royal; **111**(br), Antonio Suarez / Wheeler Pictures; **123**, Francois Grohier / Photo Researchers; **124**, HRW Photo by Russell Dian; **125**, Owen Franken; **133**, Chip and Rosa María de la Cueva Peterson.

Gaceta 1: Page **135**, Robert Frerck / Odyssey Productions; **139**, Lancio Film / Rome, Italy; **140**, Myles E. Baker.

Capítulo 4: Page **142**(tl), Chip and Rosa María de la Cueva Peterson; **142**(r), HRW Photo by Russell Dian; **142**(b), Janice Fullman / The Picture Cube; **143**, Zao / The Image Bank; **144**, **151**, HRW Photo by Alejandro Betancourt M.; **155**(l), Chip and Rosa María de la Cueva Peterson; **155**(r), Kennedy / TexaStock; **157**, HRW Photo by Robert Royal; **158**, Kennedy / TexaStock; **160**, Bettmann Newsphotos; **167**, Marilyn Perez-Abreu; **169**(t), **169**(bl), **169**(br), **170**(l), **170**(r), HRW Photo by Russell Dian; **171**(l), Mieke Maas / The Image Bank; **171**(r), John Coletti / Stock Boston; **175**, Victor Englebert; **176**, Kennedy / TexaStock.

Capítulo 5: Page **178**(tl), HRW Photo by Russell Dian; **178**(tr), **178**(bl), Cameramann International, Ltd.; **178**(br), **179**, **180**, **182**, HRW Photo by Russell Dian; **189**(b), Kathy Kayser; **195**, Courtesy Colegio San Ignacio, San Juan, Puerto Rico, **197**(l), Owen Franken; **197**(tr), Chip and Rosa María de la Cueva Peterson; **197**(br), Cameramann International, Ltd.; **200**, HRW Photo by Russell Dian; **203**, Cameramann International, Ltd.; **208**, Sybil Shelton / Peter Arnold, Inc.

Capítulo 6: Page **210**(tl), David R. Frazier; **210**(tr), Cary Wolinsky / Stock Boston; **210**(bl), Richard Steedman / The Stock Market; **210**(br), D. Donne Bryant; **211**, Walter R. Aguiar; **223**(t), HRW Photo by Russell Dian; **223**(bl), Robert Royal; **223**(br), Tor Eigeland; **227**(t), HRW Photo by Russell Dian; **227**(c), Lee Boltin; **227**(b), Lucy Barber; **231**(tl), Cameramann International, Ltd.; **231**(tr), **231**(bl), **231**(bc), **231**(br), Tor Eigeland; **235**, Robert Frerck / Odyssey Productions; **236**, HRW Photo by Robert Royal; **240**, HRW Photo by Ruben Guzman; **242**, Mark Antman / The Image Works.

Gaceta 2: Page **244**, Cameramann International, Ltd.; **245**(l), Tom Grill / Comstock, Inc.; **245**(r), David W. Hamilton / The Image Bank; **250**, Transworld; **251**, NASA.

Photo Identifications

Abbreviations used: *t* top, *c* center, *b* bottom, *l* left, *r* right

Table of Contents: iv: *t*, Machu Picchu, Perú; *tc*, Madrid, España; *bc*, Bailarinas mexicanas; *b*, Montaña rusa en Madrid, España; **v:** *t*, Cuatro esquinas, Ecuador; *c*, Ecuador; *b*, Mercado local, Quito, Ecuador.

Capítulo preliminar: xii: *tl*, Machu Picchu, Perú; *tr*, Alpinistas en las Provincias Vascongadas, España; *bl*, Torre del Oro, Sevilla, España; *br*, Acapulco, México **1:** Mercado en Venezuela; **7:** Palacio de Bellas Artes, México, D.F.; **8:** Las ruinas de Uxmal, México; **21:** Estatua del escritor Miguel de Cervantes, Madrid, España.

Capítulo uno: 26: *tl*, Ponce, Puerto Rico; *tr*, República Dominicana; *b*, Estudiantes en recreo, Buenos Aires, Argentina; **27:** Madrid, España; **31:** Lima, Perú; **37:** *tl*, Erik Estrada; *tr*, Joan Báez; *bl*, Nancy López; *br*, Plácido Domingo; **42:** Chichén-Itzá, México; **53:** México, D.F.; **60:** La fiesta de los quince, Buenos Aires, Argentina.

Capítulo dos: 62: *tl*, Bailarinas mexicanas; *tr*, Los Ángeles, California; *b*, Los Ángeles, California; **64:** México, D.F.; **75:** *bl*, Museo del Prado, Madrid, España; *br*, Plaza España, Madrid, España; **82:** Sitges, España; **83:** Parque María Luisa, Sevilla, España; **88:** San Cristóbal, Viejo San Juan, Puerto Rico.

Capítulo tres: 96: *tl*, Jóvenes peruanas; *tr*, Montaña rusa en Madrid, España; *b*, Los Ángeles; **97:** Madrid, España; **111:** La Copa Mundial, Madrid, España; **123:** Lago Pingo, Torres del Paine, Chile; **125:** San Sebastián, España.

Gaceta No. 1: 135: Madrid, España.

Capítulo cuatro: 142: *tl*, Cuatro Esquinas, Ecuador; *cr*, Arcos de la frontera, España; *bl*, Jóvenes cubanos en Miami; **151:** México, D.F.; **155:** *c*, México, cerca de 1910; *br*, México, D.F.; **158:** Fiesta de los quince, Austin, Texas; **162:** Las redes de los pescadores, Janitzio, México; **167:** Catedral de Sevilla, España; **175:** La Puerta Trujillo, Venezuela.

Capítulo cinco: 178: *tl*, Ecuador; *tr*, España; *bl*, Bolivia; *br*, Ponce, Puerto Rico; **182:** San Pedro del Ribes, España; **197:** *bl*, Escuela San Jorge, Quilmes, Argentina; *br*, Oruro, Bolivia; **200:** Instituto Nacional de Bachillerato, Madrid, España; **203:** Mayagüez, Puerto Rico; **208:** Clase de mecanografía, España.

Capítulo seis: 210: *tl*, Vendedor de churros; *tr*, México; *bl*, Guadalajara, México; *br*, Restaurante en Acapulco, México; **211:** *b*, Mercado local, Quito, Ecuador; **223:** *c*, Madrid, España; *bl*, Madrid, España; *br*, Sitges, España; **231:** *tl*, Ajijic, Jalisco, México; *tr*, San Pedro del Ribes, España; *bl*, Sitges, España; *bc*, Sitges, España; *br*, Sitges, España; **242:** Café Plaza Mayor, Salamanca, España.

Gaceta No. 2: 244: Cabo San Lucas, Baja California, México.

Consultants

We would like to thank the teachers and administrators who reviewed the manuscript. Their enthusiastic reception of the materials was very encouraging, and their suggestions for improvements were most helpful. We are very pleased to acknowledge the important contributions of the consultants whose names appear below.

Joe Harris
Poudre School District R-1
Fort Collins, Colorado

Robert Hawkins
Upper Arlington High School
Columbus, Ohio

Pam Kaatz
Haltom High School
Fort Worth, Texas

Stephen Levy
Roslyn Public Schools
Roslyn, New York

James Memoli
Columbia High School
Maplewood, New Jersey

Victor Nazario
Pingry School
Martinsville, New Jersey

Laura Nesrala
Haltom High School
Fort Worth, Texas

Lorraine Paszkeicz
Mount Pleasant High School
San Jose, California

Albert Rubio
Greensboro Public Schools
Greensboro, North Carolina

Gloria Salinas
Austin Independent School District
Austin, Texas

Richard Siebert
San Mateo High School
San Mateo, California

2.

1.

4.

3.

1. Machu Picchu, Perú **2.** Alpinistas en las Provincias Vascongadas, España
3. Torre del Oro, Sevilla, España **4.** Acapulco, México **5.** Mercado en Venezuela

Getting Started

Capítulo preliminar

In order to track mastery of the concepts presented in **¿Y tú?,** you may want to refer to the objectives listed on the opening page of each chapter. The quizzes and achievement tests found in the Teacher's Resource Binder, as well as the **Integración** sections at the end of each chapter are effective instruments for determining whether students have mastered these objectives.

This chapter introduces you to the study of Spanish. In it, you will find opportunities to

- greet people and introduce yourself, using Spanish names

- tell what you like and dislike

- spell words, using the Spanish alphabet

- count from 0 to 15

- understand and use common classroom expressions

- use strategies that will make learning Spanish easier

- become aware of the Spanish-speaking world and of the importance of learning Spanish

5.

GETTING ACQUAINTED

See Teacher's Preface for reference to Copying Masters and Overhead Transparencies available for this chapter. Workbooks and other ancillary materials are correlated to this chapter on the corresponding tabbed divider in your Teacher's Resource Binder. The Teacher's Preface contains abbreviated tapescripts of listening activities in the student text.

Meeting Your Teacher and Other Adults

Spanish speakers shake hands when they meet or say good-bye. Good male friends often embrace, while two girls or a boy and a girl kiss lightly cheek to cheek.

To Say Hello to an Adult

Buenas tardes, señora Martínez.
Good afternoon, Mrs. Martínez.

Buenos días, señor López.
Good morning, Mr. López.

Buenas noches is used from around 7 P.M. on.

Buenas noches, señorita González. *Good evening, Miss González.*

Señor, señora, and **señorita** can be abbreviated **Sr.**, **Sra.**, and **Srta.** when they precede a name.

A. Buenos días. It is your first day of class in an intensive Spanish program in Guadalajara. As you enter each class, greet your new teacher appropriately.

> EJEMPLO   Mr. Torres / 2 P.M. class
> **Buenas tardes, señor Torres.**

1. Miss Martínez / 9 A.M. class
2. Mrs. Torres / 7 P.M. class
3. Miss López / 8 A.M. class
4. Mr. Chávez / 4 P.M. class
5. Mrs. Esparza / 8 P.M. class
6. Mr. Robles / 3 P.M. class

1. Buenos días, señorita Martínez.
2. Buenas noches, señora Torres.
3. Buenos días, señorita López.
4. Buenas tardes, señor Chávez.
5. Buenas noches, señora Esparza.
6. Buenas tardes, señor Robles.

You may use the tape or read Tapescript ST 1.

To Introduce Yourself and Ask an Adult's Name

Me llamo Marcela Fuente.
  ¿Cómo se llama usted?
Me llamo Rosa Gómez.
Mucho gusto.
Igualmente.
My name is Marcela Fuente.
  What is your name?
My name is Rosa Gómez.
Pleased to meet you.
Likewise.

A. Mucho gusto.   Greet your teacher and introduce yourself. Ask his or her name. When you hear it, respond politely. Use the dialogue you just read as a guide.

Titles (**señor, señora, señorita**) are never used after **Me llamo**.

You may use the tape or read Tapescript ST 2.

What to Say After Meeting an Adult

After saying hello, people usually ask each other how they are feeling or how things are going. Here are some expressions you will want to know.

Young people are usually addressed with **tú,** but older-looking teens may be addressed with **usted**.

¿Cómo está usted, señor?
Muy bien, gracias. ¿Y usted?
Pues, bastante bien.
How are you, sir?
Very well, thank you. And you?
Oh, pretty well.

A. ¿Cómo está usted?   Look back at the activity **Buenos días**. Greet your teachers again, but this time, also ask how they are. Choose another student to respond as each teacher would.

Students may enjoy occasionally playing teacher, thus giving you more freedom to observe and listen.

Meeting Your Classmates and Other Young People

Suggestion: Have your Spanish-speaking students prepare and act out dialogues that demonstrate greetings and farewells as well as cultural differences, such as shaking hands among teenagers.

To Say Hello to a Young Person

Hola, Leonor. Hola, Mateo.
Hi, Leonor. Hi, Mateo.

You may use the tape or read Tapescript ST 3.

To Introduce Yourself and Ask a Young Person's Name

Me llamo Marcela. Y tú,
   ¿cómo te llamas?
Me llamo Eduardo.
Mucho gusto.
Igualmente.
*My name is Marcela.
   And you? What's your
   name?*
My name is Eduardo.
Pleased to meet you.
Likewise.

Mucho gusto is rather formal for teenagers but is presented here for communicative value.

A. **¡Hola!**   Say hello to other students in your class, and tell them your name. When other students introduce themselves, respond politely and give your name.

> EJEMPLO   **Hola. Me llamo Vicente. ¿Cómo te llamas?**
> **Me llamo Juan Pablo.**
> **Mucho gusto.**
> **Igualmente.**

You may use the tape or read Tapescript ST 4.

What to Say After Meeting a Young Person

Here are some expressions you can use to ask young people how they are or how things are going.

Hola, Isabel. ¿Cómo estás?
Bien, gracias. ¿Y tú?
Regular.
Hi, Isabel. How are you?
Fine, thanks. And you?
OK.

Use of **tú** and **usted** is explained in **Capítulo 1, Exploración 2**. For now, students should know to use **tú** with young people and friends and **usted** with adults.

¡Oye, Diego!
Hola. ¿Qué tal?
Así, así.
Hey, Diego.
Hi. How's everything?
So-so.

Option: Introduce **¿Qué pasa?** or **¿Cómo andas?** with **Así, así** or **Más o menos**.

A. **¿Qué tal?** Greet your classmates and ask how they are. Alternate using **¿Qué tal?** and **¿Cómo estás?**

Saying Good-bye

Adiós.
Hasta luego.
Hasta mañana.
Good-bye.
See you later.
See you tomorrow.

A. **Hasta luego.** You are at a party with your classmates and are ready to leave. Say good-bye to the four students sitting closest to you.

Option: Add **Hasta la vista, Hasta pronto,** and **Nos vemos. Adiós** is used when people do not expect to see each other for a while or when they pass each other in the street without stopping.

Spanish Names

Some students dislike being assigned a Spanish name but are willing to choose one themselves. Others prefer to retain their own names.

When you begin to ask Spanish speakers their names, you will find that a number of the names will be new to you. Learn to recognize the following Spanish names when you hear them. You may also want to choose one to use in class or find one that is equivalent or similar to your own.

Suggestion: Have your Spanish-speaking students make a list of all the assigned Spanish names and prepare name tags for the entire class, then host a "get-acquainted" party, give out name tags, and introduce students to each other.

Nombres masculinos

Alberto	Hugo
Alejandro	Humberto
Alfonso	Javier
Alfredo	Joaquín
Andrés	Jorge
Antonio	José María
Arturo	Juan
Bernardo	Luis
Camilo	Marcos
Carlos	Mario
Cristóbal	Miguel
Daniel	Nicolás
David	Pablo
Edmundo	Pedro
Eduardo	Ramón
Ernesto	Raúl
Esteban	Ricardo
Eugenio	Roberto
Felipe	Simón
Fernando	Teodoro
Gerardo	Tomás
Gregorio	Vicente
Guillermo	Víctor

Nombres femeninos

Alicia	Gloria
Amalia	Graciela
Ana	Inés
Andrea	Isabel
Bárbara	Lucía
Beatriz	Luisa
Caridad	Manuela
Carlota	Margarita
Carolina	María Cristina
Catalina	Mariana
Cecilia	Marta
Cristina	Micaela
Daniela	Mónica
Diana	Pilar
Dorotea	Raquel
Elena	Rosalía
Elisa	Rosario
Elsa	Silvia
Esperanza	Teresa
Estela	Verónica
Eva	Victoria
Francisca	Virginia
Gabriela	Yolanda

Notice that some names can be either girls' names or boys' names, depending on the ending: **Mario–María, Antonio–Antonia, Luis–Luisa, Marcelo–Marcela, Víctor–Victoria, Eugenio–Eugenia.**

Double names such as **José María** are very common. The first name usually shows you whether it is a girl's name or a boy's name.

Just as in English, *nicknames,* or **apodos,** are common in Spanish. For example, someone named **Francisco** might be called **Paco** or **Paquito** by his friends and family. Similarly **José** might be called **Pepe. Isabel** would be known as **Belita,** and **Graciela** or **Marcela** as **Chela.**

Another very common way to form nicknames in Spanish is to add a diminutive ending to the name. A common diminutive ending is **-ito** for boys or **-ita** for girls. **Juan,** for example, might be called **Juanito** or **Juanín** (*Johnny*), and **Eva** would probably be called **Evita** (*Evie*) by friends and family.

A. ¿Cómo te llamas?   Choose a Spanish name and use it to introduce yourself to your neighbor. Be sure to ask your neighbor's name too!

Actividades adicionales

A. Saludos.   You are spending your vacation in Mexico City. When these things are said to you, how will you respond?

> EJEMPLO   ¿Cómo estás?
> **Bien, gracias. ¿Y tú?**

1. Hola.
2. Buenos días.
3. Me llamo Sergio Campos.
4. ¿Cómo estás?
5. ¿Qué tal?
6. ¿Cómo está usted?
7. Hasta mañana.
8. Mucho gusto.
9. ¿Cómo te llamas?
10. Buenas tardes.

Palacio de Bellas Artes, México, D.F.

B. ¿Cómo estás?   Practice greeting others and asking how they are. First greet other students in your class. Then greet your teacher.

> EJEMPLO   **Hola. ¿Cómo estás?**   **Buenos días, señora. ¿Cómo**
> **Bastante bien. ¿Y tú?**   **está usted?**
> **Bien, gracias.**   **Regular. ¿Y tú?**
>   **Bastante bien, gracias.**

Answers to Activity C may vary from those given.
1. Buenos días. 2. Buenas tardes. 3. Buenas noches./Buenas tardes. 4. ¿Cómo te llamas?/¿Cómo se llama usted? 5. Hasta mañana./Adiós. 6. Hasta mañana./Buenas noches. 7. ¿Cómo está?/¿Qué tal? 8. Hasta luego.

C. De vacaciones. You meet some people while on vacation in the Yucatan. What would you say to them in the following situations?

EJEMPLO at breakfast in the hotel
Buenos días.

after a movie in the evening
Hasta mañana.

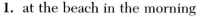

1. at the beach in the morning
2. at a gift shop in the afternoon
3. at dinner in the evening
4. when you want to ask someone's name
5. saying good-bye to someone after dinner
6. upon leaving the group after a night tour of some Mayan ruins
7. when you want to know how a new friend is doing
8. after lunch when you expect to see the person later that day

Las ruinas de Uxmal, México

D. Una familia cubana. A Cuban student in your school has invited you to visit his family. How do you greet each person?

EJEMPLO your friend, José   his uncle, Mr. Torres
Hola, José.   **Buenas tardes, señor Torres.**
¿Cómo estás?   **¿Cómo está usted?**

1. his brother, Paco   5. his sister, Teresa
2. his mother, Mrs. de Silva   6. his grandmother, Mrs. de Ugarte
3. his cousin, Miss Torres   7. his sister, Rosita
4. his father, Mr. Silva   8. his grandfather, Mr. Ugarte

E. Diálogos. You are attending summer school in Cuernavaca. Write two short dialogues, the first between you and your Mexican roommate and the second between you and your teacher. Practice your dialogues with another student.

Suggestion: Do this activity over two days so that you can check for accuracy before students practice their dialogues orally. If you do it in one day, circulate around the class and help students as needed.

¿Y TÚ?

Talking About What You Like

A. Me gusta... People all over the world like to talk about their likes and dislikes. Say whether or not you like the following.

Me gusta...   No me gusta . . .

el fútbol americano   el fútbol   la televisión   la música   el tenis

la lucha libre   el volibol   el béisbol   el baloncesto   la tarea

B. Me llamo. Introduce yourself to the class, and tell the other students something you like.

EJEMPLO   **Hola. Me llamo Teresa Martínez.
Me gusta la música.**

C. No me gusta. Introduce yourself to another student, and tell that student something you do not like.

EJEMPLO   **Buenos días. Me llamo Guillermo Walsh.
No me gusta la lucha libre.**

Communicating in Spanish

You may use the tape or read Tapescript ST 5.

The Alphabet

Knowing the Spanish alphabet will help you learn more quickly to pronounce Spanish words. Spanish uses the same 26 letters as English plus four more. See if you can locate these four letters in the Spanish alphabet. Which letter does each of the new letters follow?

a	a*h*	j	jota	r	ere
b	be (be grande)	k	ka	rr	erre
c	ce	l	ele	s	ese
ch	che	ll	elle	t	te
d	de	m	eme	u	u
e	*e*	n	ene	v	ve (uve, ve chica)
f	efe	ñ	eñe	w	doble ve
g	ge	o	o	x	equis
h	hache	p	pe	y	yé (i griega)
i	*i ee*	q	cu	z	zeta

Additional practice:
1. Spell students' names aloud; students raise hand when they recognize their own name.   **2.** Show flash cards of Spanish words and spell the word, sometimes correctly, sometimes incorrectly. Students tell if you have spelled the word correctly.   **3.** Ask students to spell aloud the words you have written on the flash cards.

The four letters found in Spanish and not in English are **ch** (**che**), **ll** (**elle**), **ñ** (**eñe**), and **rr** (**erre**). In a Spanish dictionary, **ch, ll,** and **ñ** are alphabetized as single letters, but **rr** is not. If you are unable to find a Spanish word in the dictionary, double-check that you have correctly considered the alphabetizaion of **ch, ll,** or **ñ.**

The letters *k* and *w* are usually not considered part of the Spanish alphabet, as they appear only in words borrowed from other languages.

Spanish words may begin with **ch, ll,** and **ñ,** but none begins with **rr.**

A. El alfabeto.   Note how the Spanish words in the first column are alphabetized, then alphabetize the second column.

calma	carrera
calle	cartera
correr	calle
corto	calor
chico	chica
luz	llegar
llamar	loco
manzana	año
mañana	anuncio

You may wish to refer to **letras mayúsculas** (**A**), **letras minúsculas** (**a**), and **letras con acento** (**á**) or **con tilde** (**ñ**).

> moción, *n.f.* motion
> mochila, *n.f.* knapsack
> molusco, *n.m.* mollusc
> molleta, *n.f.* biscuit
> montanero, *n.m.* forester
> montaña, *n.f.* mountain
> morrillo, *n.m.* pebble
> morsa, *n.f.* walrus

B. El oculista.   You are on vacation in Mexico and have to go to the eye doctor. How would you read the letters on his chart?

C. Estudiantes bilingües. Help the following students in a bilingual class in Los Angeles spell their names aloud using the Spanish alphabet.

David	Xavier	Yolanda
Raquel	Chavela	Beatriz
Vicente	Alejandro	Francisca
Guillermo	Julio	Suzie
Walter	Kelly	Philip

D. Visado. You are applying for a visa. Spell your first and last names and the name of the town and the state in which you were born.

E. Autores. A library in Spain just acquired works by the following authors. Tell how the librarian would arrange them in alphabetical order.

Students may write the answers to this activity.

I	II	III
Alfredo Chavero	José Alfredo Llerena	Ramón Pacheco
Rosario Castellanos	Jesús Lara	Manuel Puig
Julio Cortázar	Violeta López	Violeta Parra
Isaura Calderón	Mariano José Larra	Cecilia Pérez

You may use the tape or read Tapescript ST 6.

Numbers 0–15

1. Have students (**a**) count forward and backward, (**b**) count by twos, or (**c**) write the numerals for numbers you say. **2.** Have students write the numerals. You call them out at random, and students cross off each number as they hear it. Stop with one number left, and see who has the correct number.

Numbers will also be useful to you in class. Practice counting from 0 to 15.

Option: Ask your Spanish-speaking students to prepare simple math problems and work with other students in small groups to solve the problems.

0 cero	4 cuatro	8 ocho	12 doce
1 uno	5 cinco	9 nueve	13 trece
2 dos	6 seis	10 diez	14 catorce
3 tres	7 siete	11 once	15 quince

Remind students to pronounce the **z** in **diez** like the *s* in *sale*.

A. En el aeropuerto. Tell from what gate (**puerta**) the flights will be leaving.

> EJEMPLO   **México: la puerta número siete**

puerta	SALIDAS destino	hora
7	México	6:50
12	Madrid	7:10
8	Buenos Aires	9:05
3	Caracas	11:25
6	La Paz	15:30
15	Bogotá	16:35
4	Montevideo	18:40
9	Quito	22:10

B. Pesetas. The **peseta** is the name of the currency used in Spain. How many **pesetas** do you see?

> EJEMPLO

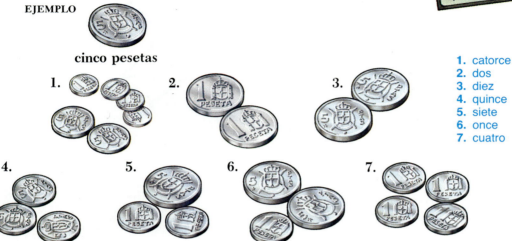

cinco pesetas

1.
2.
3.
4.
5.
6.
7.

1. catorce
2. dos
3. diez
4. quince
5. siete
6. once
7. cuatro

C. Pesos. You are shopping in one of New York's Spanish neighborhoods where the dollar is referred to as a **peso.** Read the price tags on the following items.

> EJEMPLO $4.00 / **cuatro pesos**

Puerto Rico's currency, the U.S. dollar, is commonly called **el peso** as well as **el dólar**. The **peso** is the currency in several Spanish-speaking countries.

In item no. 6, explain to students that **uno** becomes **un** before a masculine noun, and **una** before a feminine. (See pp. 51, 164)

1. cuatro   2. nueve   3. once   4. siete   5. catorce   6. un   7. doce   8. diez

¿Y TÚ?

You may use the tape or read Tapescript ST 7.

D. ¿Cuánto cuesta? You are at **el Mercado Merced,** the open-air market in Santo Domingo, the capital of the **República Dominicana**. As you hear the price of various items, write the numbers on a sheet of paper.

EJEMPLO

3

Useful Classroom Expressions

The more you practice Spanish, the better you will be able to communicate. Common classroom expressions can be used immediately in Spanish.

You may use the tape or read Tapescript ST 8.

Learn to understand the following expressions your teacher will probably use often, and learn to say those that you will want to use.

You may wish to act out these commands as you say them or ask your Spanish-speaking or advanced students to do so. Then have the rest of the class act out the commands as they hear them.

El profesor o la profesora dice (*The teacher says*):

1.	Escuchen, por favor.	*Please listen.*
2.	Repitan, por favor.	*Please repeat.*
3.	Contesten, por favor.	*Please answer.*
4.	Abran el libro.	*Open your book.*
5.	Cierren el libro.	*Close your book.*
6.	Vayan al pizarrón, por favor.	*Go to the board, please.*
7.	¿Entienden?	*Do you understand?*
8.	Saquen papel y lápiz, por favor.	*Take out paper and pencil, please.*
9.	Saquen la tarea.	*Take out your homework.*
10.	Levántense, por favor.	*Stand up, please.*
11.	Siéntense, por favor.	*Sit down, please.*

You may use the tape or read Tapescript ST 9.

Learn to say the following expressions.

Los estudiantes dicen (*The students say*):

Alumno(a) is another common word for a secondary or an elementary school student.

1.	Sí, señora.	*Yes.*
2.	No, señor.	*No.*
3.	No sé, señorita.	*I don't know.*
4.	Repita, por favor.	*Repeat, please.*
5.	¿Cómo?	*What?*
6.	¿Cómo se dice...en español?	*How do you say...in Spanish?*
7.	¿Qué quiere decir...?	*What does...mean?*
8.	No entiendo.	*I don't understand.*
9.	Gracias.	*Thank you.*
10.	De nada.	*You're welcome.*

Have students practice pronouncing these expressions as a group and individually.

People may be politely addressed as **señor(a)** or **señorita** without a last name.

You may use the tape or read Tapescript ST 10.

A. ¿Sí o no? Mr. Gálvez is giving instructions to the new students in his Spanish class. Listen to what he says, and look at what they do in the pictures. If they are correctly following his instructions, say **sí**; if not, say **no**.

1. no
2. sí
3. sí
4. no
5. no
6. sí
7. no
8. no
9. sí
10. sí

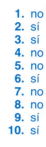

You may use the tape or read Tapescript ST 11.

B. Instrucciones. Look again at the pictures, and listen to Mr. Gálvez's commands. On a sheet of paper, write the number of the picture in which the students are following each command.

> EJEMPLO Levántense, por favor.
> **7**

You may use the tape or read Tapescript ST 12.

C. Mandatos. You will hear several commands. Follow them.

> EJEMPLO You hear: Levántense, por favor.
> You stand up.

D. ¿Qué dicen los estudiantes? Using these Spanish expressions, tell what you say at school in the situations described below.

Sí, señora (señor, señorita).
No sé, señorita (señor, señora).
¿Cómo?
¿Qué quiere decir...?
Gracias.

No, señor (señorita, señora).
Repita, por favor.
¿Cómo se dice...en español?
No entiendo.
De nada.

1. You do not know the answer to the question the teacher asked you.
2. You want to know what the word **chico** means.
3. Your teacher thanks you for helping.
4. Your principal asks you if you are taking Spanish.
5. Your teacher asks you if you want to take a pop test.
6. You need to have something repeated.
7. You do not understand what your teacher just said.
8. You are hungry and a friend shares a sandwich with you.
9. You want to know how to say *banana* in Spanish.

1. No sé.
2. ¿Qué quiere decir *chico*?
3. De nada.
4. Sí, señor(a)/señorita.
5. No, señor(a)/señorita.
6. Repita, por favor.
7. ¿Cómo?
8. Gracias.
9. ¿Cómo se dice *banana* en español?

LEARNING SPANISH

Tips for Success

A new language is different from other subjects. In fact, you may need to find some new ways to learn. Here are some suggestions to help you study and practice Spanish.

1. **Study daily.** Practice Spanish whenever you can—with classmates, friends, and family. Memorizing new words and grammar rules can help, but nothing can take the place of practice, so speak and listen to Spanish over and over until it becomes familiar.

2. **Do not be afraid to make mistakes.** Mistakes are a normal part of learning. The mistakes you make can help you and your teacher identify problems. Mistakes often lead native speakers to give you helpful hints, and they can also lead to insights about how language works.

3. **Build on what you already know.** Learning a language involves building on words and grammar already learned. Learning to use the material in Chapter 2 requires knowing Chapter 1. The words and sentence patterns learned during the first days of Spanish will continue to be important every day.

4. **Take your best guess.** Sometimes you will see or hear a word or phrase you do not understand. Think about what word you believe should be in that place and then guess the meaning. At other times you will be unsure about how to say something. Go ahead and try! You may be right, and you will certainly learn faster.

Using Your Knowledge of English

One of the nice things about learning Spanish is that it has many similarities to English. What you already know will help you learn more easily.

For example, how many of the following Spanish words can you already recognize? Words like these, which are similar or identical in Spanish and English, are called cognates. Guess the meaning of these cognates.

rodeo	fiesta	república
patio	biología	taco
vainilla	persona	parasol
café	radio	restaurante

Point out that some cognates are not as easy to recognize as others: **fruta** (*fruit*), **flor** (*flower*), **castillo** (*castle*). Some English words are borrowed from Spanish: **rodeo, patio, parasol.**

Look at the photo and caption that follow. You will notice several similarities between Spanish and English—the alphabet, the word order, and cognates. Try to guess the English translation of the caption.

> *Silvia estudia biología, álgebra y la historia de México.*

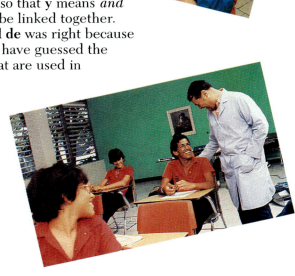

You probably guessed the meaning of **estudia** and also that **y** means *and* because you expect history, biology, and algebra to be linked together. Your natural tendency to read past words like **la** and **de** was right because no two languages are exactly alike. (You might even have guessed the meaning of **de** because of names and expressions that are used in English.)

Try to figure out the meaning of the next caption.

> *Mi profesor es simpático, ¿no?*

Here you see the need to be flexible in order to understand another language. The subject-verb word order is the same as in English. You might recognize **mi** as similar to *my* and **es** as similar to *is*. Although **profesor** can mean *professor*, here it means *teacher*.

Not all Spanish words and sentence patterns will be familiar to you. New words must be learned, and new grammar is always important. **Simpático** looks like *sympathetic*, but it means *nice*. And you would probably translate **¿no?** as *isn't he?* The sentence then would read: *My teacher is nice, isn't he?* Thus, rigid word-for-word translation, though it may help you understand, does not always give you the words you would use in English. Be flexible. Think of other ways to express the meaning.

Distinctive Differences

Punctuation Marks

Look at the following sentences. What do you notice about Spanish punctuation, especially exclamation points and question marks?

> ¿Habla usted español?
> Sí, soy bilingüe. Hablo
>   inglés y español.
> ¡Qué bueno!

The initial punctuation marks can be very helpful when reading.

A. La puntuación. Mrs. Sánchez is correcting the homework written by a new student in her Spanish class. Copy his work on paper and supply the missing Spanish punctuation marks that she has marked.

Buenos días, señor. Cómo
   está usted?
Bien, gracias. Y tú?
Así, así. Habla usted
   inglés?
Sí, y español también. Soy
   bilingüe.
Qué magnífico!

Accents and Other Special Marks

Look at the Spanish sentences you just read in "Punctuation Marks." In addition to the initial punctuation marks, you should be able to find three other types of special marks. Point them out.

These marks—the accent (**inglés**), the tilde (**español**), and the diaeresis (**bilingüe**)—are part of Spanish spelling and are often a clue to pronunciation. Be sure to learn them when you learn the spelling of a word.

A. Acentos. In the conversation you copied in **La puntuación,** circle all the accents and special marks. How many are there? In the following conversation, the new student has left off all the accents and special marks. Copy it on paper and supply the missing accents and special marks. Use the preceding conversation to guide you.

> Buenos dias, senorita
>   Robles. ¿Como esta
>   usted?
> Bien, gracias, Jorge. ¿Y tu?
> Bien. ¿Habla usted ingles y
>   espanol?
> Si. Soy bilingue.
> ¡Que bueno!

Spanish Sounds

Listen to your teacher read the model sentences from "Punctuation Marks." You will hear sounds that may be different from what you expect. Some of the sounds in Spanish are different from sounds in English. At first, these new sounds may seem strange, but as you use them, they will become very familiar, and you will become accustomed to pronouncing them. Even if your pronunciation of Spanish sounds is not perfect, keep practicing. Listen to your teacher read the captions to the photos you saw earlier, then repeat them. Try to imitate what you hear.

You may use the tape or read Tapescript ST 13.

A. ¿Español o inglés? Listen to these words that exist in both Spanish and English. If a word is pronounced in English, say **inglés**. If it is pronounced in Spanish, say **español**. Then repeat the words in Spanish.

patio	cafetería	burro	chocolate
California	Florida	Los Ángeles	San Francisco

WHY STUDY SPANISH?

There are many reasons for studying Spanish. What are yours? Here are some possible reasons. On a piece of paper, rank them in order of importance for you. Add your own if you wish.

For	Knowing Spanish Can
business	be the key to a rewarding career as American businesses increasingly recognize the importance of Spanish at home and abroad
culture	open the doors to an appreciation of art, music, literature, and culture in the Spanish-speaking world, an important part of our Western civilization
travel	help you to travel with greater ease and enjoyment
college	increase your potential to do well in your studies
communication	enable you to communicate with the peoples of 21 countries and with Spanish-speaking people here in the United States

Bilingual   Bonus $20–25K
OFFICE MANAGER
Prestigious investment firm seeks person with proven exp. in office administration. Will interface with wealthy Latin American clients. Requires fluency in formal Spanish. Ideal for person with career advancement in mind.

ESPAÑOL/INGLÉS

Se necesita secretaria bilingüe. Con experiencia en trabajos de oficina. Llame al Sr. Pérez. Tel. 32-87-60

The Hispanic World

One reason to choose Spanish as your second language is its importance in today's world. Look at the following statements, and guess whether each is true or false. Guess on your own before you look at the answers.

1. Spanish is spoken by over 300 million people.
2. The United States has the fourth-largest Spanish-speaking population in the world.
3. Spanish is spoken in fewer than 20 countries.
4. Spanish is not one of the official languages of the United Nations.
5. Spanish is important for international commerce.
6. The United States has a common boundary with a Spanish-speaking nation.
7. There are over 20 million Spanish speakers in the United States.
8. There are four cities in the United States that have over one million Spanish speakers—New York, Los Angeles, Miami, and Des Moines.

1. True. 2. True. 3. False. It is spoken in more than 20 countries. 4. False. It is one of the U.N. official languages. 5. True. 6. True. The United States shares a common boundary and continent with Spanish-speaking nations. 7. True. 8. False. The four U.S. cities with over one million Spanish speakers are New York, Los Angeles, Miami, and Chicago.

Estatua del escritor Miguel de Cervantes, Madrid, España

A. El mundo hispánico. Look at the three maps of the Hispanic world, and answer these questions.

1. What three continents have Spanish-speaking countries?
2. In what country did Spanish originate?
3. What country has the largest Spanish-speaking population? (Hint: It is not in South America.)
4. What large country in South America is not Spanish speaking?
5. If you could choose, which three Spanish-speaking countries would you visit? Why?
6. Look at the map of Spain. What is the capital? List the names of any Spanish cities you have already heard of.
7. You are in Surinam and are going to tour the Spanish-speaking nations of South America. If you head from north to south, in what order would you probably visit them?
8. You are going to visit two Central American countries. Which will you choose? Which will you omit? Give your reasons.
9. You are in Florida. What Spanish-speaking islands are nearby?
10. You are in Spain and want to go to the coast. What bodies of water can you choose from?

1. See below.
2. España
3. México
4. Brasil
5. Answers will vary.
6. Madrid. Answers will vary.
7. See below.
8. Answers will vary.
9. See below.
10. See below.

1. Norteamérica, Sudamérica, Europa
7. Venezuela, Colombia, Ecuador, Perú, Bolivia, Chile, Argentina, Uruguay, Paraguay
9. Cuba, Puerto Rico, la República Dominicana
10. Mediterráneo, Atlántico, Cantábrico

España See Copying Masters.

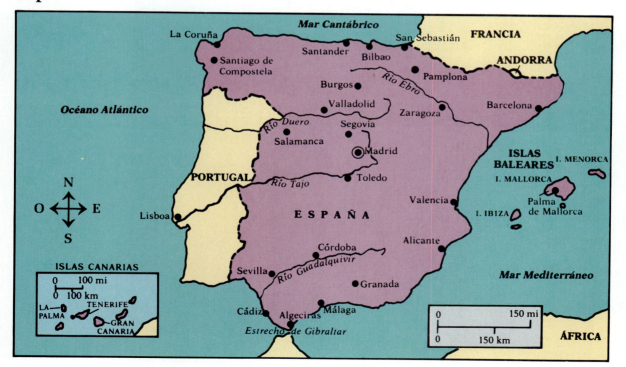

México, Centroamérica y el Caribe See Copying Masters.

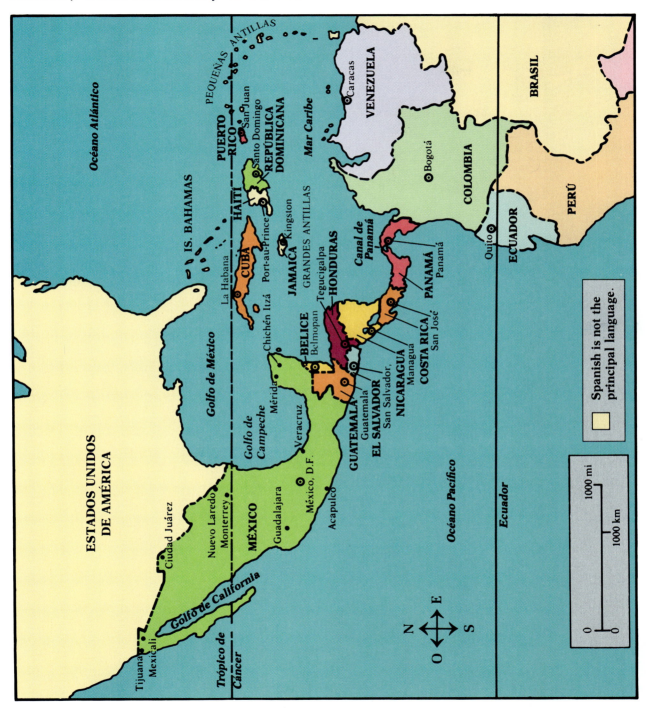

Océano Atlántico

IS. BAHAMAS

PEQUEÑAS ANTILLAS

PUERTO RICO
San Juan
Santo Domingo
REPÚBLICA DOMINICANA

HAITÍ
Port-au-Prince

Mar Caribe

CUBA
La Habana

JAMAICA
Kingston

GRANDES ANTILLAS

Golfo de México

Chichén Itzá

BELICE
Belmopan

Tegucigalpa
HONDURAS

Canal de Panamá

VENEZUELA
Caracas

Bogotá
COLOMBIA

PANAMÁ
Panamá

COSTA RICA
San José

NICARAGUA
Managua

EL SALVADOR
San Salvador

GUATEMALA
Guatemala

Mérida

Veracruz

Golfo de Campeche

ESTADOS UNIDOS DE AMÉRICA

MÉXICO

Ciudad Juárez

Nuevo Laredo
Monterrey

Guadalajara

México, D.F.

Acapulco

Océano Pacífico

Ecuador

ECUADOR
Quito

PERÚ

BRASIL

Spanish is not the principal language.

1000 mi
1000 km

N
O   E
S

Golfo de California

Trópico de Cáncer

Tijuana
Mexicali

América del Sur See Copying Masters.

NICARAGUA
Barranquilla
COSTA RICA
PANAMÁ
Medellín
Cali
Bogotá
COLOMBIA
Quito
ECUADOR
Iquitos
PERÚ
Machu Picchu
Lima
Cuzco
Lago Titicaca
BOLIVIA
La Paz
Sucre
PARAGUAY
Asunción
CHILE
ARGENTINA
Córdoba
Santiago
Buenos Aires
Mar del Plata
Valdivia
ISLAS MALVINAS
TIERRA DEL FUEGO
Estrecho de Magallanes
CORDILLERA DE LOS ANDES

Mar Caribe
Maracaibo Caracas
VENEZUELA
Río Orinoco
Río Magdalena
GUYANA
Georgetown
Paramaribo
Cayena
GUAYANA FRANCESA
SURINAM
Océano Atlántico
Río Amazonas
Ecuador
BRASIL
Brasilia
Río Paraná
Río de Janeiro
São Paulo
Trópico de Capricornio
Río Uruguay
URUGUAY
Punta del Este
Montevideo
Río de la Plata
Océano Pacífico

☐ Spanish is not the principal language.

N
O — E
S

0   500 mi
0   500 km

VOCABULARIO

NOUNS REFERRING TO ACTIVITIES

el baloncesto basketball
el béisbol baseball
el fútbol soccer
el fútbol americano football
la lucha libre wrestling
la música music
la tarea homework
la televisión television
el tenis tennis
el volibol volleyball

NUMBERS

cero zero
uno one
dos two
tres three
cuatro four
cinco five
seis six
siete seven
ocho eight
nueve nine
diez ten
once eleven
doce twelve
trece thirteen
catorce fourteen
quince fifteen

COMMON GREETINGS

Buenas noches, señora ____.
Good evening (Good night),
Mrs. ____.
Buenas tardes, señorita ____.
Good afternoon, Miss ____.
Buenos días, señor ____. Good
morning, Mr. ____.
¿Cómo está usted? How are you?
(*formal*)
¿Cómo estás? How are you?
(*informal*)
¿Cómo se llama usted? What's
your name? (*formal*)
¿Cómo te llamas? What's your
name? (*informal*)
¡Hola! Hi!
¡Oye! Hey!, Listen! (*informal*)
¿Qué tal? How are you?
¿Y tú? And you? (*informal*)
¿Y usted? And you? (*formal*)

COMMON RESPONSES

Adiós. Good-bye.
Así, así. So-so.
Bien, gracias. Fine, thank you.
Hasta luego. See you later.
Hasta mañana. See you
tomorrow.
Igualmente. Likewise.
Me llamo ____. My name is
____.
Mucho gusto. Pleased to meet
you.
Muy bien, gracias. Very well,
thank you.
Pues, bastante bien. Oh, pretty
well.
Regular. OK.

USEFUL CLASSROOM EXPRESSIONS

Abran el libro. Open your book.
¿Cómo? What?
¿Cómo se dice...? How do you
say...?
Cierren el libro. Close your
book.
Contesten. Answer.
De nada. You're welcome.
Escuchen. Listen.
Gracias. Thank you.
Levántense. Stand up.
No entiendo. I don't understand.
No sé. I don't know.
Por favor. Please.
¿Qué quiere decir...? What
does... mean?
Repitan, por favor. Repeat,
please.
Saquen la tarea. Take out your
homework.
Saquen papel y lápiz. Take out
paper and pencil.
Sí. Yes.
Siéntense, por favor. Please sit
down.
Vayan al pizarrón. Go to the
chalkboard.

OTHER EXPRESSIONS

Me gusta... I like....
No me gusta... I don't like....

1.

2.

3.

1. Ponce, Puerto Rico
2. República Dominicana
3. Estudiantes en recreo, Buenos Aires, Argentina
4. Madrid, España

Getting to Know Others

In this chapter, you will describe yourself briefly to someone you have just met. You will also learn about the following functions and structures.

Functions

- talking about likes and dislikes

- naming things you like or dislike

- identifying people and telling where someone is from

- describing people and things

- counting from 16 to 100

Structures

me gusta, me gustan, te gusta, te gustan

the definite articles **el, la, los, las**

the verb **ser** and the subject pronouns **yo, tú, usted, él, ella, nosotros, ustedes, ellos, ellas**

adjectives that agree with nouns in gender and number

the cardinal numbers **16–100**

1NTRODUCCIÓN

See Teacher's Preface for reference to Copying Masters and Overhead Transparencies available for this chapter. Workbooks and other ancillary materials are correlated to this chapter on the corresponding tabbed divider in your Teacher's Resource Binder. The Teacher's Preface contains abbreviated tapescripts of listening activities in the student text.

EN CONTEXTO

You may use the tape or read Tapescript ST 14.

¡Hola!

Prereading activity: Have students skim the reading while considering the question: *Do Luisa and Felipe share any likes and/or dislikes?*

¡Hola! Me llamo Luisa Sánchez y <u>soy</u> <u>de</u> Colombia. Me gusta el tenis y me gusta <u>mucho</u> el béisbol <u>pero</u> no me gusta <u>esquiar</u>.

I am / from
a lot / but / to ski

Me llamo Felipe Martínez García. <u>También</u> soy de Colombia. Me gusta <u>hablar</u>, <u>escuchar</u> la radio y <u>ver</u> televisión. <u>Prefiero las telenovelas</u>. Me gusta la música también pero no me gusta <u>nada</u> <u>bailar</u>.

also
to talk / to listen to /
to watch / I prefer
soap operas
(not) at all / to dance

¿Y TÚ?

Comprensión

A. Who would have made the following statements—Luisa, Felipe, or both of them?

1. Me gusta el béisbol.
2. Me gusta la televisión.
3. No me gusta bailar.
4. Soy de Colombia.
5. No me gusta esquiar.
6. Me gusta escuchar la radio.

1. Luisa
2. Felipe
3. Felipe
4. Felipe y Luisa
5. Luisa
6. Felipe

ASÍ SE DICE

In the Teacher's Preface are suggestions for introducing new vocabulary words.

A. Me gusta... Ana María does not like to be still and quiet. She is happiest doing vocal, active things. What does she say about the following activities?

MODELO **Me gusta (mucho) bailar.**
No me gusta (nada) estudiar.

nadar
Me gusta nadar.

esquiar
Me gusta esquiar.

estudiar
No me gusta estudiar.

trabajar
Me gusta trabajar.

bailar
Me gusta bailar.

cantar
Me gusta cantar.

Some Spanish speakers say **mirar (la) televisión**.

Me gusta
hablar español

No me gusta
escuchar la radio

No me gusta
ver televisión

No me gusta
mirar las estrellas

Point out that **la televisión** refers to television or television programming, whereas **el televisor** is the television set. **La radio** means radio broadcasting, and **el radio** is the radio receiver.

B. Me gustan... Felipe is not a very serious person. He only likes parties and having fun. What would he say about the following? Note that when you talk about one of something, you say **me gusta**, but when you talk about more than one of something, you say **me gustan**.

If students ask, explain that **los**/**las** are plural forms for **el**/**la**. Students will learn these forms in the next section of the chapter.

MODELO   Me gustan los animales.
                 No me gustan los exámenes.

Me gustan los animales.

los animales

los discos

Me gustan los discos.

Me gustan las vacaciones.

las vacaciones

los exámenes

No me gustan los exámenes.

No me gustan los libros.

los libros

las fiestas

los deportes

Me gustan los deportes.

Me gustan las fiestas.

COMUNICACIÓN

A. ¿Te gusta...? Ask another student if she or he likes to do the following activities. Begin your questions with **¿Te gusta...?**

> EJEMPLO **¿Te gusta esquiar?**
> **Sí, me gusta esquiar.**
> **No, no me gusta esquiar.**

ver televisión	trabajar
mirar las estrellas	hablar español
esquiar	escuchar la radio
bailar	escuchar discos

B. ¿Te gusta(n)...? Find out the likes and dislikes of other students by asking them questions about some of the things below.

> EJEMPLO **¿Te gusta cantar?**
> **¿Te gusta el tenis?**
> **¿Te gustan los libros?**

el béisbol	los exámenes	nadar
la música	los deportes	estudiar
el fútbol	las vacaciones	bailar
la televisión	los animales	cantar

Remind students that **¿Te gustan?** is used to ask about something in the plural.

Variation: Using the list of words, have students contrast what they like and dislike: **Me gusta la música, pero no me gusta cantar.**

Lima, Perú

C. Los gustos de Felipe.   Look at the drawing of Felipe's room. Tell how he might identify the things he likes and dislikes.

EJEMPLO   **Me gusta el béisbol.**

D. Tu amiga argentina.   You want to find out what your new pen pal W from Argentina is like and, at the same time, tell her about yourself. Write at least five questions asking about her likes and dislikes and five statements telling about your own.

EJEMPLO

¿Te gusta el béisbol?
Me gusta el béisbol pero
no me gusta el baloncesto.

Function: *Naming things you like and do not like*
Structure: *The definite article and nouns*

PRESENTACIÓN

We use nouns to name things and people. In English we do not use an article before nouns when we talk about what we like, but in Spanish we do.

Me gusta **la** música.	*I like music.*
Me gustan **los** animales.	*I like animals.*

A. In Spanish all nouns, even the names of things, are either masculine or feminine: **animal** is masculine and **música** is feminine. The definite article *the* must agree in gender (masculine or feminine) and in number (singular or plural) with the noun. Nouns that end in **o** are usually masculine, while those that end in **a** are usually feminine.

	SINGULAR	PLURAL
MASCULINE	**el** disco	**los** discos
FEMININE	**la** fiesta	**las** fiestas

B. The definite article is always used when you talk about things in general, such as likes and dislikes. It also means *the.* Here are some things you may like or dislike.

la escuela

el dinero

la gimnasia

los juegos electrónicos

las telenovelas

los carros

los conciertos

Other words for car are **el coche** and **el auto**(**móvil**).

Substitution: 1. Me gusta bailar. cantar / nadar / trabajar / estudiar / mirar las estrellas **2.** Me gusta la música. televisión / tenis / gimnasia **3.** No me gusta el volibol. fútbol / béisbol / baloncesto **4.** Me gustan los animales. conciertos / deportes / vacaciones / fiestas

C. Nouns that end in a vowel form their plural by adding **-s**. Those that end in a consonant add **-es**. If a noun ends in **z**, such as **lápiz** (*pencil*), change the **z** to **c**, then add **-es**.

la escuela
las escuelas

el animal
los animales

el lápiz
los lápices

Give students the noun and ask them to repeat the article and the noun together: concierto—el concierto. disco / libro / exámenes / dinero / carro / lucha libre / juegos electrónicos / gimnasia / tenis / vacaciones

PREPARACIÓN

You may use the tape or read Tapescript ST 16.

A. ¡Me gusta! ¡No me gusta! Listen as Luisa's friend Elena talks about her likes and dislikes. Write each of the items listed below under "Likes" or "Dislikes" according to what she says. Be sure to include the definite article. Would you say that Elena is the athletic type?

See Copying Masters.

MODELO Me gusta la música.

Likes	*Dislikes*
la música	

Likes: el español, la televisión, el dinero
Dislikes: la lucha libre, el béisbol, el volibol

el español   la televisión
la lucha libre   el volibol
el béisbol   la gimnasia
la escuela   el dinero

B. ¡No! A classmate asks Martín about his likes and dislikes. Martín is in a bad mood and does not seem to like anything. Play the roles of Martín and his friend.

MODELO **¿Te gusta el tenis?**
No, no me gusta el tenis.

¿Te gustan las fiestas?
No, no me gustan las fiestas.

1. exámenes
2. gimnasia
3. libros
4. español
5. vacaciones
6. fútbol americano
7. escuela
8. carros

C. Me gusta...pero... Martín's younger brother Vicente likes some things but not others. What does he say?

> MODELO   la radio (sí) / los juegos electrónicos (no)
> **Me gusta la radio pero no me gustan los juegos
> electrónicos.**

1. la televisión (sí) / las telenovelas (no)
2. las fiestas (sí) / bailar (no)
3. la escuela (sí) / los exámenes (no)
4. los deportes (sí) / la gimnasia (no)
5. el español (sí) / la tarea (no)

D. Gustos. Elena is soon going to college and is looking for a roommate. She wants to be sure that she and her roommate are well matched, so she is quite specific about her likes and dislikes on the application. (Remember that she is not the outdoor type!) Write six to eight sentences that you think she might use to describe herself. Use the following pictures as a guide.

> MODELO
> **No me gusta la gimnasia.**

COMUNICACIÓN

A. Saludos.   Stand up and greet the class. Introduce yourself, name one activity you like, and then ask your neighbor's name.

EJEMPLO   **Buenos días. Me llamo Julio y me gusta escuchar la radio. Y tú, ¿cómo te llamas?**

B. Entrevista.   Ask a classmate if he or she likes these items or activities, and listen to the answers.

EJEMPLO

¿Te gustan los animales?
Sí, me gustan los animales.
No, no me gustan los animales.

Tell students that a verb may be the subject of **gustar** and that it is considered singular: **Me gusta bailar**.

C. Una encuesta.   Conduct a survey to show how well your class likes these items. Each student should give every item a rating between 0 and 10, where 10 is the best. Calculate the average rating for each item, and report the results to the class.

1. las fiestas
2. la gimnasia
3. los juegos electrónicos
4. la escuela
5. el baloncesto
6. las vacaciones
7. el tenis
8. los libros
9. la música
10. los animales

To find the average, students should add their ratings together and divide by the number of people. Explain what the numbers mean in Spanish, using gestures: **Si les gusta mucho, escriban 9 o 10. Si les gusta bastante, escriban 7 u 8. Si les gusta, escriban 4, 5 o 6. Si les gusta un poco, escriban 1, 2 o 3 y si no les gusta nada, escriban 0.** The calculation for this activity might work better if done in small groups. You might ask students to bring a calculator.

RINCÓN CULTURAL

How many of the following famous people of Hispanic background do you recognize? Match the names with the activity that made them famous. Can you think of other famous people of Hispanic background?

1. José Feliciano
2. Plácido Domingo
3. Geraldo Rivera
4. Nancy López
5. Guillermo Vilas
6. Joan Báez
7. Dave Concepción
8. Erik Estrada

a. el béisbol
b. el tenis
c. la música
d. la televisión
e. el golf

8.

6.

4.

2.

For practical reasons, Americans of Hispanic descent often do not use accents when writing their names.

EXPLORACIÓN 2

Function: *Asking and telling where people are from*
Structure: *The verb **ser***

PRESENTACIÓN

To ask and tell where you are from, you must use the verb **ser,** which means *to be*. Just as we use different verb forms (*am, is, are*) with different subjects in English, we also use different forms of **ser** with different subjects.

You may wish to explain person and number.

ser

SINGULAR			PLURAL		
I am	(yo)	soy	(nosotros) (nosotras)	somos	we are
you are	(tú)	eres	(vosotros)	sois	you are
you are he is she is	(usted) (él) (ella)	es	(ustedes) (ellos) (ellas)	son	you are they are

Explain that the infinitive is the form of the verb in the dictionary. In English, infinitives are preceded by *to;* in Spanish, they end in **-ar, -er,** or **-ir.**

Vosotros is used only in Spain as the plural familiar form. It is also used in literature. It appears in the text edition for exposure but is not practiced.

Point out that **nosotras** is used only by a group of females. **Nosotros** is used by males or mixed groups.

Because Spanish verb forms show who or what the subject is, the subject pronouns in parentheses in the chart are usually omitted.

Soy de Venezuela.
Somos de Nevada.
Luisa y Felipe **son** de Colombia.

I'm from Venezuela.
We're from Nevada.
*Luisa and Felipe **are** from Colombia.*

A. The choice of the form of *you* depends on your relationship with the person to whom you are talking.

1. The **tú** form is usually used when talking to friends, family members, children, or pets. It is called the "familiar" form. Teenagers and students always address each other in the **tú** form, even if they have just met.

2. **Usted** is used when you talk to someone you are not very close to. It shows respect and is used, for example, with adults, especially with those you have just met. It is called the "polite" or "formal" form. Students address their teachers in the **usted** form. **Usted** is abbreviated **Ud.**

Young people in some areas use **usted** with grandparents to show respect.

3. **Ustedes** is used for talking to more than one person. It can be either familiar or formal. **Ustedes** is abbreviated **Uds.**

B. To find out who a person is or who people are, you can ask these questions.

Point out that subject pronouns are often not used in Spanish, except for clarity and emphasis. **Usted** and **ustedes** are often included for politeness, even when the meaning is clear without them.

¿Quién es?	*Who is it (he, she)?*
¿Quiénes son?	*Who are they?*

C. To find out if a person is from a particular place, you can ask questions like these. Raise the pitch of your voice at the end of the sentence to show that you are asking a question.

Tell students not to raise the pitch of their voice with questions such as ¿**De dónde eres?,** which request specific information, as opposed to a yes/no response.

¿Eres de Arizona?   ¿Luisa y Elena son de Colombia?

If you have no idea where a person is from, you can ask

¿De dónde eres, Luisa?   ¿De dónde es usted, profesora?

These questions are taught as lexical items. Questions by inversion are presented in **Capítulo 2**.

D. To make a question or a statement negative, put **no** before the verb.

¿No eres de Buenos Aires?	*Aren't you from Buenos Aires?*
Carmen y Teresa no son de Nueva York.	*Carmen and Teresa are not from New York.*

Tell students that inflection also distinguishes negative statements from negative questions: **Elena no es de Colorado./¿Elena no es de Colorado?**

PREPARACIÓN

Have students change to questions by raising their pitch: **Marcos es de Florida. Susana es de Puerto Rico. Roberto es de California. Ustedes no son de Texas. Chela y Andrés no son de Arizona. No eres de Nueva York.**

A. ¿Quién es? Guillermo is asking his older sister to help him identify some famous figures. What does he ask, and what does she answer?

MODELO

¿Quién es?
Es Uncle Sam.

1. Abraham Lincoln y George Washington
2. Betsy Ross
3. Bill Cosby
4. Amelia Earhart
5. Groucho, Harpo y Chico Marx
6. Martin Luther King, Jr.

1. ¿Quiénes son? Son...
2. ¿Quién es? Es...
3. ¿Quién es? Es...
4. ¿Quién es? Es...
5. ¿Quiénes son? Son...
6. ¿Quién es? Es...

B. ¿De dónde es? Many of our states have Spanish names. Tell where each of these teens is from. Try to pronounce the names of the states in Spanish.

MODELO **Marilín es de Montana.**

1. California
2. Colorado
3. Florida
4. Nevada
5. Texas
6. Nuevo México

Most Spanish speakers no longer use the definite article with the names of states and countries, although it is still often used with **los Estados Unidos** and always with **la Unión Soviética** and **El Salvador**.

C. Orígenes. What would these people answer when asked where they are from?

MODELO

los Estados Unidos
Somos de los Estados Unidos.

1. Soy de Francia.
2. Somos de Texas.
3. Soy de la Unión Soviética.
4. Soy de Holanda.
5. Somos de China.
6. Somos de España.

a. Holanda
b. China
c. Francia
d. España
e. Texas
f. la Unión Soviética

D. Ciudades. A tour group is signing the register at an inn in Granada. Where are the following people from?

MODELO   **Pablo Moreno es de Madrid.**

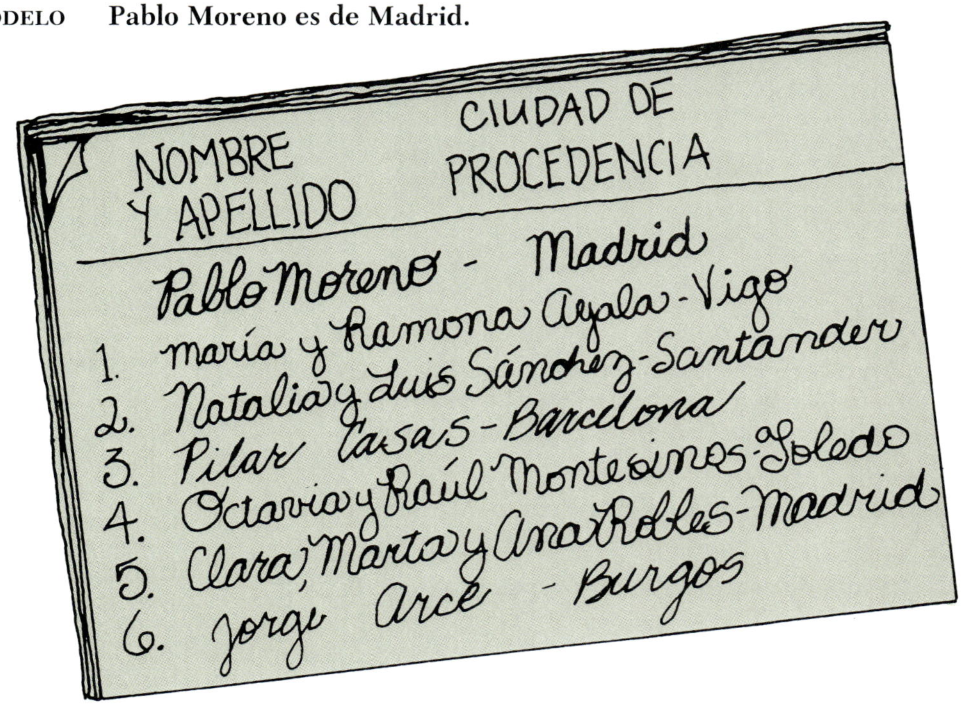

NOMBRE Y APELLIDO — CIUDAD DE PROCEDENCIA

Pablo Moreno — Madrid
1. María y Ramona Ayala — Vigo
2. Natalia y Luis Sánchez — Santander
3. Pilar Casas — Barcelona
4. Octavio y Raúl Montesinos — Toledo
5. Clara, Marta y Ana Robles — Madrid
6. Jorge Arce — Burgos

You may use the tape or read Tapescript ST 17.

E. O.E.A. Marta and Elena have set up a model **Organización de Estados Americanos (O.E.A.)** meeting. Listen to their classmates' comments, and write the missing words. See Copying Masters.

1. Nosotras ===== de Centroamérica.
2. Sí, Elena, ===== de Guatemala. Y tú, ¿===== de Costa Rica?
3. Y Julio, ¿de dónde =====?
   Mmm, ===== de Uruguay.
4. Bárbara y Mario ===== de Chile.
5. ¿ ===== Adriana de Argentina?
   No, ===== de Colombia.
6. Alejandro y Pilar ===== de Bolivia.

1. somos
2. soy/eres
3. es/es
4. son
5. Es
6. son

Enrichment: Ask your Spanish-speaking or advanced students to prepare a written report about the history and present-day organization of the O.E.A.

Remind students that **usted** and **ustedes** are polite forms used with people whom they address as **señor** and **señora**. Tú is used with friends who are addressed by first names.

Point out that the titles **señor, señora,** and **señorita** are capitalized only when abbreviated.

Chichén-Itzá, México

Point out that the nationality of a Spanish speaker can often be identified by his or her regional accent.

F. En Yucatán. Marta's cousin Pedro, a university student, is working at the Mayan ruins in Chichen Itza, Mexico, and wants to know where other students and counselors are from. What does he ask?

MODELO   Amalia / México
          ¿De dónde eres, Amalia? ¿Eres de México?

          señor Moreno / Bolivia
          ¿De dónde es usted, señor Moreno? ¿Es de Bolivia?

1. Yolanda / Honduras
2. señor Ramos / Panamá
3. Ángel / España
4. señora Díaz / Paraguay
5. señor Bonilla / Costa Rica
6. David / los Estados Unidos

1. ¿De dónde eres, Yolanda? ¿Eres de Honduras?
2. ¿De dónde es usted, señor Ramos? ¿Es de Panamá?
3. ¿De dónde eres, Ángel? ¿Eres de España?
4. ¿De dónde es usted, señora Díaz? ¿Es de Paraguay?
5. ¿De dónde es usted, señor Bonilla? ¿Es de Costa Rica?
6. ¿De dónde eres, David? ¿Eres de los Estados Unidos?

¿Y TÚ?

COMUNICACIÓN

A. Soy de... Greet a classmate, introduce yourself, and ask how your classmate is. Say where you are from, and ask where he or she is from.

> EJEMPLO **Hola. Me llamo Jorge...**

B. ¿Eres de...? Imagine you are an exchange student from a Spanish-speaking country. Secretly write the name of your country on a card. Other students will try to guess where you are from. Show your card when they guess correctly.

Students may refer to the maps found in the **Capítulo preliminar**.

> EJEMPLO **¿Eres de Colombia?**
> **No, no soy de Colombia.**
>
> **¿Eres de Bolivia?**
> **Sí, soy de Bolivia.**

Variation: 1. Have students select the capital city of a Spanish-speaking country and pretend to be from that city. (They can use the maps in the **Capítulo preliminar**.) **2.** Have a pair of students work together to choose a country. Others guess, using **ustedes.** They respond with **somos.**

C. Personas famosas. Make a list of famous personalities, and tell where they are from. Share your list with other students.

> EJEMPLO
>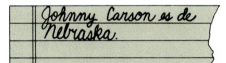
> *Johnny Carson es de Nebraska.*

Variation: Have students name a famous person, and ask the class, ¿**De dónde es?**

Some possible famous people:
Henry Cisneros, Texas
Plácido Domingo, Spain
Fernando Valenzuela, México
Pelé, Brazil
José Feliciano, Puerto Rico
Linda Ronstadt, Texas
Lorenzo Lamas, California
Jimmy Carter, Georgia
John Denver, Colorado

RINCÓN CULTURAL

Spanish explorers in the New World gave many of our states and cities Spanish names. Since Spain is a Catholic country, the explorers sometimes named the town or region after the saint whose feast was celebrated on the day they arrived. Other names tell us the explorers' impressions of the physical characteristics of the land or its formation. Here are some examples.

San Francisco was named after St. Francis because it was founded on his day.

Colorado, which means *red*, was given its name because of the reddish color of the earth.

El Paso, which means *the pass*, was named by Juan de Oñate for its strategic location at a narrow pass on the Rio Grande.

Florida was named for Easter Sunday, or **Pascua Florida,** by Ponce de León, who arrived there on that day.

Match the cities with the states in which they are found. Note that both the cities and the states have Spanish names.

1. San Agustín
2. San Francisco
3. El Paso
4. Los Ángeles
5. Boca Ratón
6. San Diego
7. Albuquerque
8. Santa Fe
9. San Antonio
10. Amarillo
11. Las Vegas
12. Pueblo
a. Texas
b. Nuevo México
c. Florida
d. California
e. Nevada
f. Colorado

You might have students research the meaning of some of these place names.

In Mexico, the Río Grande is called the **Río Bravo del Norte.**

EXPLORACIÓN 3

Function: *Describing people and things*
Structure: *Agreement of nouns and adjectives*

PRESENTACIÓN

You have already seen that nouns in Spanish are masculine or feminine, singular or plural. Like nouns, adjectives also show gender (masculine or feminine) and number (singular or plural).

A. Adjectives are words that describe people and things. They agree in gender and number with the nouns they modify. Generally, adjectives ending in **o** are masculine. The feminine is formed by changing the **o** to **a.**

Felipe es alt**o**.   Luisa es alt**a**.

alto(a)	*tall*	bonito(a)	*pretty, nice*
bajo(a)	*short*	guapo(a)	*good-looking*
bueno(a)	*good*	feo(a)	*ugly*
malo(a)	*bad*	divertido(a)	*fun, amusing*
simpático(a)	*friendly, nice,*	aburrido(a)	*boring*
	likable	nuevo(a)	*new*
antipático(a)	*unpleasant*	viejo(a)	*old*

B. Adjectives ending in **e** or a consonant do not change to match the gender of the noun.

El fútbol es popular.   La música es popular.
El profesor es inteligente.   La profesora es inteligente.

agradable	*pleasant,*	interesante	*interesting*
	likable, nice	paciente	*patient*
desagradable	*disagreeable*	impaciente	*impatient*
emocionante	*exciting*	responsable	*responsible*
excelente	*excellent*	irresponsable	*irresponsible*
formidable	*great, wonderful*	fácil	*easy*
importante	*important*	difícil	*difficult*
independiente	*independent*	popular	*popular*
inteligente	*intelligent*	joven	*young*

Suggestion: Have students associate a person or thing described by each of these adjectives: **guapo**—Tom Selleck; Einstein—**inteligente**.

Transformation: 1. Make negative: Paco es independiente. → Paco no es independiente. Soy paciente. / Pilar y Juana son responsables. / Somos independientes. / Eres muy inteligente. / Mariana es popular. / Carlos y Elena son muy interesantes. **2.** Qualify with **muy:** Dolores es inteligente. → Dolores es muy inteligente. / Yolanda es responsable. / Marcos es independiente. / Tomás y Víctor son inteligentes. / Juan y Diego son pacientes. / Blanca es popular. **3.** Repeat Transformation 2 with **bastante**.

C. As with nouns, to form the plural of adjectives ending in a vowel, add **-s.** For adjectives ending in a consonant, add **-es.** Adjectives referring to mixed masculine and feminine nouns are considered masculine plural.

The adjective generally comes after the noun.

el deporte popular	los deportes populares
el libro nuevo	los libros nuevos
la fiesta divertida	las fiestas divertidas

D. You can also use the adverbs **muy** (*very*) and **bastante** (*quite*) to qualify what you think about someone or something.

Mario es **bastante** inteligente.   Lilia es **muy** inteligente.

PREPARACIÓN

Many Spanish speakers celebrate both their birthday and the feast day of the saint for whom they were named.

A. ¿Sí? Arturo attended a saint's day dinner at a friend's house. Later, he asks his friend questions about the family members he met. What does he say? Be sure to use the correct form of the adjective given.

MODELO   Ángela / paciente
¿Ángela es paciente?
Mario y Pablo / paciente
¿Mario y Pablo son pacientes?

1. Diana / inteligente
2. Esteban y Diego / independiente
3. Javier / popular
4. Miguel y Rafael / interesante
5. María Socorro y Benito / responsable
6. Luisita / paciente

MAYO	
1	San José Obrero
2	San Atanasio
3	San Felipe
4	San Silvano
5	San Eulogio
6	Sto Domingo
7	Sta Flavia
8	San Víctor
9	Sta Catalina
10	San Mamerto
11	San Ignacio
12	San Emilio
13	San Pedro
14	San Matías
15	Sta Berta
16	Sta Margarita
17	San Pascual
18	San Félix
19	San Teófilo
20	San Bernardino
21	San Timoteo
22	Sta Rita
23	San Miguel
24	San Gerardo
25	San Bede
26	San Felipe
27	San Agustín
28	Sta María Ana
29	Beato Ricardo
30	Beato Bautista
31	Sta Ángela

B. ¡Yo también!   Víctor is bragging about himself, but his sister is not to be outdone. What does she say?

> MODELO   Soy alto.
> **Yo también soy alta.**

1. Soy simpático.
2. Soy inteligente.
3. Soy divertido.
4. Soy bueno.
5. Soy guapo.
6. Soy interesante.

C. Al contrario.   Sometimes Víctor's sister is argumentative. Whatever Víctor says, she has a contrary opinion. What does she say?

> MODELO   Soy alto.
> **No eres muy alto, eres bajo.**

1. Paquita es agradable.
2. Los juegos electrónicos son divertidos.
3. La tarea es fácil.
4. Eres bastante mala.
5. Las estudiantes son guapas.
6. Soy muy paciente.

1. No es muy agradable, es desagradable.
2. No son muy divertidos, son aburridos.
3. No es muy fácil, es difícil.
4. No soy mala, soy bastante buena.
5. No son guapas, son muy feas.
6. No eres paciente, eres muy impaciente.

D. Opiniones.   Julia is talking to Carlos about some of their mutual friends, and Carlos is quick to agree with her opinions. How does Carlos respond to her statements?

> MODELO   Pepe es responsable. (bastante)
> **Sí, es bastante responsable.**

1. Estela y Carmen son bonitas. (muy)
2. Sergio es antipático. (bastante)
3. Beatriz es paciente. (muy)
4. Roberto y Jorge son guapos. (muy)
5. Eva es independiente. (bastante)
6. Francisco es viejo. (muy)

E. La escuela. Complete Luisa's statements about school life by writing the words you hear.   See Copying Masters.

1. El libro es ===== interesante.
2. Los ===== son inteligentes.
3. Los profesores son =====.
4. ===== tareas son =====.
5. La ===== es =====.
6. Los deportes son =====.

1. muy
2. estudiantes
3. populares
4. Las/fáciles
5. escuela/buena
6. emocionantes

COMUNICACIÓN

A. Entrevista. You are being interviewed for the school paper about your opinions on school life. What are your comments on the following?

EJEMPLO   ¿Los exámenes?
Los exámenes son difíciles.

1. ¿La tarea?
2. ¿Los libros?
3. ¿Los deportes?
4. ¿Las fiestas?
5. ¿La escuela?
6. ¿Los profesores?

Suggestion: Have your Spanish-speaking students interview each other, then have them write an article about student opinions for a mock newspaper.

B. Actividades. Not everyone enjoys the same things. Using these suggestions, write how you feel about each of the activities. Compare your list with a classmate's to see if you like the same things.

EJEMPLO   **La lucha libre no es interesante.**

1. la televisión
2. el fútbol americano
3. el baloncesto
4. el tenis
5. el volibol
6. la gimnasia
7. la lucha libre

es
no es
es bastante
es muy
no es muy

formidable
interesante
popular
emocionante
importante
divertido(a)
aburrido(a)

C. Descripción. Write five adjectives describing yourself. Compare
your description with those of other students, and find the person
most similar to yourself. Be sure to use the appropriate masculine or
feminine forms.

Suggestion: Have students work in small groups.

> EJEMPLO   You write: **Soy simpático(a), inteligente, alto(a) y
> bastante guapo(a).**
> You ask: **¿Eres simpático(a) también?**

simpático	antipático	bueno	malo
joven	viejo	paciente	impaciente
alto	bajo	responsable	irresponsable
divertido	aburrido	¿ . . . ?	¿ . . . ?

Tell students the symbol ¿...? is an invitation to add other words they know.

D. ¿Cómo eres? A classmate of yours is preparing for an interview with a
parent for a babysitting job. Make up questions the parent might ask,
and ask them of your classmate.

> EJEMPLO   **¿Eres divertido(a)?**
> **Sí, soy bastante divertido(a).**

paciente	independiente	simpático	bueno
inteligente	responsable	divertido	¿ . . . ?

RINCÓN
CULTURAL

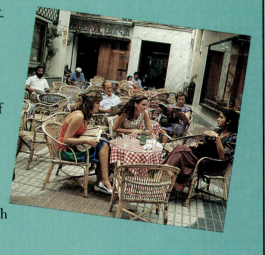

In general, North Americans have a different concept of time than do Latin
Americans. In Latin American countries, it is acceptable to arrive at social
events well after the appointed time. When invited to dinner, people from
Spanish-speaking countries might ask if the time is **hora americana** or **hora
latina** in order to know whether or not to be punctual. In contrast, Spanish
speakers are generally punctual when they go to work or to school.

Which attitude toward time—the North American or the Latin American—
makes you feel more comfortable?

EXPLORACIÓN 4

Function: *Asking and telling how many there are*
Structure: *Hay, ¿Cuántos hay?, and numbers from 16 to 100*

PRESENTACIÓN

You may wish to review the numbers 1–15, taught in the **Capítulo preliminar**. Have students repeat them after you, then write random numbers on the chalk board, and have individuals respond.

To talk about quantity (how many), you need numbers. Use the following tables to learn to count to 100.

A. Here is how you count by 10s.

10	diez	60	sesenta
20	veinte	70	setenta
30	treinta	80	ochenta
40	cuarenta	90	noventa
50	cincuenta	100	cien (ciento)

Cien is used before a noun or when counting. **Ciento** is used when another number follows, as in **ciento dos** (*102*).

B. Look at the numbers from 16 to 29, and see if you can find a pattern for how these numbers are formed.

If students cannot see the pattern, point out the linkage of the 10s and 1s and the spelling change. Point out the accents on 16, 22, 23, 26.

10	diez
16	dieciséis
17	diecisiete
18	dieciocho
19	diecinueve

20	veinte	25	veinticinco
21	veintiuno (veintiuna, veintiún)	26	veintiséis
22	veintidós	27	veintisiete
23	veintitrés	28	veintiocho
24	veinticuatro	29	veintinueve

Point out the uses of **veintiuno** (alone or when counting), **veintiuna** (before feminine nouns), **veintiún** (before masculine nouns). Point out that this is true also with **treinta y uno, cuarenta y uno,** etc.

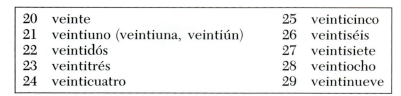

C. Look at the numbers from 30 to 39, and see if you can find a pattern.

30	treinta	35	treinta y cinco
31	treinta y uno	36	treinta y seis
32	treinta y dos	37	treinta y siete
33	treinta y tres	38	treinta y ocho
34	treinta y cuatro	39	treinta y nueve

The numbers 41 (**cuarenta y uno**) through 99 (**noventa y nueve**) are formed like the 30s.

D. When numbers ending in **uno** (**veintiuno, treinta y uno,** etc.) are followed by a noun, they must agree in gender with the noun. **Uno** becomes **un** before a masculine noun and **una** before a feminine noun. Point out the accent on **veintiún**.

¿Hay veintiún libros?　　　　*There are 21 books?*
Sí, hay veintiuno.　　　　　*Yes, there are 21.*
¡Ay, no! Hay treinta y una　　*Oh, no! There are 31 people.*
　personas.

E. When we talk about quantities, we frequently say *there is* or *there are*. In Spanish the single word **hay** is used.

Hay veintiséis estudiantes.　　*There are 26 students.*
Hay una profesora.　　　　　*There is one teacher.*

F. To ask how many there are of something, the questions ¿**Cuántos hay?** and ¿**Cuántas hay?** are used.

¿Cuántos señores hay?　　*How many men are there?*
¿Cuántas señoras hay?　　*How many women are there?*

1. Write a number on the chalkboard, and call out a number. Have students say **sí** if it is the same number and **no** if it is not. **2.** Write a number between 16 and 100 on a sheet of paper. Have students raise hands and guess the number. Point upward (and say **más alto**) if they need to guess higher, and down (and say **más bajo**) if they need to guess lower. Say **correcto** and show them the paper when someone guesses the number.

Here are some things found in your school that you can count.

Point out the singular form of **lápices** (**el lápiz**).

los lápices   los bolígrafos

los cuadernos

las chicas

los chicos

hora	curso
8:00	biología
9:00	español
10:00	inglés
11:00	álgebra

las clases

los/las estudiantes

PREPARACIÓN

A. En Madrid. Students in a summer program in Madrid are exchanging addresses. What do they say?

Tell students that numbers come after street names in addresses (**Lázaro Cárdenas 38**).

MODELO   Goya 55   **Goya cincuenta y cinco**

1. Fernando el Católico 38
2. Goya 16
3. Ronda de Toledo 22
4. Paseo del Prado 75
5. Alcalá 97
6. José Antonio 44

B. Una lista. The students are helping their teacher take an inventory of items found in various classrooms (**salas**). What do they report?

You may wish to have students take an inventory of their own classroom.

MODELO   32 libros / sala 20
           Hay treinta y dos libros en la sala veinte.

1. 15 libros de español / sala 28
2. 97 lápices / sala 32
3. 29 cuadernos / sala 14
4. 61 bolígrafos / sala 52
5. 43 libros de español / sala 13
6. 95 libros / sala 18
7. 37 cuadernos / sala 66
8. 50 libros de inglés / sala 79

C. Resuelve los problemas. Complete the equation, then write the
W word for the missing numeral.

MODELO $20 - ? = 2$ **dieciocho**

1. $31 + 30 = ?$
2. $? - 40 = 60$
3. $55 + 20 = ?$
4. $70 + ? = 85$
5. $? + 55 = 100$
6. $30 - ? = 4$
7. $60 + 37 = ?$
8. $60 - ? = 27$
9. $40 + 44 = ?$

1. sesenta y uno
2. cien
3. setenta y cinco
4. quince
5. cuarenta y cinco
6. veintiséis
7. noventa y siete
8. treinta y tres
9. ochenta y cuatro

COMUNICACIÓN

A. Un mercado. You are learning the art of bargaining at an open-air market in Mexico City. When the vendor offers you a price, respond with a price that is 10 pesos less.

> EJEMPLO   veintidós pesos
> **doce pesos**

Have students verify that numbers were recorded correctly by having their partners look at them and answer **correcto**/**incorrecto**.

1. treinta
2. setenta y cinco
3. cincuenta y siete
4. veintinueve
5. seis
6. ochenta y tres
7. cuarenta y uno
8. sesenta y cuatro
9. noventa
10. cincuenta y ocho

B. Números de teléfono. Most Spanish speakers divide their telephone numbers into two-digit numbers. Ask four of your classmates their telephone numbers, and write them on a sheet of paper. Be sure to give your telephone number in the Spanish form.

> EJEMPLO   **Tu número de teléfono, por favor.**
> **(254-6193) Dos, cincuenta y cuatro, sesenta y uno, noventa y tres.** Students who do not want to reveal their phone number may make one up.

C. ¿Sabes tu número de teléfono? Write your name and telephone number on a sheet of paper. Give the paper to your teacher. Listen for your telephone number, and when you hear it, raise your hand and say **Es mi número** (*It's my number*).

Variation: Have students take turns playing the role of the teacher.

CONTRERAS-MENDOZA Eduardo	28-74-93
COPADO Gilberto	35-56-87
CORBIN-MOLINA Arturo	48-12-72
CORDARO Leticia	45-33-11
CORDOBA Alejandro	64-13-21
CORDON Juan	37-90-46
CORDOVA Ana Laura	25-50-79

D. ¿Cuántos hay? Take turns asking and answering how many people or classroom objects are in your class now. If you have an item pictured below, hold it up to be counted when you hear it named.

Assign one of the students to do the counting after each question and report the total to the class. If there is none of a particular item, tell students to reply, **No hay**.

> EJEMPLO   **¿Cuántos lápices hay?**
> **Hay treinta y cinco lápices.**

PERSPECTIVAS

Prereading question: Name three things Miguel likes to do.

LECTURA

You may use the tape or read Tapescript ST 20.

Querido Felipe

Felipe has received his first letter from a new pen pal in Uruguay.

Querido Felipe,

Hola. Me llamo Miguel Carrera Marín y soy de Montevideo. Me gusta mucho la música — todo tipo de música: rock, clásica, jazz. Me gusta escuchar música en la radio y en la televisión. Por cierto, estudio guitarra clásica pero no me gusta practicar. Practico también muchos deportes, sobre todo el fútbol y el tenis, y en las vacaciones me gusta nadar y esquiar. En general, me gusta la escuela pero no me gustan nada los exámenes. Soy una persona alegre. Prefiero las fiestas. ¿Te gusta la música, Felipe? ¿Hay muchos conciertos en tu ciudad? ¿Qué deportes te gustan? ¿Te gusta estudiar?

Hasta pronto,
Miguel

Expansión de vocabulario

alegre cheerful, lively	**prefiero** I prefer
la ciudad city	**pronto** soon
en in, on	**¿Qué?** What?
estudiar to study	**querido** dear
Hasta pronto. See you soon.	**sobre todo** above all
por cierto as a matter of fact	**todo tipo de** all kinds of
practicar to practice, play	**tu** your

Point out that **Querido** is the masculine form and **Querida** is the feminine form of the salutation used in informal letters.

New vocabulary items in the **Perspectivas** are not glossed, to encourage students to use contextual guessing and other skills.

Comprensión

Which of the following statements might Miguel make? If it is something he might say, answer **sí**, and if it is something he probably would not say, answer **no**.

1. Me gusta mucho la música.
2. Me gusta practicar la guitarra.
3. Me gustan los conciertos.
4. No me gustan nada los deportes.
5. Soy de México.
6. Me gustan todos los exámenes.
7. Me gusta el fútbol.
8. Soy una persona antipática.
9. Practico muchos deportes.

1. sí
2. no
3. sí
4. no
5. no
6. no
7. sí
8. no
9. sí

COMUNICACIÓN

A. Una tarjeta postal. Your new pen pal sent you a postcard, but some of the words are hard to read. Rewrite the card, adding the necessary words.

Suggestion: You may want to briefly present the indefinite articles (**un, una, unos** and **unas**). They are formally presented in **Capítulo 3.**

1. Querida
2. llamo
3. de
4. Soy
5. Answers may vary.
6. gusta
7. ver
8. los
9. Te
10. Hasta

B. Querido Felipe. Using Miguel's letter as a guide, write a letter to Felipe telling him about your likes and dislikes and asking him questions about his.

You may use the tape or read Tapescript ST 22.

C. Una estrella. You are listening to a Spanish radio station when the following interview with a movie star begins. Listen to the interview, and list three phrases the star would use to talk about herself.

1. Soy...
2.
3.

You may use the tape or read Tapescript ST 23.

PRONUNCIACIÓN

As you know, words that look similar in English and Spanish may sound quite different in the two languages. One of the main reasons is the difference in vowel sounds. Spanish vowels are more "tense" and clipped sounding. Listen to the vowel sounds in the following words.

a	**a**nim**a**l
e	**e**xc**e**l**e**nt**e**
i	d**i**f**í**c**i**l
o	v**o**lib**o**l
u	t**ú**

Note also that the stress may or may not fall on the same syllables in English and Spanish. Listen carefully and repeat each word after the speaker.

el animal	el béisbol
el volibol	el examen
el concierto	el fútbol

A number of adjectives are similar in Spanish and English. Hearing what these words sound like is an easy way to build your listening vocabulary. Listen to these words, and repeat each one after the speaker.

importante	interesante
clásico	popular
responsable	inteligente

Now repeat the following sentences.

1. En mi escuela, el béisbol es popular.
2. Las clases son interesantes.
3. Los exámenes son importantes.
4. La profesora de inglés es inteligente.

INTEGRACIÓN

Here is an opportunity to test yourself to see what you can do. If you have trouble with any of these items, study the topic and practice the activities again, or ask your teacher for help.

You may use the tape or read Tapescript ST 24.

Vamos a escuchar

¿Cuánto cuesta?   You are in a department store in Puerto Rico, and a clerk tells you the prices of several items you wish to buy. Number a sheet of paper from 1 to 7. Write the price of each item as you hear it. The word **dólares** means *dollars*.

    EJEMPLO   un disco de jazz, diez dólares
                       $10

1. un juego electrónico
2. un televisor
3. un libro
4. un teléfono
5. una guitarra
6. un radio
7. un libro de arte

1. $37
2. $93
3. $16
4. $28
5. $66
6. $44
7. $15

Vamos a leer

A. ¿Qué curso?   Rebeca, an American exchange student in Mexico, is discussing with the school counselor what courses she should take. Read this conversation to see what she finds out about señora Escalona's class. Then answer the questions at the end of the reading.

REBECA	Buenas tardes, señor Dávila. Me llamo Rebeca Wilder.
SEÑOR DÁVILA	Mucho gusto, Rebeca. ¿De dónde eres?
REBECA	Soy de Kentucky. Soy estudiante de matemáticas.
SEÑOR DÁVILA	¿Te gustan mucho las clases de matemáticas?
REBECA	Sí, bastante.
SEÑOR DÁVILA	Hay una buena clase. La profesora es la señora Escalona.

Rebeca	Ah, ¿sí? Y la clase, ¿es difícil?	
Señor Dávila	No mucho.	
Rebeca	¿Cuántos exámenes hay?	
Señor Dávila	Hay quince exámenes.	
Rebeca	Y la tarea, ¿es muy difícil?	
Señor Dávila	Sí, toda la tarea es difícil.	
Rebeca	Y la profesora, ¿cómo es?	
Señor Dávila	La profesora es simpática, divertida y muy inteligente. ¿Te gusta estudiar?	
Rebeca	Sí, me gusta bastante pero en realidad prefiero practicar deportes.	

1. Where is Rebeca from?
2. How many exams are there for the math class?
3. What is Professor Escalona like?
4. What are three things Rebeca learned about the math class that might affect her choice?
5. Do you think Rebeca would rather study or play?

1. Kentucky
2. 15
3. friendly, amusing, intelligent
4. class hard, too many exams, homework difficult
5. play

Vamos a escribir

A. ¿Qué te gusta?   You have just made friends with someone who speaks only Spanish, and you want to discuss your likes and dislikes. State five things you like and five things you do not like.

> EJEMPLO   **Me gusta escuchar música pero no me gusta bailar.**
> **Me gustan las clases pero no me gusta estudiar.**

B. ¿Te gustan o no te gustan?   Your new friend likes the following things and wants to know if you like them too. Say whether or not you do.

EJEMPLO

Me gusta el baloncesto.

No me gustan los juegos electrónicos.

1. BEETHOVEN
TCHA
MOZART

2.

3.

4. EXAMEN EXAMEN EXAMEN

5.

6.

7.

8.

9.

10.

C. ¿De dónde son? At a birthday party, Felipe introduces some new friends to his classmates. Complete his sentences with the correct forms of the verb **ser**.

> EJEMPLO   Mi amigo Roberto ===== de Chile.
> **Mi amigo Roberto es de Chile.**

1. Claudia y Francisco ===== de Argentina.
2. Mauricio ===== de Costa Rica.
3. Yo ===== de Colombia.
4. Nosotros ===== estudiantes de Sudamérica.
5. Y tú, Paco, ¿de dónde ===== ?

1. son
2. es
3. soy
4. somos
5. eres

La fiesta de los quince,
Buenos Aires, Argentina.

D. Opiniones. Write six sentences containing adjectives to express your opinion about each of the pastimes listed.

> EJEMPLO   **Las fiestas son divertidas.**

la lucha libre		divertido
las fiestas		aburrido
los libros		paciente
la televisión	es	interesante
el baloncesto	no es	formidable
los exámenes	son	bueno
las telenovelas	no son	difícil
los conciertos		emocionante
la gimnasia		fácil

Vamos a hablar

Work with a partner or partners and create dialogues based on situations you might run into while visiting in a Spanish-speaking city or country. Whenever appropriate, switch roles and practice both parts of your dialogue.

Situaciones

Encourage students to limit their preparation of the dialogue to notes and to be as spontaneous as possible.

A. Saludos. You and your partner are strangers who find themselves sitting together on a bus. Greet each other, exchange names, and say where you are from. Then tell each other three things you like and two you do not like.

B. ¿Cómo es? Your friend, who has just started an exchange class in Colombia, is calling you. Find out about the class by asking how many boys and girls there are, if the teacher is interesting, if the tests are easy, if the class is interesting, boring, fun, hard, and so on.

Encourage students to approach the situations as if they were real and to communicate as spontaneously as they can, using vocabulary they know. Tell them not to use a dictionary.

Answers may vary from those given.
1. La lucha libre no es emocionante.
2. Las fiestas son divertidas.
3. Los exámenes son difíciles.
4. Los conciertos son formidables.
5. Las telenovelas no son interesantes.
6. Los libros son buenos.

You may want to suggest that students start the phone conversation with phrases such as **Hola, ¿Bueno? ¿Juan? Sí,** or **¿Mario?**

VOCABULARIO

NOUNS
el amigo, la amiga friend
el animal animal
el bolígrafo ball-point pen
el carro car
la clase class
el concierto concert
el cuaderno notebook
la chica girl
el chico boy
el deporte sport
el dinero money
el disco record
la escuela school
el español Spanish
el estudiante, la estudiante student
el examen exam
la fiesta party
la gimnasia gymnastics
la guitarra guitar
el inglés English
el juego electrónico video game
el lápiz (*pl.* **los lápices**) pencil(s)
el número number
el profesor, la profesora teacher
la radio radio broadcast, radio programming
el teléfono telephone
la telenovela soap opera
el televisor television set
las vacaciones vacation

ADJECTIVES
aburrido(a) boring
agradable pleasant, likable, nice
alto(a) tall
antipático(a) unpleasant
bajo(a) short
bonito(a) pretty, nice
bueno(a) good
desagradable disagreeable

difícil difficult
divertido(a) fun, amusing
emocionante exciting
excelente excellent
fácil easy
feo(a) ugly
formidable great, wonderful
guapo(a) good-looking
impaciente impatient
importante important
independiente independent
inteligente intelligent
interesante interesting
irresponsable irresponsible
joven young
malo(a) bad
mucho(a) a lot, many
nuevo(a) new
paciente patient
popular popular
querido(a) dear
responsable responsible
simpático(a) friendly, nice, likable
todo(a) all
viejo(a) old

VERBS AND VERB PHRASES
bailar to dance
cantar to sing
escuchar to listen to
esquiar to ski
estudiar to study
hablar to speak
jugar to play
mirar las estrellas to stargaze
nadar to swim
practicar to practice, to play
preferir to prefer
ser to be

trabajar to work
ver to see
ver televisión to watch television

ADVERBS
bastante quite, fairly, rather
mucho a lot, much
muy very
nada not at all, nothing
también also, too

CONJUNCTIONS AND PREPOSITIONS
a to
de from, of, about
en in, on, at
pero but
y and

OTHER WORDS AND EXPRESSIONS
¡Ay, no! Oh, no!
¿Cómo es? What is he / she like?
¿Cuántos (Cuántas) hay? How many are there?
¿De dónde eres? Where are you from?
Hay... There is..., There are....
Me gusta(n)... I like....
¿Qué? What?
¿Quién es? Who is it (he, she)?
¿Quiénes son? Who are they?
sobre todo above all
¿Te gusta(n)...? Do you like...?
un, una a

NOTE: For the subject pronouns, see **Exploración 2**. For the numbers 16 through 100, see **Exploración 4**.

1.

2.

3.

1. Bailarinas mexicanas
2. Los Ángeles, California
3. Los Ángeles, California

Pastimes and Places

In this chapter, you will talk about some of your favorite pastimes. You will also learn about the following functions and structures.

Functions	Structures
• talking about what you are going to do	the verb **ir**
• talking about going places	the contraction **al**
• asking and telling what you want	the verb **querer**
• asking for information	questions by inversion and **¿verdad?**, **¿no?**

INTRODUCCIÓN

See Teacher's Preface for reference to Copying Masters and Overhead Transparencies available for this chapter. Workbooks and other ancillary materials are correlated to this chapter on the corresponding tabbed divider in your Teacher's Resource Binder. The Teacher's Preface contains abbreviated tapescripts of listening activities in the student text.

EN CONTEXTO

ST 25

¿Un <u>partido</u> o una <u>película</u>?

game / movie

Prereading question: What do the two friends decide to do tonight?

México, D.F.

Joaquín and Mario, who live in Mexico, are making plans for this evening.

JOAQUÍN	¿Qué <u>vamos a hacer</u>?	What are we going to do?
MARIO	<u>Bueno</u>, hay <u>un</u> partido de fútbol <u>aquí</u> en el Estadio Azteca.	Well / a / here
JOAQUÍN	¡Eres <u>tan fanático</u> de los deportes! Me gustan <u>más</u> los conciertos.	such a fan / more
MARIO	Los conciertos, ¡no! Son tan aburridos.¿<u>Por qué</u> no vamos <u>al cine</u>? <u>O a lo mejor</u> hay una película en la televisión.	why / to the movies / or / maybe
JOAQUÍN	<u>Está bien</u>. <u>Vamos</u> al cine <u>entonces</u>. Oye, ¿qué película <u>quieres</u> ver?	OK / let's go / then / do you want
MARIO	Una película <u>sobre</u> el fútbol, <u>por supuesto</u>.	about / of course

🎲 Comprensión

Tell if the following statements based on **¿Un partido o una película?** are accurate (**sí**) or inaccurate (**no**).

1. Joaquín es un fanático del fútbol.
2. Hay un concierto en el estadio.
3. Hay un partido de fútbol en la televisión.
4. Mario quiere ver una película sobre el fútbol.

1. no
2. no
3. no
4. sí

ASÍ SE DICE

A. Buenos ejercicios. Volleyball season is coming up and you want to make the team. As you hear some activities mentioned, look at the pictures, and raise your hand if an activity helps you get in shape. Keep your hand down if it does not.

Previously learned vocabulary is not pictured. Make sure students' hands are down before they hear each activity.

MODELO **hacer gimnasia** (hands up)
ver televisión (hands down)

jugar boliche

andar en bicicleta

hacer gimnasia

trabajar en la computadora

tocar el piano

dar un paseo

hablar por teléfono

trabajar en el jardín

Jugar is used with sports or games; **tocar** with musical instruments, radio, records, tapes. **Jardín** means *yard* or *garden*. Lounging in a hammock is a common way to relax in many Spanish-speaking countries.

descansar en una hamaca

sacar fotos

viajar

salir con los amigos

COMUNICACIÓN

A. ¿Qué te gusta hacer? Select a partner. List the six activities below on a sheet of paper, and rank them in the order you would prefer to do them. Your partner will list the activities on a separate sheet of paper and try to guess how you ranked them. Compare your rankings according to the model.

EJEMPLO   Silvia: **El número uno es "hacer la tarea".**
                  Elisa: **Incorrecto. El número uno es "viajar a España".**
                  Silvia: **El número dos es "salir con los amigos".**
                  Elisa: **Correcto.**

Suggestion: Have both partners rank each other's preferences. Then collect the lists, and reward those who guess at least four of their partner's rankings correctly.

```
SILVIA
hacer la tarea . 1
viajar a España . 3
salir con los amigos . 2
```

```
ELISA
hacer la tarea . 3
viajar a España . 1
salir con los amigos . 2
```

hacer la tarea   trabajar en el jardín
viajar a España   ver una película
salir con los amigos   hacer gimnasia

B. El aire libre. Find out how much a classmate likes the outdoors (**el aire libre**), by asking the following questions. Jot down the answers, scoring one point for each outdoor activity your partner chooses. Then use the chart to share your findings with your partner.

Have partners switch roles so that both answer the questions.

EJEMPLO   ver televisión o nadar
              ¿Te gusta más ver televisión o nadar?
              Nadar.

1. ver televisión o dar un paseo
2. jugar volibol o tocar el piano
3. jugar boliche o jugar fútbol
4. salir con los amigos o hablar por teléfono
5. trabajar en la computadora o en el jardín
6. andar en bicicleta o en carro
7. esquiar o estudiar

The inclusion of the preposition **a** and the definite article with **jugar** (**jugar al fútbol**) is falling out of use.

Suggestion: Ask your Spanish-speaking students to write a report about their likes and dislikes for a get-acquainted party. One of them interviews the others and attempts to match them according to interests. The pairs then discuss whether they are satisfied with the interviewer's decision.

(6–7)	Te gusta mucho el aire libre.
(4–5)	Te gusta el aire libre.
(2–3)	No te gusta mucho el aire libre.
(0–1)	No te gusta nada el aire libre.

EXPLORACIÓN 1

Function: *Talking about what you are going to do*
Structure: *The verb* **ir**

PRESENTACIÓN

A. To talk about going places and what you are going to do, use the verb **ir** (*to go*). Here are its forms.

ir

(yo)	voy	(nosotros) (nosotras)	vamos
(tú)	vas	(vosotros) (vosotras)	vais
(usted) (él/ella)	va	(ustedes) (ellos/ellas)	van

B. In English we can say *you go, you are going,* or *do you go...?* In Spanish one verb form alone can have all three meanings.

Usted va mucho al cine. — *You go to the movies a lot.*
¿Va a salir esta noche? — *Are you going to go out tonight?*
¿Va a la escuela en Puerto Rico? — *Do you go to school in Puerto Rico?*

Explain that this difference applies with all subjects, not just *you*. Give some examples.

C. When you talk about what you are going to do, use a form of **ir** followed by the preposition **a** and an infinitive.

Remind students that infinitives in Spanish end in **r**.

ir + a + infinitive

Voy a descansar. — *I am going to rest.*
Ana va a sacar fotos. — *Ana is going to take pictures.*
¿Qué vas a hacer? — *What are you going to do?*

D. To make suggestions about things to do, use **Vamos a** (*let's*) plus an infinitive.

You may want to contrast the use of **vamos a** + infinitive to mean *let's...* with its use to mean *we are going....*

Vamos a dar un paseo. — *Let's take a walk.*
Vamos a jugar boliche. — *Let's go bowling.*

E. Here are some useful expressions that tell when you are going to do something.

ahora *now*	primero *first*	algún día *someday*
hoy *today*	mañana *tomorrow*	esta noche *tonight*
pronto *soon*	más tarde *later*	este fin de semana *this weekend*

Transformation: 1. Voy a estudiar. → Vamos a estudiar. hacer gimnasia / dar un paseo / descansar **2.** ¿Usted va a trabajar? → ¿Ustedes van a trabajar? salir / jugar volibol / andar en bicicleta

Substitution: 1. Van a México. Bolivia / España / Puerto Rico **2.** ¿Vas a descansar? sacar fotos / andar en bicicleta / hablar por teléfono **3.** Vamos a trabajar. practicar / tocar el piano / jugar boliche **4.** María va a viajar. Ramón / Teresa y Pedro / Yo

PREPARACIÓN

A. Latinoamérica. Karen, a first-year Spanish student, wants to experience Latin American culture firsthand. Where does Karen say she will travel someday?

Students need not include the optional **la** with Argentina.

    MODELO   **Algún día voy a viajar a México.**

1. Argentina
2. Venezuela
3. Costa Rica
4. Bolivia
5. Chile
6. Panamá

B. ¿Qué vas a hacer? Mario's mother often hints that he make good use of his time. To influence him, what leading questions might she ask about his plans for tonight?

Option: Students might answer the mother's questions using activities that might be considered a poor use of time: **Oye, Mario, ¿vas a estudiar matemáticas esta noche? No. Voy a descansar.**

    MODELO   estudiar matemáticas
                 Oye, Mario, ¿vas a estudiar matemáticas esta noche?

1. tocar el piano
2. hacer la tarea
3. practicar el inglés
4. trabajar en la computadora
5. hacer gimnasia
6. estudiar historia

C. **Sugerencias.**   It is pouring rain. Which four of these activities does José suggest to his friend Andrés?

Remind students that **vamos a** + infinitive means *let's....*

> MODELO   escuchar la radio
> **Oye, vamos a escuchar la radio.**

1. dar un paseo
2. escuchar música
3. descansar en una hamaca
4. tocar la guitarra
5. andar en bicicleta
6. mirar las estrellas
7. ver televisión
8. trabajar en la computadora

D. **A lo mejor.**   Look at Pepe, Alberto, and Elsa. Tell what they might be about to do as you complete the sentences.

> MODELO   ...a jugar tenis.
> **A lo mejor Elsa va a jugar tenis ahora.**

1. ...a hacer gimnasia
2. ...a tocar música
3. ...a hablar por teléfono
4. ...a un concierto
5. ...a una fiesta formal
6. ...a descansar

ST 28

E. **Esta noche.**   Listen to Felipe and Susana talk about their friends and what they might do tonight. Then, on a sheet of paper, indicate which friends plan to do each activity.

See Copying Masters.

	ir a un partido de fútbol	ir al cine	trabajar en la computadora
Felipe		✓	
Susana	✓		
Luis	✓		
Rafael		✓	
Antonio		✓	

Ask students which of Felipe's friends seems to interest Susana most.

No one is going to work on the computer.

COMUNICACIÓN

A. **¿Vas a ...?**   Ask others in your class if they are going to do the following things tonight.

Students answering **sí** might volunteer more information: **Sí, y también voy a estudiar español.**

> EJEMPLO   jugar boliche
> **Oye, Adriana, ¿vas a jugar boliche esta noche?**
> **No, voy a estudiar.**

1. practicar fútbol
2. andar en bicicleta
3. tocar la guitarra
4. hacer gimnasia
5. hablar por teléfono
6. descansar

B. ¡Más tarea! Imagine that it is Wednesday and your class has been given a big assignment due Monday. Combine the elements shown to tell when you think various members of the class are going to do the work!

| EJEMPLO | (yo) | **Yo voy a hacer la tarea pronto.** |
| | (un chico) | **Juan va a hacer la tarea hoy.** |

(yo)		primero
(tú)	voy	pronto
(una chica)	vas	más tarde
(un chico)	va	hoy
(dos chicos)	vamos	mañana
(dos chicas)	van	este fin de
(un[a] chico[a] y yo)		semana
		algún día

C. Mañana. Tell something you are going to do tomorrow, then ask another student what he or she is going to do. You may answer in the negative if you wish, but try not to repeat answers already given.

Have students jot down some of classmates' answers, as they will need them in Activity D.

| EJEMPLO | Yo voy a estudiar mañana. ¿Y tú, Carmen? ¿Qué vas a hacer? |
| | No sé, pero no voy a sacar fotos. ¿Y tú, Ana? ¿Qué vas a hacer? |

D. De memoria. How good is your memory? Write five sentences telling
W what some of your classmates said in Activity C.

Look for good sentences, not accuracy of memory.

EJEMPLO

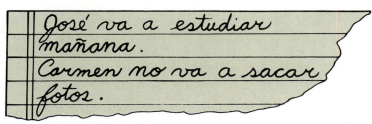

José va a estudiar mañana.
Carmen no va a sacar fotos.

Additional practice: Have students pretend to be a specific (or imaginary) person and write what that person is going to do next weekend. They can choose to be a rock star, a scientist—whatever they wish.

¿Y TÚ?

Julio Iglesias was a goalie for the Spanish soccer team *Real Madrid*, but an auto accident in 1972 kept him away from soccer for two years. While recuperating in the hospital, he taught himself to play the guitar and wrote a few songs to pass the time. From those modest beginnings, Julio Iglesias went on to become one of the most popular singers of our time. An idol to many in Latin America, Julio is also popular in the United States. Now he sings in English, Italian, German, French, Portuguese, and, of course, Spanish. He has sold over 100 million records worldwide.

Titles of songs and movies are not always translated literally from one language to another. Here are the titles of some of Julio's ballads. Can you match the Spanish titles with their English translations?

1. La Paloma	**a.** Limelight	1. e
2. De niña a mujer	**b.** Island in the Sun	2. c
3. Candilejas	**c.** From Childhood to Womanhood	3. a
4. En cualquier parte	**d.** Another Time, Another Place	4. d
5. Isla en el sol	**e.** The Dove	5. b

Ask your Spanish-speaking students to teach the class a Spanish song they know.

Function: *Talking about going places*

Structure: *The contraction al*

PRESENTACIÓN

A. To talk about going somewhere, you may use a form of **ir** and the preposition **a**.

México	Van a México.
la escuela	Caridad va a la escuela.
las fiestas	Andrés va a las fiestas.
los partidos de fútbol	Van a los partidos de fútbol.

When the preposition **a** is followed by the definite article **el,** the contraction **al** is formed.

el cine	Vamos **al** cine.
el concierto	Joaquín va **al** concierto.

B. The interrogatives **¿adónde?** (*where . . . [to]*?) and **¿cuándo?** (*when*) are often used in questions with the verb **ir.**

¿Adónde vas ahora?	¿Y cuándo vas a estudiar?
Al cine.	Mañana.

Suggestion: Point out the accents on interrogative words.

PROFESORA: Jaime, ¿adónde vas a viajar algún día?
JAIME: A España, profesora.

PROFESORA: ¿Y tú? Arnoldo? ¿Adónde vas a viajar?
ARNALDO: A Venus, profesora.

C. Here is some useful vocabulary for talking about going places.

Suggestion: Have students tell what place they associate with the words they hear. Use familiar words and cognates such as **deportes** (*el estadio*), **películas** (*el cine*), **viajar** (*la terminal de autobuses, el aeropuerto*), **estudiar** (*la biblioteca*), **postal** (*el correo*), **discos** (*la tienda*), **nadar** (*la piscina, la playa*), **dinero** (*el banco*), **historia** (*el museo*), **tomates, aspirinas y champú** (*el supermercado*), **la Biblia, Dios, los ángeles** (*la iglesia*), **plantas** (*el parque*), **monumentos** (*la plaza*), **pizza, tacos, espaguetis** (*el restaurante, el café*).

El centro

la iglesia · las oficinas · el banco · el teatro · el aeropuerto · la terminal de autobuses · el estadio · el restaurante · el hotel · la piscina · el museo · el parque · el cine · la plaza · el supermercado · el café · el correo · la tienda · la biblioteca · la playa

Substitution: **1.** ¿Vas a la piscina? plaza/iglesia/biblioteca/ la terminal de autobuses/la oficina **2.** Vamos a las tiendas. museos/ fiestas/partidos/playa **3.** Vamos al concierto. hotel/banco/ supermercado/aeropuerto/ parque/correo

Transformation: Voy al cine. Vamos al cine. piscina/teatro/ biblioteca/restaurante/estadio

PREPARACIÓN
ST 29

A. Javier y el parque. Javier would like for his mother to drive him to the park, but Verónica explains how busy (**ocupada**) their mother is. Listen to what Verónica says, and fill in the blanks with **a** plus a definite article.

Mamá está muy ocupada hoy. Primero va __1__ correo. También va __2__ banco y __3__ biblioteca. Y por supuesto, más tarde va __4__ supermercado y __5__ tiendas. ¿Por qué no vas __6__ parque en autobús?

1. al   **2.** al
3. a la **4.** al
5. a las **6.** al

B. En Madrid. When Pablo and his family go to Madrid, Pablo's dad cannot wait to see the sights, while all Pablo can think about is food. What does he ask, and how does his dad respond?

MODELO   el Café Ibiza / el Teatro Calderón

> Pablo: **¿Cuándo vamos <u>al Café Ibiza</u>?**
> Papá: **Más tarde. Primero vamos <u>al Teatro Calderón</u>.**

Call on two students at a time to act the roles of Pablo and his dad. Say, **Número 1— Juan, eres Pablo; Susana, eres el papá.**

Pablo	Papá
1. el Restaurante Zalacaín	la Biblioteca Nacional
2. el Café Gijón	el Museo del Prado
3. el Restaurante Goya	la Plaza de España
4. el Café Lyon	la Iglesia de San Francisco

C. ¿Adónde van? Based on some of the things these friends like, use the column on the right to tell where they are going.

MODELO   Elvira es fanática de la historia.
          Elvira va al museo.

Suggestion: You may want to explain that **de** + **el** forms the contraction **del**. This concept is formally presented in **Capítulo 4**.

1. Ximena es fanática de las películas.	a. concierto	1. c
2. Gonzalo es fanático de los libros.	b. playa	2. d
3. Hugo es fanático de los deportes.	c. cine	3. e
4. Violeta es fanática de la música.	d. biblioteca	4. a
5. Patricia es fanática de los tacos.	e. estadio	5. f
6. Pancho es fanático de nadar.	f. restaurante	6. b

D. Compatibilidad. Marisol and Hernán's plans for the week are very different. Take turns assuming their roles as you act out what each one is planning to do at various times.

MODELO   Marisol: **¿Adónde vas <u>este fin de semana</u>?** (ahora, más tarde, etc.)
          Hernán: **Voy <u>al cine</u>. ¿Y tú?** (biblioteca, museo, etc.)
          Marisol: **Yo no. Yo voy <u>a la playa</u>.** (parque, plaza, etc.)

Marisol	Hernán	Marisol
1. ahora	biblioteca	parque
2. más tarde	museo	plaza
3. esta noche	teatro	partido de fútbol
4. mañana	tiendas	piscina
5. ¿...?	¿...?	¿...?

Variation: Have sections of the class instead of individuals act out the exchanges between Marisol and Hernán. Afterward, you might ask them: **¿Quién es fanático de las actividades al aire libre?**

COMUNICACIÓN

A. ¿Vas o no? Write 10 sentences telling whether you and the people **W** mentioned plan to go to these places this week. **Mi** means *my*.

Have students put a name in the blanks.

EJEMPLO **Mi amiga Raquel va a la biblioteca.**
Mi papá y mi mamá no van a la escuela.

yo
mi amigo(a) ═══
mi mamá
mi papá
mi profesor(a) de español
mi amigo(a) ═══ y yo

escuela
terminal de autobuses
estadio de la escuela
iglesia
supermercado
centro
oficina
aeropuerto
banco
piscina

B. Turistas. Tell where you enjoy going when you are in another city. Then ask other students if they share your interests.

EJEMPLO **Me gusta ir a los museos.**
Mario, ¿te gusta ir a los museos también?

C. Entrevista. Interview a classmate about some of his or her immediate plans. As you ask the questions, select the option that best follows from your classmate's answer. Then allow yourself to be interviewed.

TÚ ¿Qué vas a hacer hoy?
TU AMIGO(A) ═══
TÚ Ah, ¿sí? ¿Vas a (ver televisión / salir con los amigos) también?
TU AMIGO(A) ═══
TÚ ¿Y cuándo vas a (estudiar / descansar)?
TU AMIGO(A) ═══
TÚ ¿Ah sí? Está bien. ¿Adónde vas (este fin de semana / mañana)?
TU AMIGO(A) ═══

Students can report their findings to the class or write a short paragraph about their partner's plans: **Ana va a jugar boliche hoy. También va a ver televisión.**

If you go to Puerto Rico on vacation someday, you will probably visit these sights. Try to match each description with its photo.

The diaeresis in **Mayagüez** indicates that **gü** is pronounced *gw*.

a.

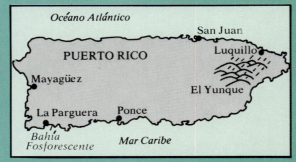

b.

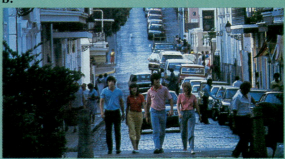

c.

d.

e.

f.

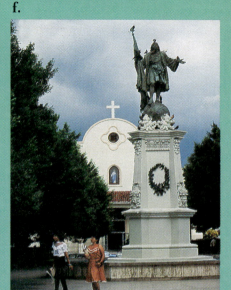

g.

1. **El Viejo San Juan,** the oldest part of the city, was once enclosed by the city wall. The area has been restored to the way it was in colonial times.
2. **Luquillo** is a famous beach about 30 miles east of San Juan.
3. **Bahía Fosforescente,** a phosphorescent bay, is near the fishing village of La Parguera. At night the water sparkles when the marine life is disturbed. Even trailing your hand in the water is enough to set off the chemical display of lights.
4. **El Morro,** a castle at the entrance to San Juan Bay, was built in 1591 to protect against attacks by raiders such as Sir Francis Drake.
5. **La Plaza de Cristóbal Colón** in Mayagüez honors the man who discovered the island on November 19, 1493, on his second voyage to America. Ponce de León, who accompanied Columbus, started the first settlement.
6. **El Yunque** is a tropical forest with a rainfall of as much as 200 inches a year. It has over 240 different species of trees and is home to many rare birds and to a type of tiny tree frog called the **coquí,** a symbol of Puerto Rico.
7. **La Universidad de Puerto Rico,** which was founded in 1903, enrolls 52,000 students at several campuses. One of the prettiest sites is at Río Piedras, where the annual Casals Festival and many other concerts are held. Enrichment: Have students prepare a report about the points of interest in another Hispanic country or a Hispanic area of the United States.

1. b
2. e
3. g
4. d
5. f
6. c
7. a

EXPLORACIÓN 3

Function: *Asking and telling what you want*
Structure: *The verb* **querer**

PRESENTACIÓN

A. To talk about what you want or what you want to do, the verb **querer** is used. Here are its forms.

querer

(yo)	quiero	(nosotros) (nosotras)	queremos
(tú)	quieres	(vosotros) (vosotras)	queréis
(usted) (él / ella)	quiere	(ustedes) (ellos / ellas)	quieren

Remind students that the verb endings help tell who the subject is.

Quiero ir al partido de volibol hoy.
Pablo y Luis quieren andar en bicicleta.
El señor López quiere descansar.

The definite article is used with titles except when speaking directly to someone: **Buenos días, señora Miranda.**

B. In English when we ask questions, we often use helping verbs such as *do* or *does:* "Do you want to...?" "Does she want to...?" In Spanish we use only the verb form.

¿Quieres ir al aeropuerto?   *Do you want to go to the airport?*
¿Qué quiere hacer ahora?   *What does he (she, you) want to do now?*
Vamos al cine, ¿quieres?   *Let's go to the movies. Do you want to?*

Substitution: **1.** La señora Miranda va al banco. La señora Flores / Margarita / La señora Méndez **2.** El señor Castillo quiere viajar. El señor Rodríguez / Ramón / El señor Cardoza.

C. Here are some things you may or may not want to do.

lavar los platos

ayudar en casa

cocinar

arreglar el cuarto

ir de compras

lavar la ropa

ganar dinero

PREPARACIÓN

ST 30

A. Mónica. Mónica's friends often invite her to do things, while her parents often ask her to help out at home. Number a sheet of paper from 1 to 8. After each question you hear, write who is more likely to ask it: *friends* or *parents*.

MODELO   Mónica, ¿quieres ir al cine esta noche?

1. *friends*   5. *friends*
2. *parents*   6. *parents*
3. *friends*   7. *parents*
4. *parents*   8. *friends*

Substitution: **1.** Manuel y Carmen quieren nadar. jugar boliche/dar un paseo/jugar tenis **2.** Marcos no quiere estudiar. lavar la ropa/trabajar/cocinar/ir a la biblioteca **3.** ¿Quieren bailar? ir al cine/ir de compras/viajar

B. Ayudar en casa. Tomás is a willing helper, but during the sweltering summer months, he can hardly stand the chores that take him outdoors. Which jobs does he tell his parents he does and does not want to do?

MODELO   ir al correo   cocinar
No quiero ir al correo.   **Quiero cocinar.**

1. arreglar los cuartos
2. ir al supermercado
3. lavar los platos
4. trabajar en el jardín
5. ir al correo
6. lavar el carro
7. ir al banco
8. cocinar

1. Quiero...
2. No quiero...
3. Quiero...
4. No quiero...
5. No quiero...
6. No quiero...
7. No quiero...
8. Quiero...

C. Preferencias. What does Soledad ask her friends, based on their likes and dislikes?

> MODELO   Me gustan los deportes. (ir al partido de béisbol)
> **¿Quieres ir al partido de béisbol entonces?**
> No me gustan los carros. (lavar el carro)
> **¿No quieres lavar el carro entonces?**

1. Me gusta la ropa nueva. (ir de compras)
2. Me gusta ganar dinero. (trabajar)
3. No me gusta mucho bailar. (ir a una fiesta)
4. No me gusta ayudar en casa. (arreglar los cuartos)
5. Me gusta mucho la escuela. (estudiar)
6. No me gustan nada los deportes. (jugar baloncesto)
7. Me gustan los juegos electrónicos. (trabajar en la computadora)
8. No me gusta ver películas. (ir al cine)

1. Quieres...
2. Quieres...
3. No quieres...
4. No quieres...
5. Quieres...
6. No quieres...
7. Quieres...
8. No quieres...

D. ¿Qué les pasa? A moment ago Andrés and his friends were happily on their way to play various sports. Now they are grumbling. Tell why.

Remind students to make the verb agree with the subject.

> MODELO   **Andrés no quiere cocinar. Quiere jugar fútbol.**

1. Isabel no quiere lavar el carro. Quiere jugar boliche.
2. Jorge y Elena no quieren lavar los platos. Quieren jugar fútbol americano.
3. Ernesto no quiere lavar la ropa. Quiere jugar béisbol.
4. Los amigos no quieren ayudar en casa/trabajar. Quieren jugar deportes.

1. Isabel...

2. Jorge y Elena...

4. En general, los amigos...

3. Ernesto...

COMUNICACIÓN

A. En la casa. In your family, there are always a number of weekend chores to be done. Assuming that you get your choice of any two, tell which ones you want to do.

Explain that the conjunction **y** (*and*) changes to **e** before words beginning with **i** or **hi.** **Quiero cocinar e ir al restaurante.**

EJEMPLO   **Quiero trabajar en el jardín y lavar los platos.**

1. lavar los platos
2. arreglar los cuartos
3. cocinar
4. ir al supermercado
5. trabajar en el jardín
6. lavar el carro

B. Pasatiempos. Ask four students what they want to do tonight, writing their answers as you go. Report your answers to the class.

EJEMPLO   **Alicia, ¿qué quieres hacer esta noche?**
Quiero escuchar discos.

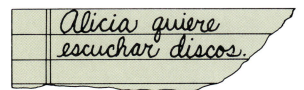

Alicia quiere escuchar discos.

Variation: Allow students to circulate around the class to see who can get the most different answers. Set a time limit, and reward the winner. Follow up by asking: **¿Quién quiere (estudiar, salir...) esta noche?** Students will answer with the names on their list.

C. Preguntas personales. Build questions using these elements, and ask them of one classmate, more than one classmate, or your teacher.

You may accept simple **sí**-**no** responses, or have students expand them: **Sí, y también quiero ver televisión. No, pero quiero tocar el piano.**

	tocar	parque
	ver	independiente
	jugar	boliche
	ir a	el jardín
¿quieres...?	ir al	una película
¿quieren ustedes...?	trabajar	en un banco
¿quiere usted...?	ser	Hong Kong
	trabajar en	la casa
	arreglar	la guitarra
	descansar	en una hamaca
	¿...?	¿...?

D. ¿Qué vamos a hacer? Make a list of 10 things you and your friends do and do not want to do this weekend.

EJEMPLO

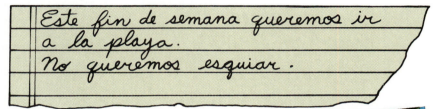

Este fin de semana queremos ir a la playa.
No queremos esquiar.

Sitges, España

Dating customs among young people in Spanish-speaking countries are considerably different from those in the United States. To begin with, boys and girls usually attend different schools, although some co-ed schools do exist. Most of the opportunities to socialize take place within the context of the family. Parties are usually family gatherings that include friends and family members of all ages.

When Hispanic teens date, they tend to go out in groups. The idea of dating several different people or of dating just one person without being "serious" is more American than Latin. When a Hispanic person says **Tengo novio (novia)** (*I have a boyfriend/girlfriend*), it implies a much more formal relationship than in the United States. In Hispanic countries when two people date each other exclusively, it is usually a sign that they plan to marry.

In the past, when a couple dated seriously, it was the custom for a chaperone to accompany them. Some Spanish speakers jokingly say of the chaperone **Va a ir de violinista** (*He [or she] is going as the violinist*). Although the custom of chaperoned dates still exists in small towns in Spain and Latin America, it is less common in large cities.

Parque María Luisa, Sevilla, España

EXPLORACIÓN 4

Function: *Asking for information*
Structure: *Making questions with ¿verdad? and ¿no? and by inversion*

PRESENTACIÓN

In Spanish as in English, there are several ways to ask for information. You already know how to ask questions by raising the pitch of your voice at the end of a sentence.

A. Another way to form questions is to add a tag, an expression similar in meaning to *right?*, *isn't it?*, or *don't you?* at the end of a sentence. Two common tag words are **¿no?** and **¿verdad?**

Only **¿verdad?** can be used after a negative statement: **Javier no es de Chile, ¿verdad?**

Te gustan las vacaciones, ¿no?	*You like vacations, don't you?*
No eres de aquí, ¿verdad?	*You're not from here, are you?*

B. Questions in Spanish can also be formed by inverting the order of the subject and verb in a sentence. This is done by placing the subject either directly after the verb or at the end of the sentence.

Suggestion: Remind students that there is no Spanish equivalent to the English helping verbs *do, does, don't,* and *doesn't.*

¿Quiere **Esteban** dar un paseo?	*Does **Esteban** want to take a walk?*
¿Van a jugar **Carlos y Adán**?	*Are **Carlos and Adán** going to play?*

C. Questions with **¿verdad?** and **¿no?**, as well as inverted questions, call for a yes-or-no answer. Answering such questions with **sí** and **no** is similar to what we do in English.

Tomás es de aquí, ¿verdad?	Sí, es de aquí.
¿Es Tomás de aquí?	No, no es de aquí.
	No, es de Colombia.

D. When interrogatives (words such as **¿Adónde?**, **¿Cuándo?**, and **¿Qué?**) are part of a question, subject-verb inversion is again used.

Suggestion: Remind students that question words are accented.

¿Cuándo va de compras Patricia?	*When is Patricia going shopping?*
¿Adónde va Andrés?	*Where is Andrés going?*

E. Here are some useful everyday questions. They follow the pattern of subject-verb inversion, but they are idiomatic expressions and should not be translated literally.

¿Cómo se llama él?   *What is his name?*
¿Cuántos años tiene ella?   *How old is she?*

These questions are presented as vocabulary items because of their high communicative value. You need not explain the grammar involved.

Substitution: **1.** ¿Qué quieres ver? jugar/cocinar/ escuchar/mirar/hacer **2.** ¿Quién quiere ir al concierto? estudiar/trabajar/jugar béisbol **3.** ¿Cuándo vas a jugar tenis? hacer la tarea/arreglar el cuarto/salir/descansar **4.** ¿Qué disco te gusta? carro/libro/música/juego

PREPARACIÓN

ST 31

A. **Yo sé por qué.** When Sonia talks to Alfonso, she often hints that she likes his friend Julio. Listen to what Sonia says to Alfonso, and on a sheet of paper numbered from 1 to 10, write *statement* or *question*, depending on which you hear.

MODELO   Alfonso, vas a jugar baloncesto hoy, ¿no?

1. *question*
2. *question*
3. *statement*
4. *statement*
5. *question*
6. *question*
7. *question*
8. *question*
9. *statement*
10. *statement*

B. **En la escuelita.** Diana is unsure about taking a part-time job in a nursery school. Her friend Elena thinks she would be ideal for the job and encourages her. What does Elena ask?

MODELO   independiente
            Eres independiente, ¿no?

1. paciente   4. inteligente
2. responsable   5. simpática
3. agradable   6. divertida

C. Los padres.   Daniel thinks his parents are very straitlaced. He bases his opinion on the way they respond to questions like these. How do they answer?

Suggestion: Remind students that although the definite article is used here, the statements are general, not specific: *Parties are boring,* not *The parties are boring.* Have students omit the subject in their responses.

> MODELO   Ayudar en casa es muy importante, ¿verdad?
> **Sí, es muy importante.**
> La música rock es formidable, ¿no?
> **No, no es formidable.**
> **No, es muy mala.**

1. Las fiestas son muy divertidas, ¿no?
2. La escuela es muy importante, ¿verdad?
3. La música clásica es muy mala, ¿verdad?
4. Los estudiantes de hoy son irresponsables, ¿no?
5. Los conciertos de rock son formidables, ¿verdad?
6. La ropa informal es muy bonita, ¿no?

D. ¡Imposible!   Bárbara cannot believe what she is hearing. Respond as she does, placing the subject of the sentence last. See Copying Masters.

Use items 5 and 6 to point out that modifiers need to be moved along with subject nouns: **el profesor de historia.**

> MODELO   El profesor no quiere hablar español.
> **¿No quiere hablar español el profesor?**

1. Mario quiere estudiar.
2. El examen va a ser fácil.
3. Víctor quiere ayudar en casa.
4. Gabriel y Manuel no quieren ir a la playa.
5. El profesor de historia es guapo.
6. La música rock es aburrida.

E. Los novios. Camilo pulls his friend aside and bombards him with questions about a new girl in school. He wants to know if the boy she is with is her boyfriend (**novio**), among other things. Unscramble his questions, placing the subject directly after the verb.

> MODELO   nueva / ella / estudiante / una / es
> **¿Es ella una nueva estudiante?**

1. es / él / quién
2. tiene / años / cuántos / ella
3. novios / son / ellos
4. de / es / dónde / él
5. ella / cómo / llama / se
6. van / adónde / ahora / ellos

1. ¿Quién es él?
2. ¿Cuántos años tiene ella?
3. ¿Son ellos novios?
4. ¿De dónde es él?
5. ¿Cómo se llama ella?
6. ¿Adónde van ellos ahora?

COMUNICACIÓN

A. Opiniones. Make up some questions to ask other classmates.

Point out that **Estados Unidos** is abbreviated **EE.UU.**

> EJEMPLO   **En tu opinión, ¿es guapo Julio Iglesias?**

la música clásica	las películas de terror	formidable	aburrido
los exámenes	los profesores	difícil	importante
el Presidente de los Estados Unidos	la lucha libre	bonito	excelente
	los discos viejos	inteligente	¿ . . . ?
las vacaciones	¿ . . . ?	paciente	

B. ¿Son ustedes compatibles?   Make five questions with **¿verdad?** and **¿no?** about famous figures you like, and find out whether a classmate likes them too. Then answer five of your classmate's questions. Keep track of the yes and no responses, and score one point for each yes answer. See how compatible you are, and report your findings.

> EJEMPLO   **Te gustan los Beatles, ¿verdad?   Te gusta Bach, ¿no?**
> **Sí, me gustan mucho.   No, no me gusta.**

(8–10)	Somos muy compatibles.
(5–7)	Somos bastante compatibles.
(3–4)	No somos muy compatibles.
(0–2)	Somos absolutamente incompatibles.

C. Compañeros de clase.   How well do you know your classmates? Take turns pointing out one student in the class and calling on another to answer your questions about the first student's name and age.

Have the student being pointed out confirm the answers with (**in**)**correcto**.

> EJEMPLO   *You point to a male student.*
> You: **Cristina, ¿cómo se llama él?**
> Cristina: **Bernardo, ¿no?**
> You: **¿Y cuántos años tiene él?**
> Cristina: **Quince, ¿verdad?**

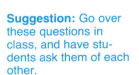

D. Preguntas.   Create seven questions for another student, using a different item from each group in every question and filling in the additional words you need. Be sure to place question marks where appropriate.

Suggestion: Go over these questions in class, and have students ask them of each other.

> EJEMPLO   **Vas a clase mañana, ¿no?**

1. Adónde	**5.** Quieres	**a.** tiene	**e.** música rock
2. Te gusta(n)	**6.** Cuántos	**b.** iglesia	**f.** clase
3. Vas	**7.** Eres	**c.** esta noche	**g.** cine
4. Cuándo		**d.** aquí	

PERSPECTIVAS

LECTURA

Prereading activity: Have students read the text silently and select Ángel Luis's three main interests from this list: **los turistas, viajar, la fotografía, las tiendas, la música, los deportes**.

ST 32

Un amigo de Puerto Rico

San Cristóbal, Viejo San Juan, Puerto Rico

Hola, me llamo Ángel Luis Rivera. Soy de Ponce, Puerto Rico. Soy fotógrafo aficionado y para ganar unos pesos me gusta sacar fotos de los turistas que visitan Puerto Rico.

También me gustan los deportes como el béisbol y el fútbol. Soy un jugador bastante bueno. Estoy en el equipo de béisbol "los Toros". Los fines de semana hay partidos contra los otros equipos de aquí. Muchas veces mi novia Gabriela va a los partidos, porque le gusta mucho el béisbol.

¿Te gusta la música? ¿Cuál te gusta más, la música rock o la salsa puertorriqueña? Los dos tipos de música son formidables, ¿no? Me gusta tocar la guitarra también. Por cierto, trabajo en una tienda de discos. Soy una persona de muchos talentos, ¿verdad?

Bueno, ahora voy a trabajar.

Salsa is a type of music based primarily on the Afro-Cuban urban tradition. It was first played consistently in the 1960's in Puerto Rico and by Latin American musicians in New York and other cities in the United States.

Expansión de vocabulario

aficionado amateur	**la novia** girlfriend
como like	**otro** other
contra against	**para** in order to
cuál which	**por cierto** as a matter of fact
Estoy en el equipo... I'm on the... team	**porque** because
	que who (that)
los fines de semana on weekends	**la salsa puertorriqueña** Puerto Rican salsa music
ganar to earn	
le gusta she (he, you) likes	**trabajo** I work

ST 33

🎞 Comprensión

Select the best answer to each question.

1. ¿De dónde es Ángel Luis?
   a. de Toros **b.** de Ponce **c.** de Gabriela
2. ¿Qué le gusta hacer para ganar dinero?
   a. visitar Puerto Rico **b.** sacar fotos **c.** jugar béisbol
3. ¿Qué son "los Toros"?
   a. unos animales **b.** un café **c.** un equipo
4. ¿Cuándo hay partidos de béisbol?
   a. esta noche **b.** los fines de semana **c.** ahora
5. ¿Qué tipo de música es puertorriqueña?
   a. la salsa **b.** el rock **c.** el turista

1. b
2. b
3. c
4. b
5. a

COMUNICACIÓN

Suggestion: Have students ask and answer in small groups, switching roles. Take a poll of the answers to items 1–3 to establish what the most popular activities are.

A. **¿Qué quieres hacer?** Find out which one activity in each question a classmate would choose to do. Then write and ask three similar questions of your own.

EJEMPLO ¿Quieres tocar música, cantar o bailar?
Quiero cantar.

1. ¿Quieres ir a clase, a la oficina o a la biblioteca?
2. ¿Quieres ir a la escuela en carro, en autobús o en bicicleta?
3. ¿Quieres trabajar en un banco, en una tienda de ropa o en un restaurante?

B. **Asociaciones.** Name two words that are related, and ask another student to guess what you are going to do, using vocabulary you know.

EJEMPLO guitarra, piano
¡Vas a tocar música!

Refer students to Chapters 1 and 2 vocabulary lists for suggestions. (pp. 61, 95)

C. Problemas. Imagine that you are confronted with each of these problems. Write some things you will and will not do.

> **EJEMPLO** You are on a desert island.
> **Voy a descansar. No voy a esquiar.**

1. You have no money.
2. You are alone in the house.
3. You are sick and have to stay in bed.
4. You want to get better grades.
5. You just got your paycheck or allowance.
6. You want to get some exercise.

ST 34

D. ¿Quién es? A friend asks you about the "new girl" in school. Later, you happen to be standing nearby when Pablo sends his buddy Adán to talk to her. Can you answer your friend's questions based on what you hear?

1. ¿Cómo se llama ella?
2. ¿Cuántos años tiene?
3. ¿Es una nueva estudiante?
4. ¿Quién es?

1. Srta. Martínez
2. veintiún años
3. no
4. la nueva profesora

Suggestion: Have students read the questions before listening. Tell them to listen for the general meaning and not to get bogged down trying to understand every word.

ST 35

PRONUNCIACIÓN

The letter **h** is not pronounced in Spanish.

Write the following words on a sheet of paper. Put a slash through the **h** of each word as you hear it pronounced, and then repeat it.

| hasta | hola | historia | hay | hablar | hacer |

The letter group **qu** is pronounced /k/ in Spanish. Repeat the following words.

The letter **q** is used only in the combinations **que/qui**.

| aquí | ¿qué? | ¿quién? | quieres | esquiar | Joaquín |

Repeat the following dialogue between some friends who are trying to get out of studying for a test.

ENRIQUE	Hola, Hugo. Hola, Humberto.
HUGO	Hola, Enrique. ¿Qué tal?
ENRIQUE	Bien. Oye, ¿quién quiere estudiar historia?
HUGO	¿Por qué? ¿Hay examen?
HUMBERTO	Sí, el examen sobre Honduras.
HUGO	Pero no quiero estudiar. Vamos al cine Quevedo.
ENRIQUE	Buena idea. ¡A lo mejor hay una película sobre la historia de Honduras!

Here is an opportunity to test yourself to see what you can do. If you have trouble with any of these items, study the topic and practice the activities again, or ask your teacher for help.

Vamos a escuchar

ST 36

A. **A lo mejor sí.** Number a sheet of paper from 1 to 8. For each item, write **sí** or **no** to indicate whether the statement you hear describes what these people might be about to do. The first four statements refer to picture *a* and the last four to *b*.

1. sí		**5.** sí	
2. sí		**6.** no	
3. no		**7.** sí	
4. no		**8.** no	

EJEMPLO   A lo mejor van al cine.
          sí

a.

b.

ST 37

B. **La preguntona.** Listen to some questions Graciela asks about Pedro, and choose a logical response. For each numbered item, write the letter of the response you choose on a sheet of paper.

1. **a.** Sí.   **b.** Mañana.   **c.** Me gusta mucho.
2. **a.** Diecisiete. **b.** Pedro Herrera.   **c.** Voy a hablar con él.
3. **a.** Sí, al cine. **b.** Al Cine Carabobo. **c.** No, ahora no.
4. **a.** No.   **b.** ¿Eres de aquí?   **c.** Sí, queremos ir.
5. **a.** Mañana.   **b.** No. ¿Cómo se llama? **c.** Sí, es muy simpático.

1. a
2. a
3. b
4. a
5. c

Vamos a leer

A. La carta de Juan. Nick Roberts has been accepted as an exchange student for the coming year. Soon he will be leaving the United States to stay with the Gómez family. Here is a letter to Nick from one of the host family members. Read Juan's letter and answer the questions.

Querido Nick,

Hola, me llamo Juan Ignacio Gómez. Tengo dieciocho años y soy estudiante de matemáticas. Me gustan las matemáticas, por supuesto, pero me gustan más los deportes, sobre todo el fútbol. Soy un jugador en el equipo "los Leones" del Club de Leones de Buenos Aires. Mi equipo es excelente. Los partidos son emocionantes porque los jugadores son muy dedicados y competidores. Algún día quiero ser famoso como el futbolista argentino, Diego Maradona.

¿Te gusta el fútbol? ¿Es Diego Maradona también una figura popular en los Estados Unidos?

Hasta pronto,

Juan Ignacio Gómez

1. dieciocho
2. Buenos Aires
3. el fútbol
4. los Leones
5. los jugadores son dedicados y competidores
6. un futbolista argentino famoso

1. ¿Cuántos años tiene Juan Ignacio?
2. ¿De dónde es?
3. ¿Qué deporte le gusta?
4. ¿Cómo se llama su equipo?
5. ¿Por qué son emocionantes los partidos de fútbol?
6. ¿Quién es Diego Maradona?

B. ¿Es lógico? On Elena's first date with Mario, they find out a little about each other. Read the dialogue and decide which of the numbered sentences would logically come next. Write the numbers of the responses you choose on paper.

ELENA   Mario, eres tan fanático de los deportes.
1. Te gustan el baloncesto, el boliche y la gimnasia, ¿verdad?
2. A lo mejor voy al centro mañana. ¿Quieres ir?

MARIO   Sí, y también me gustan las películas, excepto las películas románticas, por supuesto.
3. Las películas románticas son formidables, ¿verdad?
4. En mi opinión, son muy aburridas.

ELENA   ¿Ah sí? ¿Y cuál es tu opinión sobre la fotografía?
5. ¿Te gusta?
6. Vamos a andar en bicicleta, ¿quieres?

Postreading question: *¿Cuál es tu opinión? ¿Son compatibles Elena y Mario?* Inform students that they will run across some new cognates.

1.

4.

5.

7.

MARIO   No, no me gusta mucho.
       7. Eh...¿quieres jugar baloncesto?
       8. Eh...es una persona muy interesante.

ELENA   Sí, pero, en realidad, no me gustan los deportes.

                         [*Más tarde...*]

10.

MARIO   ¡Eres una jugadora bastante buena!
       9. Voy a trabajar ahora.
     10. ¿Quieres jugar fútbol o tenis ahora?

11.

ELENA   No. Ahora voy a casa. Quiero hablar con un amigo.
     11. Se llama Camilo. Es una persona muy divertida.
     12. Se llama Camilo. Es una persona bastante antipática.

MARIO   ¿Ah sí? ¿Le gustan los deportes?

13.

ELENA   No, no mucho. Es fotógrafo.
     13. Le gusta sacar fotos...y ver películas románticas también.
        Hasta luego.
     14. Le gusta mucho trabajar y ayudar en casa. Hasta luego.

Vamos a escribir

This exercise reviews the fact that **a** often follows **ir** but is not used after **querer** when followed by an infinitive.

A. ¿Qué hacer?   Andrés and Raúl are discussing some plans. Read their conversation, and complete it with forms of the verb **ir** or **querer** that agree with the pronouns in parentheses.

ANDRÉS   ¿Adónde __1__ esta noche? (tú)
   RAÚL   Bueno, a lo mejor __2__ a una fiesta en casa de Felipe.
          ¿Y tú? (yo)
ANDRÉS   __3__ a ir de compras. __4__ otro juego electrónico para mi computadora. ¿__5__ ir? (yo / yo / tú)
   RAÚL   Sí, y más tarde __6__ a la fiesta, ¿quieres? (nosotros)
ANDRÉS   Buena idea. Hasta pronto.

1. vas   4. Quiero
2. voy   5. Quieres
3. Voy   6. vamos

B. El arte de conversar.   If you lived in a Spanish-speaking environment, friends might say the following things to you in the course of a day. Write a question in each case that would continue your conversations naturally. Use the words given to begin your questions.

EJEMPLO   *En la casa:* —No quiero ir a la fiesta esta noche.
¿Qué quieres hacer entonces?
¿Quieres ir al cine?

¿Qué...?   ¿Adónde...?   ¿Quieres...?   ¿Quién...?   ¿Por qué...?
¿Vas...?   ¿Cuándo...?   ¿Cuántos...?   ¿Cómo...?   ¿Es...?

1. *En el centro:* —Me gustan las tiendas de aquí.
2. *En la escuela:* —El nuevo estudiante es muy simpático.
3. *En el autobús:* —No voy al parque. Quiero ver televisión.
4. *En el café:* —¿Quieres ir con nosotros?
5. *En el estadio:* —Fernando Valenzuela es bastante joven.
6. *En la casa:* —Sí, quiero ir a la playa, pero voy a hacer la tarea ahora.
7. *En el restaurante:* —Vamos al cine.

C. ¿Y tú?   Respond to some personal questions about bowling and other pastimes. Write your answers in complete sentences.

1. ¿Te gusta jugar boliche?
2. ¿Quieres jugar boliche con un amigo(a) este fin de semana?
3. ¿Te gusta más practicar deportes o escuchar música?
4. En tu opinión, ¿qué tipo de música es emocionante?
5. En general, ¿adónde vas los fines de semana?

Vamos a hablar

Work with a partner or partners and create short dialogues based on the following situations. Whenever appropriate, switch roles and practice both parts of your dialogue.

Situaciones

A. En la escuela.   You greet a friend in the hall at school and ask him or her to go somewhere with you later. Your friend would like to but wants to practice the guitar first. You suggest going tonight, and your friend accepts. You both say good-bye before going to your next class.

B. En el autobús.   On the way to school, a friend asks what you want to do this weekend. You don't know, so your friend suggests some activities. You reject the first two ideas and give your reasons. You like the third suggestion and say good-bye as you get off the bus.

Suggestion: Encourage students to use as many different interrogatives from the list as they can and to limit themselves to vocabulary they have learned.

Fernando Valenzuela is a baseball player from Mexico.

VOCABULARIO

NOUNS REFERRING TO PLACES

el aeropuerto airport
el banco bank
la biblioteca library
el café café
el centro downtown
el cine movies, movie theater
el correo post office
el estadio stadium
el hotel hotel
la iglesia church
el jardín garden, yard
el museo museum
la oficina office
el parque park
la piscina swimming pool
la playa beach
la plaza plaza, square
el restaurante restaurant
el supermercado supermarket
el teatro theater
la terminal de autobuses bus terminal
la tienda store

OTHER NOUNS

el equipo team
la foto photo
el fotógrafo photographer
la hamaca hammock
el jugador, la jugadora player
la novia girlfriend
el novio boyfriend
el partido game, match
la película movie
el plato plate, dish
la ropa clothes

VERBS

cocinar to cook
descansar to rest
ganar to earn
hacer to do, to make
ir to go
lavar to wash
querer to want, to wish
salir to go out
viajar to travel
visitar to visit

QUESTION WORDS

¿adónde? where...(to)?
¿cuál? what?, which?
¿cuándo? when?
¿por qué? why?

VERB PHRASES

andar en bicicleta to ride a bike, to go bike riding
arreglar el cuarto to straighten up one's room
ayudar en casa to help at home
dar un paseo to take a walk
hablar por teléfono to talk on the phone
ir de compras to go shopping
jugar boliche to bowl, to go bowling
sacar fotos to take pictures
ser fanático de to be a fan of
tocar el piano to play the piano
trabajar en la computadora to work at the computer

ADVERBS EXPRESSING TIME

ahora now
algún día some day
esta noche tonight
este fin de semana this weekend
los fines de semana (on) weekends
hoy today
mañana tomorrow
más tarde later
primero first
pronto soon

OTHER ADVERBS

aquí here
como like, such as
entonces then
más more
tan such a, so

PREPOSITIONS AND CONJUNCTIONS

con with
contra against
o or
para to, in order to, for
porque because
sobre about

OTHER WORDS AND EXPRESSIONS

a lo mejor maybe
Bueno,... OK, well,....
¿Cómo se llama él? What is his name?
¿Cuántos años tiene ella? How old is she?
Está bien. OK, fine
le gusta(n)... he / she likes....
¿no? right?, isn't it?, don't you?
otro other, another
por cierto as a matter of fact
por supuesto of course
que that, who
¿verdad? right?, isn't it?, don't you?

1.

2.

3.

Capítulo

Feelings

In this chapter, you will talk about how you feel. You will also learn about the following functions and structures.

Functions	Structures
• identifying people and things	the indefinite article **un, una, unos, unas**
• expressing emotions and personal conditions	the verb **estar** and adjectives
• telling what you have	the verb **tener**
• telling how you feel, what you have to do, and what you feel like doing	special expressions with **tener**
• talking about the weather	weather expressions

4.

1 NTRODUCCIÓN

See Teacher's Preface for reference to Copying Masters and Overhead Transparencies available for this chapter. Workbooks and other ancillary materials are correlated to this chapter on the corresponding tabbed divider in your Teacher's Resource Binder. The Teacher's Preface contains abbreviated tapescripts of listening activities in the student text.

EN CONTEXTO

Prereading question: Is Carlos seriously ill?

ST 38

Una visita al hospital

Quito's largest hospital is named for an Indian doctor whose political writings influenced the independence movement in Hispanic America.

Ana and Marta meet in the lobby of the Hospital Eugenio Espejo in Quito.

ANA	¡Hola, Marta! ¿Qué tal?	are you
MARTA	Bien, gracias. ¿Por qué <u>estás</u> aquí?	he is / sick
ANA	Para visitar a Carlos. <u>Está</u> <u>enfermo</u>.	Too bad! / What's wrong
MARTA	¡Qué <u>pena</u>! ¿Qué <u>tiene</u>?	with him?
ANA	<u>No sé</u>, pero no es <u>nada</u> serio.	I don't know / nothing
MARTA	¿No es serio? Entonces, ¿por qué está en el hospital?	Because / strange / a little /
ANA	<u>Porque</u> es un chico muy <u>raro</u> y <u>un poco</u> <u>exagerado</u>. Pero me	theatrical
	gusta Carlos y voy a <u>comprar</u> una <u>tarjeta</u> para él.	to buy / card
MARTA	Buena idea. Yo también quiero comprar <u>algo</u> para él.	something

Students need not learn the personal **a** until it is presented in Chapter 5.

ST 39

Comprensión

Answer the following questions based on **Una visita al hospital**.

1. ¿Dónde está Ana? ¿Por qué?
2. ¿Quién está enfermo?
3. ¿Qué tiene?
4. Para Ana, ¿Carlos es exagerado?
5. ¿Qué va a comprar Ana para Carlos?

1. en el hospital para visitar a Carlos
2. Carlos
3. nada serio
4. sí, un poco
5. una tarjeta

These expressions are to be learned as lexical items. Students should not be required to understand the grammatical constructions.

ASÍ SE DICE

If you are happy about something, you might say:

¡Qué bueno!	*Good!*
¡Cuánto me alegro!	*I'm so glad!*
¡Fantástico!	*Great!*

If you are sad or sorry, you might say:

¡Qué pena!	*What a shame!*
¡Cuánto lo siento!	*I'm so sorry!*
¡Qué lástima!	*What a shame!*

If you have negative feelings, you might say:

¡Qué tontería!	*How stupid! How ridiculous!*
¡Qué importa!	*Who cares!*
¡Qué pesado!	*How boring! What a nuisance!*

To express surprise or disbelief, you might say:

¡No me digas!	*Don't tell me!*
¡No puede ser!	*It can't be!*
¿De veras?	*Really?*

A. ¿Qué se dice?   The following comments were made by classmates during the day. You will hear responses made to each of the comments. If the response is appropriate, answer **sí**. If it is not, answer **no**.

> MODELO   You read: Voy a trabajar mucho hoy.
> You hear: ¡Cuánto me alegro!
> You write: **no**

1. Yo estoy enfermo.	6. Elena va a viajar a México.
2. Voy al partido de fútbol mañana	7. Hay un concierto fantástico de jazz hoy.
3. Hay un examen en la clase hoy.	8. Voy a jugar tenis hoy.
4. Voy a ayudar en casa hoy.	9. Estoy muy bien hoy.
5. Me gustan mucho los exámenes.	10. Voy a la fiesta de ustedes.

1. sí   6. no
2. no   7. no
3. sí   8. sí
4. sí   9. no
5. no   10. sí

COMUNICACIÓN

A. Reacciones.   How would you react if friends were to tell you the following things?

> EJEMPLO   No hay tarea hoy.
> **¡Cuánto me alegro!**

1. El profesor está enfermo.	6. Vamos a ir a un restaurante hoy.
2. No hay dinero en el banco.	7. Vamos a ver lucha libre en la televisión.
3. Vamos a esquiar en Colorado.	8. Los animales van a hablar algún día.
4. Hay un examen mañana.	9. No hay tarea para mañana.
5. Hay una fiesta mañana.	10. No vas al cine. Vas a arreglar el cuarto.

Answers may vary from those given.
1. ¡Qué lástima!
2. ¡No puede ser!
3. ¡Fantástico!
4. ¡No me digas!
5. ¡Qué bueno!
6. ¿De veras?
7. ¡Qué importa!
8. ¡Qué tontería!
9. ¡Cuánto me alegro!
10. ¡Qué pesado!

B. Conversamos.   Miguel and Sara are talking on the telephone. Write their conversation on your paper. Choose from the expressions you have learned to complete it. Then act it out with a classmate.

Remind students to use the accents and special Spanish punctuation when writing.

¡Qué lástima!   ¡Fantástico!   ¡Qué tontería!

MIGUEL	Hay una fiesta mañana.
SARA	¡═══! ¿Vas?
MIGUEL	No, voy a estudiar para un examen.
SARA	¡═══!
MIGUEL	¡Pero Sara, me gusta estudiar!
SARA	¡Ay!, Miguel. ¡═══!

EXPLORACIÓN 1

Function: *Identifying people and things*
Structure: *The indefinite article*

PRESENTACIÓN

To identify people and things, we use the indefinite article. Here are the forms of the indefinite article.

	SINGULAR	PLURAL
MASCULINE	un	unos
FEMININE	una	unas

A. **Un** and **una** are the equivalent of *a (an)* in English.

Es **un** carro.	*It's **a** car.*
Quiere **una** bicicleta.	*He wants **a** bicycle.*

B. **Unos** and **unas** may mean *some*, *any*, or *a few*.

Aquí hay **unos** profesores.	*There are **some** teachers here.*
¿Hay **unos** estudiantes aquí?	*Are there **any** students here?*
Quiere **unas** tarjetas.	*He wants **a few** cards.*

These plurals, however, are often omitted in Spanish as they are in English.

¿Aquí hay tarjetas en español?	*Are there cards in Spanish here?*

C. To ask what something is, say:

¿Qué es esto?	*What is this?*
¿Qué es eso?	*What is that?*

D. Here are some things you will be able to identify when you answer the questions **¿Qué es esto?** and **¿Qué es eso?**

una cámara

un reloj

un radio

un televisor

un tocadiscos

una grabadora

Other words for *boat* or *ship* are **barco** and **lancha**. Usage and meaning vary from place to place.

Point out that the full form of **moto** is **motocicleta** and that the word **moto** is feminine by analogy, as is **foto,** which comes from **fotografía.**

una moto

una máquina de escribir

un bote

un perro

un gato

¿QUÉ ES ESO?

ES UNA PISCINA PARA EL PERRO.

PREPARACIÓN

A. Una sorpresa. Mariela is trying to guess what her friend Patricia has for her as a surprise gift. What does she say, and how does Patricia respond? Play the roles with a partner.

MODELO   una cámara
¿Es una cámara?
No, no es una cámara.

1. un perro
2. una grabadora
3. un tocadiscos
4. un televisor
5. un reloj
6. una máquina de escribir
7. un radio
8. una moto
9. un gato

9. Sí, es un gato.

B. ¿Qué hay? Josefina is checking the prop list for the class play. She asks her brother Pepe to see what items are backstage. Look at the items that are there. How does Pepe answer?

MODELO   ¿Hay un carro?
No, no hay un carro.

¿Hay una cámara?
Sí, hay una cámara.

1. ¿Hay unos libros?
2. ¿Hay una guitarra?
3. ¿Hay un tocadiscos?
4. ¿Hay un reloj?
5. ¿Hay unos juegos electrónicos?
6. ¿Hay un teléfono?
7. ¿Hay unos discos?
8. ¿Hay un televisor?
9. ¿Hay una moto?
10. ¿Hay un radio?

1. No, no hay unos libros.
2. No, no hay una guitarra.
3. Sí, hay un tocadiscos.
4. Sí, hay un reloj.
5. No, no hay unos juegos electrónicos.
6. Sí, hay un teléfono.
7. Sí, hay unos discos.
8. Sí, hay un televisor.
9. Sí, hay una moto.
10. Sí, hay un radio.

C. ¿Qué es eso? An American is visiting Mexico and is asking how to say things in Spanish. What does he ask, and what is he told?

MODELO

¿Qué es eso?
Es una cámara.

1. Es un televisor.   2. Es una grabadora.   3. Es un gato.   4. Es una moto.

5. Es un reloj.   6. Es un tocadiscos.   7. Es un perro.   8. Es una máquina de escribir.

ST 41

D. ¿Qué quieres? Antonio is sick and in the hospital. His mother asks him if he wants certain items from home. Make two columns on your paper as shown. Listen to the conversation, and write each of the 13 items mentioned in the appropriate column. Be sure to include the indefinite article. See Copying Masters.

Antonio quiere	Antonio no quiere
un tocadiscos	una máquina de escribir
un radio	unas fotos
unos libros	una guitarra
un televisor	un reloj
unos juegos electrónicos	unas historietas
una cámara	
una grabadora	
una bicicleta	

MODELO   ¿Quieres unos discos?   ¿Quieres un piano?
Sí, quiero unos discos.   No, no quiero un piano.

Antonio quiere	Antonio no quiere
unos discos.	un piano.

COMUNICACIÓN

A. Vamos de compras. You are spending a year as an exchange student W with a Mexican family. Make a Christmas wish list for them by writing **Quiero** or **No quiero** for each item in the catalog.

EJEMPLO

B. ¿Qué quieren ustedes? Find out what your classmates want from the catalog. For each item pictured in Activity A, ask a classmate if she or he wants it as a gift.

EJEMPLO **¿Quieres un reloj?**
Sí, quiero un reloj.
No, no quiero un reloj.

RINCÓN CULTURAL

If you were to visit a good friend at his or her home, how would you greet the other members of the family—with a hello, a smile, a handshake, or a kiss? Because Latins are generally more effusive in their emotions and have more physical contact, Latin Americans tend to think of Americans as cool and distant. For example, in social situations it is common for women to kiss each other on the cheek upon saying hello and again at parting. A man and a woman may behave likewise. Men greet each other with a handshake or a warm pat on the back, and there is nothing unusual about a friendly embrace.

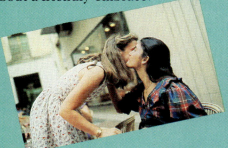

Tell students that Spanish speakers also tend to stand closer to someone when speaking. Ask students for their reactions to these customs.

EXPLORACIÓN 2

Function: *Expressing emotions and conditions*
Structure: *estar with adjectives*

PRESENTACIÓN

A. To talk about emotions and conditions, the verb **estar** (*to be*) is often used with an adjective. Although **estar** has the same English translation as **ser** (*to be*), the two verbs are not interchangeable.

> Point out that the adjectives in **Capítulo 1** were used with **ser** to describe identifying characteristics. Review adjectives **alto, bajo, bonito, paciente, malo, bueno,** etc.

Ser is used with identifying characteristics.

> Laura es alta.
> El profesor es paciente.

Estar is used with states or conditions that can change, such as feelings. Here are the present-tense forms of the verb **estar**.

estar

estoy	estamos
estás	estáis
está	están

> Point out that because subject pronouns are often omitted, they will no longer appear in the verb charts.

B. You learned in Chapter 1 that an adjective must agree in number and in gender with the noun it modifies. Study the forms of the adjective that are given below.

	SINGULAR	PLURAL
MASCULINE	contento	contentos
FEMININE	contenta	contentas

Luis está contento.   Jaime y Rafael no están contentos.
La chica está contenta. Elena y María están contentas.

C. When the same adjective modifies two or more nouns, one of which is masculine, the adjective is in the masculine plural form.

> La señora Castillo y el señor Sánchez están contentos.
> Marcela, Rosa y Tomás están nerviosos.

D. Here are some adjectives that describe your own and others' feelings.

aburrido(a) *bored*	sorprendido(a) *surprised*
contento(a) *happy*	enojado(a) *angry*
encantado(a) *delighted*	nervioso(a) *nervous*
cansado(a) *tired*	deprimido(a) *depressed*
emocionado(a) *excited*	preocupado(a) *worried*
celoso(a) *jealous*	desilusionado(a) *disappointed*
enfermo(a) *sick*	

E. **Estar** is also used to tell where someone or something is located.

> ¿Dónde está Rogelio?
> Rogelio está en el supermercado.

PREPARACIÓN

A. **Yo también.** Pablo's younger sister is at the copycat age. Whatever Pablo feels, she says she feels also. What does she say?

> MODELO Estoy contento.
> **Yo también estoy contenta.**

1. Estoy nervioso.   **3.** Estoy preocupado.   **5.** Estoy enfermo.
2. Estoy aburrido.   **4.** Estoy emocionado.   **6.** Estoy deprimido.

B. **Actores y actrices.** The cast list for the drama club's new production has just been posted. Tell how people feel. Be sure to use the right form of the adjective given and the verb **estar.**

> MODELO Marta / encantado   Vicente / nervioso
> **Marta está encantada.**   **Vicente está nervioso.**

1. Felisa / contento
2. Esteban y Carlos / emocionado
3. Nicolás y Elena / desilusionado
4. Ana y Marta / celoso
5. Juanita / sorprendido
6. Rodolfo / enojado
7. Ana y Gloria / encantado
8. Cristina y Eduardo / nervioso
9. Víctor / deprimido

C. ¿Hermanos o hermanas? Roberto is talking about his family to a friend. Listen to some of the remarks he makes. For each, write **hermanos** if he is talking about his *brothers* and **hermanas** if he is talking about his *sisters*.

Tell students to listen for masculine and feminine endings.

MODELO   Están enfermos.

hermanos

Option: Although Roberto is talking about his brothers and sisters separately, remind students that masculine plural adjectives can refer to mixed groups.

1. hermanas
2. hermanos
3. hermanos
4. hermanas
5. hermanas
6. hermanos
7. hermanos
8. hermanos

D. ¿Dónde están? Luisa's house is usually full of people. Today, however, her father comes home to find only her mother there. He asks her where their children and their children's friends are. Look at the picture. How does she answer his questions?

MODELO   ¿Dónde está Julio?   ¿Dónde están Miguel y Nicolás?
           Está en la biblioteca.   Están en el correo.

Miguel y Nicolás   Julio   Lucía   Esperanza y Raúl   Mateo

el museo

el parque

el correo   *la biblioteca*   *la piscina*

el cine   *el restaurante*   *el banco*

Luisa   Silvia y Paula   Inés y Mario

1. ¿Dónde está Luisa?
2. ¿Dónde está Lucía?
3. ¿Dónde están Inés y Mario?
4. ¿Dónde están Silvia y Paula?
5. ¿Dónde están Nicolás y Miguel?
6. ¿Dónde está Mateo?
7. ¿Dónde están Esperanza y Raúl?
8. ¿Dónde está Julio?

1. …en el cine.
2. …en el museo.
3. …en el banco.
4. …en el restaurante.
5. …en el correo.
6. …en la piscina.
7. …en el parque.
8. …en la biblioteca.

E. ¿Dónde estás? Several of Virginia's classmates call her for a ride to a class dinner party. Where do they tell her they are? Play the roles with a classmate. See Copying Masters.

MODELO   Federico / banco   Isabel y Ana / parque
          ¿Dónde estás?   **¿Dónde están ustedes?**
          Estoy en el banco.   **Estamos en el parque.**

1. Marta / cine
2. Jorge y Esteban / parque
3. Alicia / plaza
4. Dorotea / café

5. Julio y Miguel / supermercado
6. Pepe / iglesia
7. Tomás y María / aeropuerto
8. Manuel / correo

1. ¿Dónde estás?
   Estoy en el cine.
2. ¿Dónde están ustedes?
   Estamos en el parque.
3. ¿Dónde estás?
   Estoy en la plaza.
4. ¿Dónde estás?
   Estoy en el café.
5. ¿Dónde están ustedes?
   Estamos en el supermercado.
6. ¿Dónde estás?
   Estoy en la iglesia.
7. ¿Dónde están ustedes?
   Estamos en el aeropuerto.
8. ¿Dónde estás?
   Estoy en el correo.

F. Amigos. José and Clara, two students from Quito, are discussing where some of their friends are and how they feel. What do they say?

MODELO   ¿Dónde está Nicolás? (museo)
          Está en el museo.
          ¿Cómo está? (contento)
          Está contento.

1. JOSÉ   ¿Dónde están Felipe y Arturo? (aeropuerto)
   CLARA   ════. …en el aeropuerto
   JOSÉ   ¿Cómo están? (preocupado)
   CLARA   ════. …preocupados

2. JOSÉ   ¿Dónde están Rosa y Luisa? (piscina)
   CLARA   ════. …en la piscina
   JOSÉ   ¿Cómo están? (emocionado)
   CLARA   ════. …emocionadas

3. JOSÉ   ¿Dónde está Lilia? (parque)
   CLARA   ════. …en el parque
   JOSÉ   ¿Cómo está? (deprimido)
   CLARA   ════. …deprimida

4. JOSÉ   ¿Dónde están Graciela y Víctor? (teatro)
   CLARA   ════. …en el teatro
   JOSÉ   ¿Cómo están? (contento)
   CLARA   ════. …contentos

5. JOSÉ   ¿Dónde está Miguel? (cine)
   CLARA   ════. …en el cine
   JOSÉ   ¿Cómo está? (nervioso)
   CLARA   ════. …nervioso

Suggestion: Discuss the emotions expressed on these people's faces. Have the class guess what the people are looking at and why they feel as they do.

COMUNICACIÓN

A. Barómetro de los sentimientos. Check your mood barometer. Choose from the following words to describe how you would feel in each situation.

> EJEMPLO ¿Cómo estás hoy?
> **Estoy cansado(a).**

emocionado	preocupado
encantado	nervioso
contento	enojado
bien	sorprendido
cansado	celoso
desilusionado	deprimido

1. No hay clases mañana.
2. Vas a viajar.
3. Vas a ganar mucho dinero.
4. ¿Cómo estás hoy?
5. Es la noche y hay mucha tarea y hay examen mañana.
6. El restaurante dónde estás no es bueno.
7. Hay un examen difícil mañana.
8. Estás enfermo(a) y vas al hospital.
9. Estás en el aeropuerto y no te gusta viajar.
10. Otros van a Cancún para las vacaciones pero tú no vas.
11. Tu padre va a escuchar música rock.
12. Hay algo bueno en la televisión pero hay tarea.

B. ¿Dónde estás? You are in town for the day. Secretly choose a place, and write it on a piece of paper. The other students will try to guess where you are.

> EJEMPLO ¿Estás en el banco?
> **No, no estoy en el banco.**
>
> ¿Estás en el cine?
> **Sí, estoy en el cine.**

C. La Copa Mundial. Teams from all over the world compete in the soccer World Cup Championship, and millions of fans follow these games. Look at the photos, and describe the emotions of the players and spectators.

EJEMPLO **Están emocionados...**

La Copa Mundial,
Madrid, España

RINCÓN
CULTURAL

Gestures are an important part of communication, and each culture has its own particular gestures with their own meanings. Can you guess the meanings of these gestures?

1. ¡Excelente!

2. No, no.

3. ¡Dios mio!

4. ¡Ojo! (*Be careful.*)

5. ¡Ven!

Suggestion: Demonstrate the gestures, and have the class repeat each one. Then you may give five short situational cues and ask the class to respond with one of the gestures. For example: **¡Una A en el examen!** (*Excelente!*)

112   *ciento doce*   *¿Y TÚ?*

EXPLORACIÓN 3

Function: *Talking about what you have and what you have to do*
Structure: *tener and expressions with tener*

PRESENTACIÓN

A. You use the verb **tener** (*to have*) to talk about what you have. Here are the present-tense forms of **tener.**

tener

tengo	tenemos
tienes	tenéis
tiene	tienen

Tengo una tarjeta.	*I have a card.*
¿Tiene Pablo un carro nuevo?	*Does Pablo have a new car?*
Tienen unos discos fantásticos.	*They have some fantastic records.*

B. **Tener** is used to tell what is wrong when you are feeling sick.

tener gripe (*f*)	*to have the flu*
tener catarro	*to have a cold*
tener fiebre (*f*)	*to have a fever*
tener tos (*f*)	*to have a cough*
tener dolor de cabeza	*to have a headache*
tener dolor de estómago	*to have a stomachache*
tener dolor de garganta	*to have a sore throat*
tener dolor de muelas	*to have a toothache*
tener dolor de espalda	*to have a backache*

¿Tienes dolor de cabeza?	*Do you have a headache?*
No tengo catarro.	*I do not have a cold.*

C. To say that you *have to* do something, use the correct form of **tener que** plus an infinitive.

Tengo que practicar ahora.	*I have to practice now.*
Tienen que ir al supermercado.	*They have to go to the supermarket.*

D. To say that you *feel like* doing something, use a form of **tener ganas de** plus an infinitive.

4. Tenemos que estudiar. ir a la biblioteca/arreglar el cuarto/ir al correo

The indefinite article may be omitted after **tener** except when emphasizing the number *one* in the affirmative.

Tenemos ganas de dar un paseo.

Esteban no tiene ganas de cantar.

We feel like going for a walk.

Esteban doesn't feel like singing.

PREPARACIÓN

Transformation: **1.** Instruct students to change the examples you give to the **nosotros** form. Yo tengo dolor de cabeza. → Alfredo y yo tenemos dolor de cabeza. Yo tengo dolor de garganta./Yo tengo dolor de estómago./Yo tengo fiebre./Yo tengo catarro. **2.** Instruct students to change your questions to the **ustedes** form. ¿Tienes que ir al supermercado? → ¿Tienen ustedes que ir al supermercado? ¿Tienes que estudiar?/ ¿Tienes que ir de compras?/ ¿Tienes que ir al banco?/ ¿Tienes que practicar ahora?

A. ¡Yo también! Jaime tends to exaggerate about his health. Every time his friends feel bad, he does too. What does he say?

> MODELO   Victoria tiene dolor de cabeza.
> **Yo también tengo dolor de cabeza.**

1. Rafael tiene tos.
2. Ramón tiene gripe.
3. Consuelo tiene fiebre.
4. Jesús tiene dolor de estómago.
5. Carmela tiene dolor de garganta.
6. Marta tiene catarro.

B. Posesiones. Teresa is talking to Pedro about the things she and her friends do not have but would like to own. What does she say?

MODELO   Consuelo / grabadora
Consuelo no tiene grabadora. ¡Qué lástima!

1. yo / radio
2. Juan / gato
3. Marta y Ana / bote
4. nosotros / perro
5. tú / tocadiscos
6. ustedes / reloj

1. ...no tengo...
2. ...no tiene...
3. ...no tienen...
4. ...no tenemos...
5. ...no tienes...
6. ...no tienen...

C. Enfermos. The school nurse is writing reports on students who are ill and need to go home. Write a report for her, saying what is wrong with the students in her office.

MODELO

Andrés
Andrés tiene dolor de garganta.

1. ...tienen dolor de muela.
2. ...tiene dolor de cabeza.
3. ...tiene tos.
4. ...tienen dolor de estómago.
5. ...tienen catarro.
6. ...tiene dolor de espalda.
7. ...tiene dolor de garganta.
8. ...tiene fiebre.

1. Ana y Marta

2. Felipe

3. José

4. Miguel y Guillermo

5. Sara y Raquel

6. Laura

7. Marcos

8. Silvia

D. Tengo ganas de...   Martín would much rather run errands than work around the house. Which activities does he say he feels like doing when his parents ask?

> MODELO   ¿Quieres arreglar el cuarto o ir de compras?
> **Tengo ganas de ir de compras.**

1. ¿Quieres ir al centro o ayudar en casa?
2. ¿Quieres ir al correo o lavar la ropa?
3. ¿Quieres ir a la tienda o lavar los platos?
4. ¿Quieres cocinar o ir al banco?
5. ¿Quieres ir al supermercado o arreglar la casa?
6. ¿Quieres arreglar el cuarto o ir a comprar aspirina?

1. ...ir al centro.
2. ...ir al correo.
3. ...ir a la tienda.
4. ...ir al banco.
5. ...ir al supermercado.
6. ...ir a comprar aspirina.

E. Un día libre.   It is a holiday, and Isabel and her friends do not have school. In the following paragraph, Isabel says what each person feels like doing. Complete the paragraph using the correct form of **tener ganas de**.

> MODELO   **Federico tiene ganas de ir al cine.**

1. tiene ganas de
2. tengo ganas de
3. tienen ganas de
4. tiene ganas de
5. tienes ganas de
6. tenemos ganas de

Julia __1__ ir de compras y yo __2__ ir a la piscina a nadar. Pilar y Marcos __3__ sacar fotos y Tomás __4__ andar en bicicleta. Y tú, Julio, ¿__5__ descansar? Nosotros no __6__ estudiar hoy.

F. ¿Qué tienen que hacer?   What should these people do in the situations described? Choose your answers from the list given.

MODELO   Raúl tiene un examen mañana.
Raúl tiene que estudiar.

estudiar   ir de compras   hablar español   ir al cine
descansar   ir al hospital   practicar el piano   trabajar

1. María va a ir a una fiesta pero no tiene ropa bonita.
2. Luis está muy cansado.
3. Marta quiere visitar a una amiga en el hospital.
4. Jorge y Marcos no tienen dinero.
5. Luisa y Carlota quieren ver una película.
6. Steve quiere hablar con Inés pero Inés no habla inglés.
7. Ricardo va a tocar el piano en un concierto mañana.
8. Los estudiantes tienen un examen difícil mañana.

ST 43

G. ¿Qué tenemos que hacer?   Rafael's father is saying what the members of his family have to do this week. Complete the following sentences with what you hear.

1. Yo...   3. María...   5. Ana y tú...
2. Tú...   4. Jorge y Luis... 6. Nosotros...

COMUNICACIÓN

A. Síntomas.   Tell whether or not you have the following symptoms today. Then add a comment about how you feel.

EJEMPLO   **No tengo dolor de cabeza. Estoy cansado.**

Síntomas: catarro, fiebre, tos, dolor de cabeza, gripe, dolor de estómago, dolor de espalda, dolor de muelas

Emociones: deprimido, cansado, emocionado, contento, enojado, nervioso, aburrido, preocupado, ¿...?

CAPÍTULO TRES   *ciento diecisiete*   **117**

B. ¿Tienes ganas? Work with a partner, and take turns asking each other whether you feel like doing the following things. You may include why you do or do not feel like doing something.

> EJEMPLO   ir al cine
> **¿Tienes ganas de ir al cine?**
> **No, no tengo ganas de ir al cine. Estoy cansada.**

1. hacer gimnasia
2. andar en bicicleta
3. mirar fotos
4. lavar el carro
5. escuchar jazz
6. cocinar algo bueno
7. descansar
8. estudiar español
9. jugar un partido de fútbol
10. ir a una fiesta

C. Tareas domésticas. Use the suggestions below to find out what your friends' chores are at home.

> EJEMPLO   ayudar en casa
> **¿Tienes que ayudar en casa?**

1. lavar los platos
2. ir al supermercado
3. ir de compras
4. arreglar el cuarto
5. cocinar
6. practicar el piano

D. ¡Qué dolor! Describe the conditions these people have.

EJEMPLO

Tiene dolor de cabeza.

1.

2.

3.
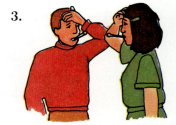

4.

5.

6.

CULTURAL

Cognates are words from two different languages that look or sound similar and have the same meaning. They often make it easier to understand another language. What is the name of the doctor you would call for each of the following?

1. a rash
2. a toothache
3. a broken arm
4. sleeplessness
5. plastic surgery
6. chest pain
7. stomach pain
8. an eye injury

1. Dr. Vives
2. Dr./Dra. Aguilar R.
3. Dr. Calderón
4. Dr. Fuentes
5. Dr. Soler/Dr. Ruiz
6. Dr. Cardenal/ Dr. Otero
7. Dr. Yglesias
8. Dr. Flores

CIRUGIA PLASTICA

Reconstructiva · Estética

Dr. Sergio Herrera Soler
Dra. Angela Escobar Ruiz

San Ignacio, 83   230 58 00

DR. ANTONIO BRETON VIVES
DERMATOLOGIA - ALERGIAS
Consulta previa cita
Plaza Colón 17   455 88 54

CLINICA DE ORTODONCIA

Trabajos dentales exclusivamente finos

Anestesia General
Rehabilitación Oral - Tratamientos anticaries

Dra. Lourdes Aguilar R.
Dr. Alejandro Aguilar R.

Consulta Previa Cita   547 12 62
Independencia 54   547 40 43

CLINICA DE ORTOPEDIA Y TRAUMATOLOGIA

Dr. Ricardo Calderón R.
- Enfermedades de los Huesos
- Reumatismo   • Rayos X
- Cirugía de Columna
- Fracturas en niños y adultos

Visitas a Domicilio
Servicio las 24 horas
Cervantes 42, 5° piso   5-24-91-11

EMERGENCIA
24 HORAS
MEDICO OCULISTA
Dr. E. Lorenzo Flores
328 54 17   328 54 21

C. Vargas Cardenal   L. Durán Otero
INSTITUTO DE ANGIOLOGIA
Cardiología y cirugía cardiovascular
Avda. San Francisco 131-4
6-74-24-44

MEDICINA INTERNA
GASTRITIS · COLITIS
APARATO DIGESTIVO
Dr. Tomás Muñoz Yglesias
Sanatorio Juárez
299-22-06

INSTITUTO AMERICANO DE HIPNOSIS MEDICA
Y MEDICINA PSICOSOMATICA
Director Dr. Alfonso Ortega Fuentes
Enfermedades Nerviosas
(Neurosis, Insomnia, etc.)
Alternativa a la Psiquiatría
Virgen de Guadalupe 200   497 20 15

Suggestion: Point out that accents on capital letters are often considered optional in Spanish.

EXPLORACIÓN 4

Function: *Talking about the weather*
Structure: *Weather expressions*

PRESENTACIÓN

The weather often affects how we feel. Here are some expressions you
will find useful in talking about the weather.

A. To talk about what the weather is like now, you can use the following
expressions.

¿Qué tiempo hace?

Point out that **bueno** and
malo become **buen** and
mal before a masculine
singular noun.

Hace mal tiempo.

Hace buen tiempo.

Hace fresco.

Hace frío.

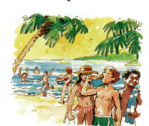
Hace calor.

Hace viento.

Hace sol.

Está nublado.

Está nevando.

Está lloviendo.

Option: Point out that **-ando** and **-iendo** correspond to *-ing* in English.

B. To say what the weather will be like in the future, use **va a hacer** with weather expressions.

Esta noche va a hacer fresco.	*It is going to be cool tonight.*
Mañana va a hacer calor.	*It is going to be warm tomorrow.*

C. Notice how you say *It is going to rain tomorrow*, *It is going to snow tomorrow*, and *It is going to be cloudy tomorrow*.

Hoy **está lloviendo.** ⟶ Mañana **va a llover.**
Hoy **está nevando.** ⟶ Mañana **va a nevar.**
Hoy **está nublado.** ⟶ Mañana **va a estar nublado.**

PREPARACIÓN

ST 44

A. **¿Que tiempo hace?** Based on the brief weather reports you hear, **L** tell where the reporter is in each case.

MODELO   Está lloviendo.
           Está en Lima.

Lima   Santo Domingo   Nueva York

Caracas   Acapulco   Bariloche

1. ...Nueva York.   4. ...Santo Domingo.
2. ...Caracas.   5. ...Acapulco.
3. ...Bariloche.

B. Un tiempo perfecto. Everyone in Fernando's household is convinced that tomorrow's weather will be perfect, but each has a different point of view. Based on the drawings of their plans, tell what each one says about tomorrow's weather.

1. Va a hacer sol/calor.
2. Va a nevar/hacer frío.
3. Va a llover.
4. Va a hacer frío.
5. Va a hacer calor/buen tiempo/sol.

MODELO

Va a hacer viento mañana.

1.

3.  4.  5.

COMUNICACIÓN

A. El tiempo de hoy. Describe the weather in each of the following drawings.

1. Hace sol/buen tiempo.
2. Está lloviendo.
3. Está nublado.
4. Hace viento.
5. Hace calor/sol.
6. Está nevando.

EJEMPLO **Hace fresco.**

1.  2. 3.

4. 5.  6.

B. ¿Te afecta el tiempo? How does the weather affect you? Complete these sentences.

EJEMPLO **Me gusta viajar cuando <u>hace buen tiempo</u>.**

1. Me gusta jugar tenis cuando ===== .
2. Tengo ganas de nadar cuando ===== .
3. Estoy contento(a) cuando ===== .
4. Me gusta ===== cuando está lloviendo.
5. Tengo ganas de estudiar cuando ===== .
6. Estoy ===== cuando está lloviendo.
7. Me gusta ===== cuando está nevando.
8. Me gusta estar en casa cuando ===== .

C. ¡Buen viaje! Plan a trip for yourself. Write the names of four places
W you would visit next week if you could. Choose places in different
parts of the world. Then describe what the weather will be like at
each place so you will know what clothes to take. Compare your list
with a partner's.

Suggestion: Ask students, **¿Adónde vas?, ¿Qué tiempo hace?**

EJEMPLO
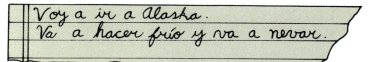
Voy a ir a Alaska.
Va a hacer frío y va a nevar.

Lago Pingo,
Torres del Paine, Chile

D. Pronóstico del tiempo. You are giving the weather forecast on the
W radio. Tell what the weather is like today and what it is going to be
like tomorrow.

EJEMPLO
Hoy hace calor y mañana va
a llover.

PERSPECTIVAS

Prereading question: *¿Cuáles son las buenas noticias? ¿Las malas noticias?*

LECTURA

ST 45

📼 Radio Hidalgo

A student who works at the Hidalgo High School radio station is announcing the school news.

Buenos días, amigos. Aquí estamos otra vez con las noticias de nuestra escuela. Los estudiantes de la clase de español están emocionados porque esta noche todos van al baile en el Centro Hispano. ¡Qué fantástico!

Mañana la familia de Roberto Herrera va de vacaciones a Puerto Rico, pero él no va. Tiene tres exámenes esta semana y si no estudia, va a tener problemas. ¡Buena suerte, Roberto!

Y ahora el tiempo para hoy. Hace viento y está lloviendo. ¡Qué pena!, porque hoy Marta León quiere andar en bicicleta, Pablo García tiene ganas de ir a nadar y Francisca Fuentes quiere sacar fotos.

Una mala noticia: el profesor de matemáticas está todavía enfermo y va a estar en casa toda la semana. ¡Qué lástima!, ¿no?

Bueno, ahora vamos a escuchar el nuevo éxito de Julio Iglesias. Después regresamos con más noticias.

124   *ciento veinticuatro*

¿Y TÚ?

Expansión de vocabulario

el baile	dance	**otra vez**	again
buena suerte	good luck	**regresar**	to return
después	afterward	**la semana**	week
el éxito	hit	**si**	if
las noticias	news	**todavía**	still
nuestra	our	**todos**	everyone

ST 46

Comprensión

Decide if the following sentences are correct (**sí**) or not (**no**).

1. Los estudiantes de la clase de español están deprimidos porque van al baile.
2. Roberto va a Puerto Rico con la familia.
3. Francisca quiere sacar fotos.
4. El profesor de matemáticas no está en la escuela.
5. Van a escuchar las noticias con Julio Iglesias.

1. no **2.** no **3.** sí **4.** sí **5.** no

San Sebastián, España

COMUNICACIÓN

A. ¡No me digas!   How would you react in the following situations?

1. Un amigo está enfermo y tiene que estar en el hospital unos días.

   a. ¡Qué bueno!   **b.** ¡Qué pena!   **c.** ¡Qué importa!

2. Vas a estar en la televisión.

   a. ¡Qué pesado!   **b.** ¡Cuánto lo siento!   **c.** ¿Yo? ¡No puede ser!

3. Una persona no va de vacaciones porque no tiene cámara.

   a. ¡Qué tontería!   **b.** ¡Cuánto me alegro!   **c.** ¡Fantástico!

4. Un fanático de la música va a comprar un piano pero no tiene dinero.

   a. ¡Fantástico!   **b.** ¡Qué tontería!   **c.** ¡Qué lástima!

5. Quieres viajar a Europa pero tienes un dolor de muelas terrible.

   a. ¡Qué lástima!   **b.** ¡Qué tontería!   **c.** ¡Fantástico!

1. b
2. c
3. a
4. c
5. a

B. Intereses. From the following list, choose four things you have to do
and four you feel like doing.

EJEMPLO   **Tengo que practicar el**   **Tengo ganas de ir de**
                piano.   **vacaciones.**

1. tocar el piano
2. trabajar
3. ir de compras
4. ayudar en casa
5. ir de vacaciones
6. comprar un televisor

7. ir a un baile
8. comprar una grabadora
9. estudiar
10. andar en bicicleta
11. arreglar el cuarto
12. ¿...?

C. Sentimientos. Tell how you feel in the following situations. Then tell
what you feel like doing.

EJEMPLO   Hace buen tiempo.
                **Cuando hace buen tiempo, estoy contento. Tengo ganas
                de ir a la playa.**

1. Hace mal tiempo...
2. Estoy de vacaciones...
3. Tengo que trabajar...
4. Hace calor...
5. Tengo catarro...

6. Tengo que estudiar...
7. Voy al cine...
8. Tengo gripe...
9. Está nevando...
10. Estoy en la escuela...

ST 47

D. Pronóstico del tiempo. Listen to a series of bulletins about the
weather in Spain. For each bulletin, look at the maps and decide
which place is being described.

EJEMPLO   Hoy hace sol y mañana también va a hacer sol.
                Sevilla

1. Santiago de Compostela
2. Burgos
3. Zaragoza/Valencia
4. Barcelona
5. Madrid
6. Islas Baleares/Islas Canarias/Sevilla

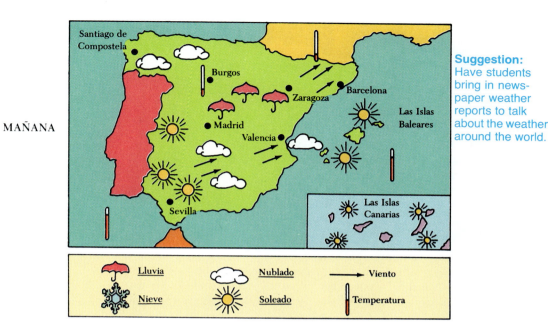

MAÑANA

| | Lluvia | | Nublado | | Viento |
| | Nieve | | Soleado | | Temperatura |

ST 48

🎙 PRONUNCIACIÓN

At the beginning of a phrase and after the letters **l** and **n**, the letter **d** sounds somewhat like the English *d* in *dog*, except that your tongue should touch the back of your upper front teeth.

¿Dónde?	Linda	dos
día	Edmundo	diez
dolor	Reinaldo	Matilde

In all other cases, the **d** is similar to the English sound *th* as in *then* or *that*. Your tongue should touch the bottom of your upper front teeth.

cansado	desilusionado	adentro
divertido	emocionado	¿De dónde?
pesado	preocupado	edad

Now repeat the following sentences.

1. ¿Dónde está el jugador?
2. ¿Quién, David? Tiene dolor de espalda.
3. Está preocupado y desilusionado.
4. Otros dos jugadores, Edmundo y Reinaldo, están cansados también.
5. ¿Adónde van los jugadores para descansar?

INTEGRACIÓN

Here is an opportunity to test yourself to see what you can do. If you have trouble with any of these items, study the topic and practice the activities again, or ask your teacher for help.

ST 49

🎞 Vamos a escuchar

A. ¿Qué debo llevar? Having someone tell you what the weather is going to be like may affect what you decide to wear. Choose a picture to show how you would dress in view of what you hear about tomorrow's weather. Write the letter of the picture next to the number of the report you hear.

a.   b.   c.

1.	4.
2.	5.
3.	6.

1. a **4.** b
2. c **5.** c
3. a **6.** b

ST 50

B. ¡Pobre Carlos! Is Carlos sick? Answer the following questions based on the conversation you hear.

1. ¿Cómo está Carlos, contento o deprimido? deprimido
2. ¿Carlos tiene dolor de garganta? no
3. ¿Tiene gripe? no
4. ¿Está enferma Ana? no
5. ¿Carlos tiene un examen de historia mañana? no

Vamos a leer

A. En la piscina. Read the conversation between Diana and Elisa, and answer the questions.

Hace muy buen tiempo y Diana y Elisa están en la piscina.

DIANA	¡Hola, Elisa! ¿Cómo estás?
ELISA	No muy bien.
DIANA	¿Por qué?
ELISA	No sé, Diana, estoy muy preocupada.
DIANA	Pues sí, estás muy nerviosa chica. Pero, ¿por qué?
ELISA	María está en la piscina.
DIANA	¿Y...?
ELISA	¡Y ahí está Roberto también!
DIANA	Pero, ellos son amigos.
ELISA	Exactamente. ¡Y yo estoy muy deprimida!
DIANA	No, chica, no estás deprimida. ¡Estás celosa!

Complete each sentence based on the dialogue between Diana and Elisa.

1. Elisa está...
2. Elisa está preocupada porque...
3. Roberto y María son...
4. María está...
5. Para Diana, Elisa no está deprimida. Está...

1. preocupada.
2. Roberto/María está en la piscina.
3. amigos.
4. (también) en la piscina.
5. celosa.

B. Hace calor. Pepe is talking on the telephone to a friend. Read what he says.

Hoy hace mucho calor. No tengo ganas de jugar tenis cuando hace mucho sol. Prefiero jugar tenis cuando hace fresco. Hoy voy a estar en casa. Voy a tocar el piano ahora y mañana voy a practicar la guitarra.

Now finish the sentences the way Pepe would.

1. Hoy no hace ══════ .
2. No me gusta jugar tenis cuando hace ══════ .
3. Hoy voy a ══════ .
4. Cuando estoy en casa, me gusta ══════ .
5. Mañana voy a ══════ .

1. frío/fresco
2. mucho sol
3. tocar el piano
4. tocar el piano y practicar la guitarra
5. practicar la guitarra

Vamos a escribir

A. Feliz Navidad. You are shopping for Christmas presents. For each item pictured, tell whether you do or do not want to buy it.

> EJEMPLO **Quiero comprar un televisor.**
> **No quiero comprar un televisor.**

B. ¿Cómo están? How would Hernando describe himself and his classmates to Felipe, based on how they look today? Finish his sentences with the correct form of **estar** and an adjective.

1. estoy contento
2. está enferma
3. están enojados
4. están cansadas
5. estás aburrido
6. están sorprendidos

EJEMPLO
María ══════ .
María está aburrida.

1. Yo ══════ .
2. Ana ══════ .
3. Francisco y Carlota ══════ .

4. Marta y Luisa ══════ .
5. Tú ══════ .
6. Jorge y Julio ══════ .

1. Hernando

2. Ana

3. Francisco y Carlota

6. Jorge y Julio

4. Marta y Luisa

5. Felipe

¿Y TÚ?

C. Los acampadores. At summer camp, Marcos and his cabinmate Esteban always feel like staying indoors, but the camp counselor tells them they have to participate in outdoor sports. Fill in the blanks with the correct form of **tener ganas de** or **tener que**.

EJEMPLO   MARCOS   No quiero andar en bicicleta. **Tengo ganas de** descansar.

             CONSEJERO   Marcos, **tienes que** andar en bicicleta.

MARCOS Y ESTEBAN	No queremos jugar fútbol. __1__ practicar la guitarra.	1. Tenemos ganas de
CONSEJERO	Ustedes __2__ practicar deportes.	2. tienen que
MARCOS	No quiero nadar. __3__ leer.	3. Tengo ganas de
CONSEJERO	Marcos, __4__ nadar.	4. tienes que
MARCOS Y ESTEBAN	No queremos ir a la playa. __5__ escuchar música.	5. Tenemos ganas de
CONSEJERO	Ustedes __6__ ir a la playa.	6. tienen que
ESTEBAN	No quiero dar un paseo.	7. tienes que
CONSEJERO	Esteban, __7__ dar un paseo.	

D. ¿Qué tienen? Some of Manuel's classmates have had to miss class today. Manuel is telling the teacher what is wrong with them. Based on these pictures, what does he say is wrong?

EJEMPLO   Marcos
Marcos tiene dolor de espalda.

3. Pablo y Marta   tienen fiebre

2. Ana   tiene dolor de cabeza

1. Susana   tiene dolor de muela

4. Felipe   tiene dolor de estómago

5. María y Anita   tienen dolor de garganta

E. ¿Qué haces cuando...? Write six sentences telling what you like or do not like to do, depending on the weather. Use at least six different weather expressions.

EJEMPLO

Me gusta nadar cuando hace sol.

F. Gustos diferentes. Juan and Guillermo, who share a camp cabin, discover they have very different personalites. Juan only likes to do things inside, and Guillermo only likes to do things outside. Fill in the missing words of the following dialogue using forms of the verb **tener** and expressions that go with it.

JUAN ¡Ay! Tenemos __1__ nadar hoy.
GUILLERMO ¡Qué bueno! Me gusta nadar.
JUAN __2__ ganas de tocar la guitarra aquí en el cuarto. Hace calor.
GUILLERMO ¡No! Hace fresco y tengo __3__ de dar un paseo. ¿Y tú? ¿ __4__ __5__ de ir?
JUAN No, no quiero ir y tengo __6__ dar un paseo mañana. Quizás Roberto y Julio __7__ ganas de ir.
GUILLERMO No, Roberto está enfermo y __8__ __9__ de descansar, y Julio tiene __10__ arreglar el cuarto.

1. que
2. Tengo
3. ganas
4. Tienes
5. ganas
6. que
7. tienen
8. tiene
9. ganas
10. que

G. ¿Cómo estás? How you feel often depends on your situation. Using expressions with **estar**, tell how the following people feel in these situations. You may include more than one feeling for each situation.

EJEMPLO **No hay escuela mañana. Tomás está contento.**

1. Tienes mucha tarea, pero estás enfermo(a). Yo...
2. Tú y un amigo quieren ir a la playa, pero hace frío. Nosotros...
3. La profesora dice, "Hay un elefante en la escuela". Los estudiantes...
4. Una amiga quiere salir, pero está enferma. Ella...
5. Está lloviendo y no hay televisor. Tú...
6. Pedro y Marcos no quieren bailar con Julia y María. Julia y María...
7. Marta va a México mañana. Marta...
8. El Presidente llama por teléfono. Estás...

Answers may vary from those given.
1. estoy preocupado(a).
2. estamos desilusionados.
3. están sorprendidos.
4. está deprimida.
5. estás aburrido(a).
6. están enojadas.
7. está contenta.
8. emocionado(a).

¿Y TÚ?

Vamos a hablar

Work with a partner or partners and create short dialogues based on the following situations. Whenever appropriate, switch roles and practice both parts of your dialogue.

Situaciones

A. No vamos. A friend wants to buy a tape recorder and asks if you want to go shopping. You want to buy a watch but do not want to go today because you feel ill. Your friend expresses regret and asks what you have. You have a headache. You also mention that the weather is bad and suggest going tomorrow because the weather will be nice.

B. La enfermedad. Your friend is disappointed and depressed. You say you are sorry and ask why. Your friend tells you he or she has a cough and sore throat, and has to sing in a concert tomorrow. You say he or she has the flu and also a fever. Your friend does not like feeling sick and has to practice tonight. You tell your friend he or she must rest.

Option: If you have Spanish-speaking students, pair them with students who need extra help in preparing the situations.

VOCABULARIO

NOUNS

el álgebra algebra
el baile dance
el bote boat
la cámara camara
el día day
el éxito hit, success
el gato cat
la grabadora tape recorder
el hospital hospital
la idea idea
las matemáticas mathematics
la máquina de escribir typewriter
la moto motorcycle
la música rock rock music
la noticia news item
las noticias (the) news
el perro dog
la persona person
el radio radio (set)
el reloj watch, clock
la semana week
la tarjeta card
el tocadiscos record player
la visita visit

ADJECTIVES DESCRIBING FEELINGS

aburrido bored
cansado tired
celoso jealous
contento happy
deprimido depressed
desilusionado disappointed
emocionado excited
encantado delighted
enfermo sick
enojado angry
nervioso nervous
preocupado worried

OTHER ADJECTIVES

sorprendido surprised
exagerado theatrical, exaggerated
raro(a) strange
serio serious

VERBS AND VERB PHRASES

comprar to buy
estar to be
ir de vacaciones to go on vacation
regresar to return

ADVERBS

después afterward
todavía still

EXPRESSIONS OF FEELING

¡Buena suerte! Good luck!
¡Cuánto lo siento! I'm so sorry!
¡Cuánto me alegro! I'm so glad!
¿De veras? Really?
¡Fantástico! Great!
¡No me digas! Don't tell me!
¡No puede ser! It can't be!
¡Qué bueno! Good!
¡Qué importa! Who cares!
¡Qué lástima! What a shame!
¡Qué pena! What a shame!
¡Qué pesado! How boring! What a nuisance!
¡Qué tontería! How stupid! How ridiculous!

WEATHER EXPRESSSIONS

Está lloviendo. It's raining.
Está nevando. It's snowing.
Está nublado. It's cloudy.
Hace buen tiempo. It's good weather.
Hace calor. It's hot.
Hace fresco. It's cool.
Hace frío. It's cold.
Hace mal tiempo. It's bad weather.
Hace sol. It's sunny.
Hace viento. It's windy.
¿Qué tiempo hace? How is the weather?

TENER EXPRESSIONS

tener . . . to have . . .
catarro a cold
dolor de cabeza a headache
dolor de espalda a backache
dolor de estómago a stomachache
dolor de garganta a sore throat
dolor de muelas a toothache
fiebre a fever
gripe the flu
tos a cough
tener ganas de to feel like
tener que to have to

OTHER WORDS AND EXPRESSIONS

algo something
¿Dónde está? Where is he / she / it?
otra vez again
¿Qué es eso? What is that?
¿Qué es esto? What is this?
si if
todos everyone
un poco a little (bit)

NOTE: For the indefinite articles, see **Exploración 1**.

GACETA

Nº 1

Al quiosco

As you read these articles and advertisements from Spanish magazines and newspapers, you will be surprised at your ability to get the information you need without knowing the meaning of every word. The reading strategies you practice in this chapter will help you become a more efficient reader and will make reading more enjoyable.

Because most of the selections in the **Gacetas** are authentic texts, capital letters are rendered without accents, as is often customary in written Spanish.

Suggestion: Have your Spanish-speaking students use the strategies taught here to read three newspaper or magazine articles outside class. As a follow-up, have them prepare a report explaining how they used the strategies. You may also want them to work with other class members in small groups and walk them through one of the articles they read, using their written reports.

Use What You Already Know

Your knowledge of the world can be helpful when you read in Spanish. Suppose you read an article about rugby. While you may not know the rules of the game, you probably do know something about ball games in general. As you read, you see images of fields, players, referees, and so on. You automatically connect your knowledge of ball games to the article on rugby and are then able to make intelligent guesses.

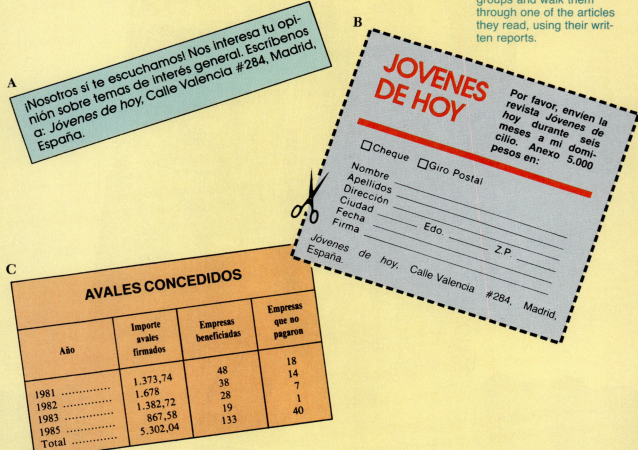

A

¡Nosotros sí te escuchamos! Nos interesa tu opinión sobre temas de interés general. Escríbenos a: Jóvenes de hoy, Calle Valencia #284, Madrid, España.

B

JOVENES DE HOY

Por favor, envíen la revista Jóvenes de hoy durante seis meses a mi domicilio. Anexo 5.000 pesos en:

☐ Cheque   ☐ Giro Postal

Nombre _____
Apellidos _____
Dirección _____
Ciudad _____
Fecha _____
Firma _____   Edo. _____
                                           Z.P. _____

Jóvenes de hoy, Calle Valencia #284, Madrid, España.

C

AVALES CONCEDIDOS

Año	Importe avales firmados	Empresas beneficiadas	Empresas que no pagaron
1981	1.373,74	48	18
1982	1.678	38	14
1983	1.382,72	28	7
1985	867,58	19	1
Total	5.302,04	133	40

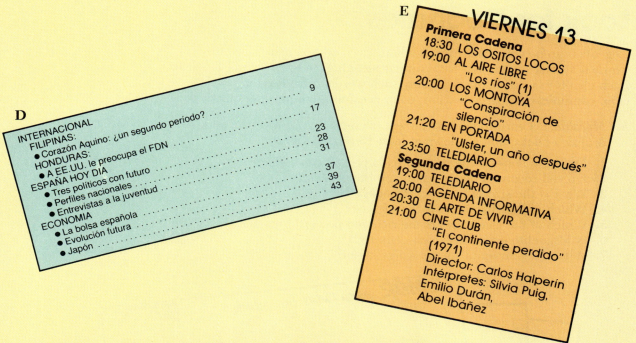

D

INTERNACIONAL
FILIPINAS: 9
● Corazón Aquino: ¿un segundo período? 17
HONDURAS: 23
● A EE.UU. le preocupa el FDN 28
ESPAÑA HOY DÍA 31
● Tres políticos con futuro 37
● Perfiles nacionales 39
● Entrevistas a la juventud 43
ECONOMIA
● La bolsa española
● Evolución futura
● Japón

E

─── VIERNES 13 ───

Primera Cadena
18:30 LOS OSITOS LOCOS
19:00 AL AIRE LIBRE
        "Los ríos" (1)
20:00 LOS MONTOYA
        "Conspiración de
        silencio"
21:20 EN PORTADA
        "Ulster, un año después"
23:50 TELEDIARIO
Segunda Cadena
19:00 TELEDIARIO
20:00 AGENDA INFORMATIVA
20:30 EL ARTE DE VIVIR
21:00 CINE CLUB
        "El continente perdido"
        (1971)
Director: Carlos Halperín
Intérpretes: Silvia Puig,
Emilio Durán,
Abel Ibáñez

A. Magazines. Use your knowledge of magazines to make intelligent guesses. Look at the preceding magazine clippings. For each description that follows, write the letter of the clipping it describes on a sheet of paper.

1. a television guide
2. a call for letters to the editor
3. a table of contents
4. an order form for a magazine subscription
5. a table of statistics

1. E
2. A
3. D
4. B
5. C

B. The reading public. Look at the table of contents again. To whom do you think this magazine would appeal most? Write your answer on a sheet of paper. **4**

1. sports fans
2. people who want to keep up with the latest fashions
3. people who are interested in the entertainment world
4. people who want to be informed on politics

C. Counterparts. Which of the following U.S. magazines most resembles the magazine each clipping was taken from? Write your answer on a sheet of paper.

1. *T. V. Guide*
2. *Seventeen*
3. *U.S. News and World Report*

1. E
2. A, B
3. C, D

Look for Cognates

Cognates can be your best friends when you read Spanish. They are words that look similar and have similar meanings in Spanish and English. Each chapter in this book uses many such words: **introducción, exploración, comunicación, preparación, comprensión, ejemplo, perspectivas**.

A. *Mafalda.* Learn to take advantage of cognates. Look at the ad for *Mafalda* books, and jot down at least 15 related words.

1. Do these books come in sets that a person can collect?
2. Do you receive a bonus when you buy a *Mafalda* book?
3. What is the size of the pocket books?
4. Which of the characters is the idealist?
5. Which of the characters is the rich and powerful magnate?
6. Is Miguelito egocentric (self-centered)?
7. What does Susanita always worry about?

1. yes
2. yes
3. 19.5 × 12 cm
4. Felipe
5. Manolito
6. yes
7. her children and her social position

B. Melodrama. Read this conversation between a father and his son, and make a list of cognates they use. Then write the number of the best English version of the conversation on a sheet of paper. **3**

No soporto que mi hija se meta con ese imbécil y presuntuoso.

Sibila tiene tu mismo carácter, papá. Es obstinada, violenta, posesiva. Sabes mejor que yo que no renunciará a Luciano.

1. FATHER   I will not allow my daughter to go out with this criminal!
   SON   Sibila has her mother's personality. She's sweet and caring, and she'll do what you want her to do.
2. FATHER   My daughter will marry this pretentious imbecile willingly, or I'll force her to!
   SON   Your daughter isn't going to listen to you if you act violent and obstinate.
3. FATHER   I will not allow my daughter to go out with this pretentious imbecile!
   SON   Sibila has your personality, Father. She's obstinate, violent, possessive. You know better than I that she won't give up Luciano.

Scan for Specific Details

Suggestion: Explain that international cuisine is very popular in the Hispanic world. The words **croissant** and **media luna** are used for this popular breakfast food.

One way to read more effectively is to decide beforehand what you are looking for, such as a specific date, a location, or an event. Then scan the text just for the information you need. To keep your place while scanning, you can glide your forefinger over the page in an S motion from the left margin to the right.

Try this method with a story that appeared in the Spanish magazine *¡Hola!* Scan the following passage for specific details before you answer the questions in the next three activities.

¡UNA MEDIA LUNA PARA TODO EL AÑO!
Los que cocinaron esta inmensa media luna establecieron un récord mundial. La media luna se hizo en 38 horas, mide 4,28 metros y pesa 96,60 kilos. Los reposteros usaron 20 kilos de mantequilla, 30 litros de agua y 60 kilos de harina para la fabricación de tan enorme golosina. ¡Buen provecho, damas y caballeros!

A. The facts. What does this story tell the reader? **3**

1. It tells about the award for the world's largest **media luna** (*crescent roll*) and the difficulties its creators are having in transporting it to its buyer.
2. It tells about a **media luna** festival that will last 38 hours.
3. It gives the weight and measurements of a **media luna** that sets a world record.
4. It explains that the creators of the **media luna** weigh 96.60 kilos, 20 kilos, and 60 kilos, respectively.

B. Missing facts. What is <u>not</u> reported about the **media luna** in the story? Write the numbers of the missing facts on paper. **2**

1. the size and weight
2. the taste and cost
3. the amount of each ingredient
4. the reason for creating it

Combine Reading Strategies

Use all the reading strategies you have practiced as you read these mini-biographies called **Retratos biográficos.** You will be surprised at how much they can help you in answering the questions.

Use what you already know.

Look for cognates.

Scan for specific details.

A. **True or false?** On a piece of paper, write only the numbers of phrases that correctly complete the following sentence.

Daniel Torres' personal ad tells us that he   1, 2, 4, 7

1. is 19 years old.
2. lives in Bogotá.
3. studies international policies.
4. is handsome.
5. is looking for someone to do gymnastics with.
6. finds his studies very interesting.
7. likes music and girls.

B. **Rosita.** On a piece of paper, fill in the blanks using information from Rosita Ortega's profile.

1. She is ===== years old.
2. She was born in the month of =====.
3. She is interested in =====.
4. She wants to study to be a =====.
5. She follows a ===== diet.
6. She lives in =====.

1. Answers will vary according to current year.
2. July
3. exotic animals, bike riding, classical music
4. veterinarian
5. vegetarian
6. León, Nicaragua

C. **A perfect match.** Several people are looking for pen pals. Read what kind of person each is seeking. Then, based on Daniel and Rosita's personality profiles, decide which one would fit each requirement. On paper, write **Daniel, Rosita,** or **Neither** next to each number.

1. My pen pal should speak French.
2. I am seeking someone between 18 and 20 years old.
3. I want to correspond with someone from Colombia.
4. I would like to hear from someone who likes science fiction.
5. My ideal pen pal would feel protective toward animals.
6. An amusing and handsome pen pal would be great!
7. My pen pal should be interested in girls.
8. I am looking for someone who likes classical music.

1. Neither
2. Daniel
3. Daniel
4. Neither
5. Rosita
6. Daniel
7. Daniel
8. Rosita

MI NOMBRE ES ROSITA ORTEGA Y NACI EL 11 DE JULIO 1975. MIS INTERESES SON LOS ANIMALES EXOTICOS (QUIERO SER VETERINARIA), LA MUSICA CLASICA, Y ANDAR EN BICICLETA. SOY VEGETARIANA Y DESEO TENER AMIGAS O AMIGOS COMO YO.
ROSITA PEREZ
MONTE ROJO 33
LEON, NICARAGUA

¡HOLA! TENGO 19 AÑOS Y DESEO TENER AMIGOS(AS) INTERNACIONALES. ME ABURREN LOS ESTUDIOS PERO ME INTERESAN LA MUSICA DE LOS AÑOS 70 Y LAS CHICAS. SOY MUY GUAPO Y DIVERTIDO.
DANIEL TORRES
CARRERA 13, 1810-B
BOGOTA, COLOMBIA

1.

2.

3.

4

1. Cuatro Esquinas, Ecuador
2. Arcos de la frontera, España
3. Jóvenes cubanos en Miami

Having and Sharing

In this chapter, you will talk about your family members and birthday celebrations. You will also learn about the following functions and structures.

Functions	Structures
● telling to whom something belongs	**de** phrases
● talking about your relatives	possessive adjectives
● discussing things you do	**-ar** verbs
● giving addresses and asking about prices	cardinal numbers above 100 and ordinal numbers

1NTRODUCCIÓN

See Teacher's Preface for reference to Copying Masters and Overhead Transparencies available for this chapter. Workbooks and other ancillary materials are correlated to this chapter on the corresponding tabbed divider in your Teacher's Resource Binder. The Teacher's Preface contains abbreviated tapescripts of listening activities in the student text.

EN CONTEXTO

Prereading question: What does Miguel want to give as a birthday present?

ST 51

La fiesta de Ana María

See the **Rincones cul- turales** in this chapter for information on birthdays and the **quinceañera**.

Sanborns, a drugstore and restaurant com- bined, is a popular meeting place for young people in Mex- ico City.

Miguel and David have been invited to a party to celebrate the fifteenth birthday of their friend Ana María.

MIGUEL	¿Cuándo es el cumpleaños de Ana María? ¿Mañana?	birthday
DAVID	No, pasado mañana. ¿Vas a la fiesta?	day after tomorrow
MIGUEL	Pues sí, pero no tengo regalo todavía.	well / gift
DAVID	¿Por qué no compras un osito de peluche grande?	teddy bear / big
MIGUEL	¡Qué tontería! ¡Ana María va a tener quince años!	
DAVID	Bueno, ¿y algo más pequeño entonces? ¿Un perfume?	small
MIGUEL	No, los perfumes son muy caros.	expensive
DAVID	A ver, ¿qué te parece un disco? Son más baratos.	let's see / what do you think about / cheap
MIGUEL	Perfecto, porque ya tengo un álbum nuevo en casa. Soy un genio, ¿verdad?	already genius
DAVID	¡Genio, nada! ¡Para mí, eres tacaño!	as far as I'm concerned / stingy

🎞 Comprensión

Complete these sentences based on **La fiesta de Ana María**.

1. El cumpleaños de Ana María es ════ .
2. Miguel no tiene ════ .
3. Miguel no quiere comprar un osito de peluche porque ════ .
4. No quiere comprar perfume porque ════ .
5. No va a comprar un disco porque ════ .
6. Para David, Miguel ════ .

1. pasado mañana
2. regalo
3. Ana María va a tener quince años
4. los perfumes son muy caros
5. ya tiene un álbum nuevo en casa
6. es tacaño

ASÍ SE DICE

🎞 **A. Un regalo.** For her birthday, Victoria has her heart set on clothes or jewelry. Listen to gift suggestions others make to her. Raise your hand for those she likes. Keep it down for those she does not like.

Cinta refers to any kind of tape. A cassette may be called **un cassette** (pronounced and sometimes written **caset**).

MODELO   ¿Qué te parece una billetera?
You keep your hand down.

un anillo

una blusa

una pulsera

un cartel

Un anillo may also be called **una sortija**.

un suéter

una cinta

un rompecabezas

una camiseta

Una jersey and **una playera** are other words for **una camiseta**.

una bolsa

una camisa

una billetera

una calculadora

Una cartera and **un bolso** are other words for **una bolsa**.

Una cartera may also refer to a man's wallet.

COMUNICACIÓN

A. ¿Qué quieres?   Ask other students if they want these items for their birthday.

EJEMPLO   **¿Quieres una bicicleta?**
Sí, quiero una bicicleta.
No, pero quiero una moto.

B. San Nicolás.   This holiday season you decide to make a wish list like this one so there will be no mistake about what you want! List each item under an appropriate heading, and include the article **un** or **una**.

EJEMPLO

Ya tengo	Quiero	No quiero
un piano		

1. blusa
2. tocadiscos
3. billetera
4. reloj
5. osito de peluche
6. guitarra
7. teléfono
8. carro
9. bolsa
10. anillo
11. computadora
12. calculadora
13. rompecabezas
14. pulsera
15. perfume

EXPLORACIÓN 1

Function: *Indicating possession*
Structure: *Phrases with de*

PRESENTACIÓN

A. To indicate to whom something belongs, the preposition **de** is used, followed by a noun that names the owner. When **de** is used this way, it has the same literal meaning as the English word *of*. Phrases with **de** also serve as the equivalent of the English possessives *'s* and *s'*.

La cámara **de Diana** es cara.   *Diana's camera is expensive.*
Me gusta la casa **de la señora García.***   *I like Mrs. García's house.*

B. When the preposition **de** is followed by the definite article **el**, the contraction **del** is formed.

Es el perro **del** chico.   *It is the boy's dog.*

C. To ask to whom something belongs, use the phrase **¿De quién?** (*Whose?*). Use **¿De quiénes?** if you think the object may belong to more than one person.

¿De quién son las pulseras?   Son de Ana María.
¿De quiénes son las fotos?   Son de David y Miguel.

Suggestion: Point out that with **de** phrases, the noun may be omitted. **Son (las pulseras) de Ana María.**

D. A **de** phrase may also function as an adjective.

la clase de música   *the music class*
un partido de fútbol   *a soccer match*

Remind students that when addressing someone directly, no article is needed: **Buenos días, señorita; ¿Cómo está usted, doctora Flores?**

*To refer to others in the third person, use the definite article before titles such as **señor**, **señora**, **señorita**, **profesor**, and **doctor**: **Voy a hablar con la doctora Murillo.**

E. Here are some additional items you may own:

la mochila

los anteojos

Other common words for glasses are **lentes** (*m*), **gafas,** or **espejuelos;** contact lenses are **lentes de contacto, lentillas,** or **pupilentes.**

el cuaderno

Srta. Méndez

las revistas

PLAZA

SUPERGATO

las historietas

Comic books are also called **caricaturas, monitos,** or **muñequitos**.

INGLÉS / ESPAÑOL

el diccionario

las llaves

EL CUMPLEAÑOS DE MARCOS ES MAÑANA. VA A CUMPLIR TRES AÑOS.. TENGO UN REGALO... UNA CALCULADORA

¿UNA CALCULADORA? PERO MARCOS VA A TENER TRES AÑOS, ¿VERDAD?

SÍ.

ÁBACO DE PLÁSTICO

Suggestion: Point out that **ábaco** is a cognate and **de plástico** is a **de** phrase functioning as an adjective.

PREPARACIÓN

Substitution: **1.** Es <u>la cámara</u> del turista. reloj / llave / cuaderno / anillo / suéter / camiseta **2.** Es la moto de <u>Nicolás</u>. el señor Vidal / la señora Cardoza / el profesor / Cecilia / Eugenio **3.** Son las llaves de <u>Carlos</u>. la chica / el señor Montoya / los chicos / los profesores / Rosa

A. ¿De quiénes son? Luis gets to be a stagehand in the production of a Mexican **telenovela**. Before shooting the first scene, he has to give the actors their props. To whom does the director tell him each prop belongs?

> MODELO   gato / el chico   los libros / la doctora
> **Es el gato del chico.**   **Son los libros de la doctora.**

1. la revista / la mamá
2. los anteojos / el papá
3. los papeles / los doctores
4. la historieta / el paciente
5. las llaves / el novio
6. el perfume / la novia

ST 54

B. En la escuela. Berta and Simón are straightening up a storage room at school. How does Simón answer Berta's questions?

> MODELO   Berta: ¿De quién son los lápices?
> Simón: **Son del señor Velasco.**

Option: Have students write their answers on paper.

1. Son de la señorita Blas.
2. Son del señor Reyes.
3. Es del señor Ruiz.
4. Son del doctor Herrera.
5. Es de la señorita Méndez.
6. Es de la señorita Díaz.
7. Es del señor Navarro.
8. Son de la señorita Martínez.

C. El club de español. At a Spanish Club party, new members are told to bring along an item that characterizes them in some way. After old and new members get acquainted, old members try to guess the owner of each item. Match the old members' comments with the new members' belongings.

> MODELO A ver, Daniel es muy estudioso. (diccionario)
> **El diccionario es de Daniel, ¿no?**

1. A ver, Ernesto tiene un carro nuevo.	a. pesos mexicanos	**1.** d
2. A ver, Diego siempre tiene catarro.	b. osito de peluche	**2.** f
3. A ver, a Mónica le gusta mucho bailar.	c. calculadora	**3.** e
4. A ver, Eva es estudiante de matemáticas.	d. llaves	**4.** c
5. A ver, Alejo es de Guadalajara.	e. discos	**5.** a
6. A ver, Rosa es fanática de los animales.	f. medicina	**6.** b

D. ¡Qué rutina! Miguel and some friends are tired of the same old routine. What are some of the things they say?

> MODELO partido / béisbol
> **¿Otro partido de béisbol? ¡Qué aburrido!**

1. partido / baloncesto
2. película / terror
3. concierto / rock
4. examen / español
5. clase / gimnasia
6. fiesta / cumpleaños

COMUNICACIÓN

A. ¿De quién es? Think of an item that belongs to someone in your class, and name the item when it is your turn. Your classmates will try to match the item to the right person.

> EJEMPLO Tú: **Una pulsera. ¿De quién es?**
> Otro(a) estudiante: **¿Es la pulsera de Ana?**

Sugerencias: reloj, cuaderno, anteojos, suéter, lápiz, anillo, libros, bolígrafo, mochila, camisa, ¿...?

Before beginning, have students write the item and its owner: **la pulsera de Ramona**. They can show their papers to confirm their classmates' guesses.

B. Posesiones. Look around the class, then write five sentences describing your classmates' belongings.

Remind students to make adjectives agree with nouns.

EJEMPLO

> *Los lápices de Fernando son pequeños.*

Artículos: suéter, anillo, pulsera, calculadora, camisa, cuadernos, anteojos, reloj, bolígrafo, mochila, ¿...?

Adjetivos: bonito, bueno, caro, excelente, grande, formidable, interesante, viejo, pequeño, nuevo, ¿...?

C. De memoria. Follow these steps and test your memory.

Step 1. As you and five other students each place a belonging in a bag or box, try to memorize the owner's name by making a statement about whose each item is.

EJEMPLO
Edmundo places a Spanish book in the bag.
Class says: **El libro de español es de Edmundo.**

Suggestion: Increase the number of students who contribute items. For easier memorization, ask each student to contribute a different kind of item.

Step 2. Take turns removing the items and asking a classmate whose they are.

EJEMPLO
Tú: **Marta, ¿de quién es el bolígrafo?**
Marta: **El bolígrafo es de Inés, ¿no?**

Have "Inés" respond **sí** or **no**. If she answers **no,** have a student who knows the answer volunteer it and return the pen to its owner.

RINCÓN CULTURAL

Many people in Spanish-speaking countries celebrate not only their birthday but also **el día de su santo**, the feast day of the saint after whom they were named. There is a saint's day for each day of the year. If you were named for the saint sharing your birthday, you would have a doubly important celebration. If you were named for a saint honored on a different day, you would celebrate your saint's day in addition to your birthday. Look at the calendar on p. 291. On what day might you celebrate your **santo**?

México, D.F.

EXPLORACIÓN 2

Function: *Talking about members of the family*
Structure: *Possessive adjectives*

PRESENTACIÓN

A. You have already learned one way to indicate possession. **El reloj de Ana María**, for example, means *Ana María's watch*.

Another way to show possession is to use possessive adjectives (*my, your, his, her*, etc.). Like other adjectives, possessive adjectives agree in number with the noun they modify. Notice that **nuestro** (and **vuestro**) also agree in gender.

You may need to remind students what number and gender are. Students need not practice **vuestro**.

my	mi, mis	nuestro, nuestros nuestra, nuestras	*our*
your (familiar)	tu, tus	vuestro, vuestros vuestra, vuestras	*your*
your (polite), *his*, *her*, *its*	su, sus	su, sus	*your, their*

¿Quiere usted **mi** tarea?	*Do you want **my** homework?*
Tengo **tus** cintas viejas.	*I have **your** old tapes.*
¿No tienen **nuestras** llaves?	*Don't they have **our** keys?*
Sus perfumes son caros.	***Their** perfumes are expensive.*
¿Dónde está **su** carro, Señora Robles?	*Where is **your** car, Mrs. Robles?*

B. Note that **su** and **sus** can mean *his, her, its, their*, and *your*, depending on whom you are talking about. In a conversation, it is usually easy to tell the meaning. A **de** phrase may be used for greater clarity when needed.

El bote **de Juan y Pablo** es nuevo.	**Su** bote es nuevo. (*their boat*)
¿Dónde está la casa **de ustedes**?	¿Dónde está **su** casa? (*your house*)

C. Words like *my*, *your*, *his*, and *her* are often used when people talk about their family members. Here are some of David Valdés's family photos.

Don and **doña** are traditional titles of respect commonly used with the elderly. They precede a person's first name and are not capitalized. Grandchildren usually address their grandparents with the diminutive forms **abuelita** and **abuelito**.

La familia de David Valdés

Option: Other family words are **nietos** (*grandchildren*), **padrastros** (*stepparents*), **hermanastros** (*stepsiblings*), **adoptivo** (*adopted*), **esposo**/**marido** (*husband*), and **mujer**/**esposa** (*wife*).

mis abuelos

mi abuelo
mi abuela

mis padres

mi madre (mamá)
mi padre (papá)

mis hermanos y yo

yo
mi hermana
mi hermano

mis tíos y sus hijos

mi tía   mi primo
mi tío   mi prima

Clarify that **tíos** can mean either *aunt* and *uncle,* or *uncles,* **hijos** can mean either *sons* or *son(s) and daughter(s)* (or *children*), **hermanos** can mean either *brothers* or *brother(s) and sister(s),* etc.

Substitution: 1. Voy a hablar con mi madre. tu padre/su tío/ mis primos/tus amigos
Transformation: 1. Yo: Es mi abuela. Tú: Es tu abuela. Ella/ Él/Uds./Nosotros 2. Tú: Son tus primos. Yo/Ellos/Ud./Ella/ Nosotras 3. Voy con mi padre. → Voy con mis padres. Van con tu hermana/Vas con nuestro tío/Va con su hija.

PREPARACIÓN

A. Mi familia. David shows Ana María his family photos. Tell what he says about his relatives and what Ana María asks, as you complete the sentences with **mi(s)** or **tu(s)**.

MODELO   ¿Ceci es _____ prima?
          ¿Ceci es tu prima?

Point out that **Memito** and **Ceci** are nicknames for **Guillermo** and **Cecilia**.

DAVID   Es __1__ papá.
ANA MARÍA   ¿Ah sí? ¿Y ella es __2__ mamá, no?
DAVID   Correcto.
ANA MARÍA   ¿Son __3__ abuelos?
DAVID   Sí, y Memito y Ceci son __4__ primos.
ANA MARÍA   ¿Entonces Laura y Enrique son __5__ tíos?
DAVID   Sí, y Victoria y Rafael son __6__ hermanos.

Students may need to refer to the illustrations of David's family pictures on the previous page.

1. mi   4. mis
2. tu   5. tus
3. tus   6. mis

B. Familiares. Federico, a guest at Ana María's party, does not know her family. How do Ana María and her sister Lourdes answer his questions?

MODELO   ¿Quién es la señora con el regalo? (abuela)
          Es nuestra abuela.

Point out that **Lourdes** is pronounced **Lurdes**.

1. ¿Quién es el señor alto? (padre)
2. ¿Quiénes son las dos chicas en el jardín? (primas)
3. ¿Quiénes son los señores en el patio? (tíos)
4. ¿Quién es el chico con la guitarra? (hermano)
5. ¿Quién es el señor que tiene la cámara? (abuelo)

1. Es nuestro padre.
2. Son nuestras primas.
3. Son nuestros tíos.
4. Es nuestro hermano.
5. Es nuestro abuelo.

C. ¿De quién?   Some friends want to know who Ana María's birthday gifts are from. What does Ana María's father tell them?

> MODELO   la cámara (tío)
> **La cámara es un regalo de su tío.**

1. el cartel (hermanas)
2. el tocadiscos (mamá)
3. las cintas (hermano)
4. la billetera (amigos Adán y Juan)
5. la camiseta (tía)
6. el televisor (abuelos)

ST 55

D. ¿Cómo son tus familiares?   David asks Lourdes out to eat, and the topic of his family comes up. Listen to what he says, and complete the sentences according to what you hear.   See Copying Masters.

1. Mi ═══ tiene ochenta años y mi ═══ tiene treinta y nueve.
2. Mi ═══ Laura y mi papá son ═══ .
3. Mis ═══ Memito y Ceci son ═══ todavía.
4. Mis ═══ tienen otro ═══ que se llama Bernardo.
5. Y en tu ═══ , Lourdes, ¿═══ personas hay?

México, cerca de 1910

México, D.F.

Allow students to read these silently and write the answers, then go over them orally.

E. ¿Cierto o falso?   Just for fun, David tries to stump his eight-year-old cousin Ceci with these questions. Respond **sí** or **no** to David's questions as Ceci should.

1. Tu mamá es mi tía, ¿no? sí
2. La hija de mi padre es mi prima, ¿verdad? no
3. El padre de tu hermano es tu padre también, ¿verdad? sí
4. Tu hermano es primo de mi hermana, ¿verdad? sí
5. Mi hermana es hija de nuestros abuelos, ¿no? no
6. Tú eres tía de mis padres, ¿no? no

ST 56

F. Unos regalos.   As Evita watches her mother wrap some gifts for her grandparents and her aunt's family, she asks whom each one is for. Look at the picture and listen to her questions. How will her mother answer? There is one gift for each person in the picture.

Suggestion: Have students write the answers.

MODELO   ¿Para quién es la blusa?
Es para tu tía Marina.

COMUNICACIÓN

A. Preguntas. Ask your teacher some questions, using words from the following lists.

EJEMPLO   simpático / amigos
¿Son simpáticos sus amigos?

grande	estudiantes
joven	exámenes
aburrido	fiestas
inteligente	amigos
elegante	padres
rápido	carro
fácil	casa
paciente	disco
emocionante	partidos de fútbol
bueno	clases
viejo	vacaciones
nervioso	hijos
agradable	tarea
¿...?	¿...?

B. ¿Cómo eres? Using words from both columns, create questions for a classmate. Make a written list as you go of what you have in common, using a form of **nuestro** in each sentence.

EJEMPLO   You think your brothers are a nuisance.
Tú: **¿Son pesados tus hermanos?**
Él (ella): **Sí, son muy pesados.**

> *Nuestros hermanos son pesados.*

bonito	primo(a)
joven	casa
formidable	hermano(a)
divertido	clases
caro	abuelos / padres
grande	perro / gato
simpático	reloj
guapo	novio(a)
pesado	amigos(as)
¿...?	¿...?

Suggestion: Tell students that they can answer, **No tengo** (**hermanos, primos…**) if needed in response to a question. They may call stepparents and stepsiblings **padres** and **hermanos,** or you may wish to teach **padrastro, madrastra,** and **hermanastro(a)**.

Madrid, España

A girl's fifteenth birthday (**su fiesta de quince años**) is a special occasion in Latin American countries because it is usually at this age that dating begins. Traditionally the 15-year-old (**la quinceañera**) dresses in white and is accompanied by 14 girls dressed in a color she selects for the party. After being escorted to the party, she changes from low-heeled to high-heeled shoes to show that she is a young woman. According to custom, the **quinceañera** dances first with her father and then with the young man she has chosen as her date. The 14 girls then join in, followed by the other guests. Even if the family does not have a large party, the fifteenth birthday is still a special event, for it marks a girl's entry into society as a responsible young woman.

Fiesta de los quince
Austin, Texas

Suggestion: Ask students at what age some teenage girls from the United States celebrate their birthday in a special way. (16) How does their celebration compare to a **quinceañera** party?

EXPLORACIÓN 3

Function: *Talking about things we do*
Structure: *Using -ar verbs*

PRESENTACIÓN

Verbs make it possible to talk about things we do. Spanish verbs fall into one of three groups.

A. One group of verbs has infinitives ending in **-ar** (**cantar, hablar, comprar**). Different endings are added to the stem of the verb to show who is doing the action. The stem is found by dropping the **-ar** from the infinitive (**hablar** → **habl-**, **cantar** → **cant-**, **comprar** → **compr-**).

bailar

bailo	bailamos
bailas	bailáis
baila	bailan

Some **-ar** verbs students already know are **arreglar, ayudar, bailar, cantar, cocinar, comprar, descansar, escuchar, esquiar, estudiar, ganar, hablar, lavar, mirar, nadar, practicar, regresar, sacar, tocar, trabajar, viajar,** and **visitar**.

B. Here are some expressions containing **-ar** verbs.

sacar buenas notas	*to get good grades*
tomar una clase	*to take a class*
gastar dinero	*to spend money*
visitar otros países	*to visit other countries*
regresar a (la) casa	*to return home*

Explain that **la** is optional in **regresar a (la) casa**.

C. Here are some words that express how often you do things.

¿Con qué frecuencia...? *How often...?*

todos los días	*every day*	pocas veces	*rarely*
(sólo) a veces	*(only) sometimes*	(casi) siempre	*(almost) always*
muchas veces	*often*	(casi) nunca	*(almost) never*

Nunca is presented as a vocabulary item because of its high communicative value. Be sure students place **nunca** before the verb for now.

CAPÍTULO CUATRO   *ciento cincuenta y nueve*   **159**

PREPARACIÓN

A. La nueva profesora. Some students at Roberto Clemente High School in New York are curious about their new Spanish teacher. What are some of the questions they ask her?

> MODELO tocar discos de rock a veces
> **¿Toca usted discos de rock a veces?**

1. hablar español en casa muchas veces
2. escuchar música de jazz a veces
3. mirar las estrellas sólo a veces
4. viajar a México muchas veces
5. gastar mucho dinero pocas veces
6. trabajar en casa los fines de semana

1. ¿Habla…?
2. ¿Escucha…?
3. ¿Mira…?
4. ¿Viaja…?
5. ¿Gasta…?
6. ¿Trabaja…?

Roberto Clemente, b. Puerto Rico, 1934. One of the great right fielders in baseball history.

B. Más responsable. When an old friend comes back to visit, he finds that happy-go-lucky Miguel is now quite responsible. How does Miguel answer his friend's questions?

> MODELO ¿Todavía hablas mucho por teléfono?
> **No, casi nunca hablo por teléfono.**

1. ¿Todavía regresas tarde a la casa?
2. ¿Todavía sacas malas notas?
3. ¿Todavía tomas clases fáciles?
4. ¿Todavía hablas con tu novia durante las clases?
5. ¿Todavía gastas mucho dinero?
6. ¿Todavía escuchas música rock cuando estudias?

C. ¿Qué pasa? Inquisitive Ceci asks what everyone is doing. Listen to her questions, and, on a sheet of paper, write what she asks and the letter of the picture that matches her question.

MODELO:

a.

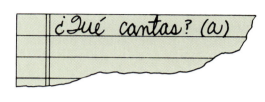

¿Qué cantas? (a)

1. ¿Qué tocan? d
2. ¿Qué lavas? b
3. ¿Qué compras? f
4. ¿Qué escuchan? c
5. ¿Qué cocinan? g
6. ¿Qué lees? e

b.

c.

d.

e.

f.

g.

D. Rutina. Carlota's parents work full time and share household duties. This leaves little time for fun and relaxation. Which of these activities do they say they do almost every day, and which only sometimes?

MODELO   **Arreglamos los cuartos casi todos los días.**
          Tomamos unas vacaciones sólo a veces.

1. arreglar la casa
2. mirar las estrellas
3. hablar con nuestros amigos
4. trabajar
5. bailar
6. cocinar
7. lavar los platos
8. viajar

1. ...casi todos los días.
2. ...sólo a veces.
3. ...sólo a veces.
4. ...todos los días.
5. ...sólo a veces.
6. ...casi todos los días.
7. ...casi todos los días.
8. ...sólo a veces.

E. Ser optimista. Whenever Mrs. Valdés gets upset with her children, she tries to look on the bright side and consider their positive qualities. What does she say? See Copying Masters.

hablar   trabajar   arreglar   regresar   practicar   sacar

1. Rafael y David ===== su cuarto los fines de semana.
2. Victoria no ===== mucho por teléfono.
3. Rafael casi siempre ===== muy buenas notas.
4. David y Victoria ===== para ganar dinero.
5. Rafael ===== el piano todos los días.
6. Mis hijos casi nunca ===== tarde a la casa.

1. arreglan
2. habla
3. saca
4. trabajan
5. practica
6. regresan

F. Siempre lo mismo. Marcos and his friends are discussing things they and their families almost always do. Write what they say.

MODELO   Ana María y yo / cantar en la iglesia
Ana María y yo casi siempre cantamos en la iglesia.

1. tu familia / viajar a otros países en las vacaciones
2. Lourdes y su hermana / bailar en las fiestas
3. yo / sacar buenas notas
4. mi papá y yo / cocinar los fines de semana
5. David / hablar inglés en casa
6. tú / escuchar música clásica

1. ...viaja...
2. ...bailan...
3. ...saco...
4. ...cocinamos...
5. ...habla...
6. ...escuchas...

Las redes de los pescadores, Janitzio, México

COMUNICACIÓN

A. Preguntas personales. Ask various classmates about some things they do. Try to find at least one class member who does each activity.

> EJEMPLO   **Teresa, ¿lavas los platos casi todos los días?**
>   **Sí, lavo los platos casi todos los días.**

1. ¿Lavas los platos casi todos los días?
2. ¿Tocas bien el piano?
3. ¿Hablas casi todos los días por teléfono?
4. ¿Cocinas muchas veces para tu familia?
5. ¿Trabajas en un restaurante?
6. ¿Visitas otros países a veces?
7. ¿Escuchas música rock?
8. ¿Cantas en la iglesia?

Suggestion: Keep track of answers (students names and **sí**/**no**) on the chalkboard; for example, **1. Teresa—sí; 2. Pepe—no, Jaime—sí.** As a follow-up, students can then look at the chalkboard and write complete sentences about answers: **2. Pepe no toca bien el piano.**

B. ¿Con qué frecuencia? Ask your teacher or classmates how often they do the following activities.

> EJEMPLO   **Raúl, ¿con qué frecuencia bailas?**
>   **Nunca bailo.**

casi nunca	pocas veces	a veces	muchas veces	casi todos los días

1. estudiar para los exámenes
2. bailar
3. ayudar en casa
4. hablar por teléfono
5. andar en bicicleta
6. cantar ópera
7. ganar dinero
8. gastar dinero

Remind students to place (**casi**) **nunca** in front of the verb for now.

Variation: Students working in pairs can guess partner's replies and write them before asking questions, then switch roles. The partner with the most correct guesses wins.

RINCÓN CULTURAL

Do you consider yourself a good friend to others? Are you **generoso(a)** with your friends, or are you **tacaño(a)**? Friendship and generosity go hand in hand in Latin America. As an expression of your regard, would you give a good friend a T-shirt she or he liked? How about a favorite sweater or even a ring your friend admired? This sort of gift is not an unusual display of generosity in Latin America, where it is common to offer a personal item to a friend who admires it.

Suggestion: Ask, "What would you do if a Hispanic friend offered to give you something you admired as a present?"

EXPLORACIÓN 4

Function: *Using numbers*
Structure: *Numbers above 100; the ordinals*

PRESENTACIÓN

A. Here are the numbers from 100 to 1,000,000.

100	cien, ciento	700	setecientos, as
200	doscientos, as	800	ochocientos, as
300	trescientos, as	900	novecientos, as
400	cuatrocientos, as	1,000	mil
500	quinientos, as	2,500	dos mil quinientos, as
600	seiscientos, as	1,000,000	un millón (de)

Additional practice: Review numbers by counting from 1 to 100 by 10s, 5s, 2s, 1s. You may also ask questions: **¿Cuántos alumnos (lápices, libros, bolígrafos, cuadernos) hay en la clase?**

1. **Cien** is used directly before any noun and before the numbers **mil** and **millones. Cien** becomes **ciento** when followed by any other number.

A billion is **mil millones**.

100	cien estudiantes	103	ciento tres
100,000	cien mil	135	ciento treinta y cinco
100,000,000	cien millones	150,000	ciento cincuenta mil

2. Numbers between 200 and 999 agree in gender with the nouns they modify.

398   trescien**tos** noventa y ocho pes**os**
564   quinient**as** sesenta y cuatro peset**as**

3. **Uno** becomes **un** before a masculine singular noun; **una** is used before feminine nouns. Notice the written accent on **veintiún**.

121   ciento veinti**ún** dólares (*masc.*)
571   quinient**as** setenta y **una** pesetas (*fem.*)

B. To talk about the order in which things or events are placed (first, second, third, etc.), ordinal numbers are used.

1°, 1ᵃ	primero, primera	6°, 6ᵃ	sexto, sexta
2°, 2ᵃ	segundo, segunda	7°, 7ᵃ	séptimo, séptima
3°, 3ᵃ	tercero, tercera	8°, 8ᵃ	octavo, octava
4°, 4ᵃ	cuarto, cuarta	9°, 9ᵃ	noveno, novena
5°, 5ᵃ	quinto, quinta	10°, 10ᵃ	décimo, décima

Es la cuarta clase del día.
Tenemos que estudiar el segundo capítulo.

1. Before a masculine singular noun, **primero** and **tercero** become **primer** (1ᵉʳ) and **tercer** (3ᵉʳ).

   Es su primer álbum en español.
   Mañana tenemos un examen sobre el tercer capítulo.

2. In spoken Spanish, ordinal numbers are seldom used after 10. Cardinal numbers are used instead.

la Avenida Once	*Eleventh Avenue*
en el piso doce	*on the twelfth floor*

3. Here are some vocabulary items often used with numbers:

el piso	*floor*	la dirección	*address*
la avenida	*avenue*	el apartamento	*apartment*
la calle	*street*	la vez	*time, instance*
último	*last*	¿Cuánto cuesta?	*How much does it cost?*

C. Street addresses usually begin with a word such as **calle** or **avenida** and are followed with the proper name of the street and the house or building number.

Su dirección es calle Carlos Soto 208.	*Her address is 208 Carlos Soto Street.*

In many Spanish-speaking countries, what is called the *first floor* in the United States is the **planta baja** (often abbreviated **PB** on elevators). The **primer piso** would be the *second floor* in the United States.

Suggestion: Point out the accent mark on all present-tense forms of **esquiar** except **esquiamos**.

PREPARACIÓN

A. ¿En qué cuarto? Members of a senior citizen group are touring Seville, Spain. What do they say as they tell what rooms various members are in?

> MODELO   el señor García / 240
> **El señor García está en el doscientos cuarenta.**

1. la señorita Durán / 415
2. los señores Campos / 923
3. el señor Martí / 162
4. la señora Abella / 788
5. los señores Ramos / 551
6. la señorita Calderón / 275
7. el señor Torres / 344
8. los señores Beltrán / 604

B. En España. Javier's uncle Alberto learns a successful bargaining technique when in Spain on vacation. In response to each vendor's (**el vendedor**) price, what does he say?

> MODELO   El vendedor: **Cuesta doscientas pesetas**, señor.
> El tío Alberto: **¿Tan caro? ¿Y qué tal cien?**
> El vendedor: **Está bien, pues.**

Explain that ¿**Qué tal...?** means *What about...?* as well as *How are you?*

Los vendedores	Alberto
1. seiscientas cuarenta y tres pesetas	543
2. ochocientas ochenta y nueve pesetas	789
3. quinientas noventa y cinco pesetas	495
4. mil pesetas	900
5. ¿...?	¿...?

ST 58

Suggestion: For each numbered item, call on two students to play the parts of the vendor and Alberto. Have two students make up the prices in item 5.

C. Ofertas. Some Hispanic friends in Los Angeles are reading sales ads. How much do they say the items below cost?

> MODELO   Mira, un tocadiscos. Cuesta $689.
> You match **1** to **e** and write **1e.**

1. tocadiscos
2. televisor
3. anillo
4. guitarra
5. moto
6. computadora

a. $2,225
b. $986
c. $296
d. $999
e. $689
f. $205

1. e
2. f
3. d
4. c
5. b
6. a

The flags represent (from top to bottom) Ecuador, Cuba, Mexico, United States, Dominican Republic, Panama and Uruguay.

D. La independencia. Students are learning the year that the following countries celebrate as their year of independence. What do they say?

> MODELO   Ecuador / 1830
> **Ecuador, mil ochocientos treinta**

1. Cuba / 1898
2. México / 1810
3. los Estados Unidos / 1776
4. la República Dominicana / 1844
5. Panamá / 1903
6. Uruguay / 1825

Point out that Spanish speakers do not break dates into hundreds and tens.

1. mil ochocientos noventa y ocho (from Spain)   **2.** mil ochocientos diez (from Spain)
3. mil setecientos setenta y seis (from Great Britain)   **4.** mil ochocientos cuarenta y cuatro (from Haiti)   **5.** mil novecientos tres (from Colombia)   **6.** mil ochocientos veinticinco (from Brazil)

¿Y TÚ?

Suggestion: Have students redo this activity using the common shorter response **Están en quinto,** in which case, **primer (año)** and **tercer (año)** will become **primero** and **tercero.**

E. ¿En qué año estás? In Latin America, each year of secondary school is designated by an ordinal number. How do Carmen and her friends indicate what grade they are in?

MODELO Susana / 2°
Susana está en segundo año.

1. Yo / 3°
2. Miguel y David / 5°
3. Antonio / 2°
4. Alicia / 1°
5. Manolo y Lourdes / 4°
6. Federico / 1°

1. ...estoy en tercer...
2. están en quinto...
3. ...está en segundo...
4. ...está en primer...
5. están en cuarto...
6. ...está en primer...

F. Experiencias. A young Spanish tour guide enthusiastically tells his tour groups how many times this summer he has been in each city they visit. What does he say?

MODELO 4ª / Barcelona
Es la cuarta vez que estoy en Barcelona.

1. 8ª / Valencia
2. 6ª / Córdoba
3. 7ª / Sevilla
4. 9ª / Madrid
5. 10ª / Salamanca
6. 5ª / Toledo

1. ...octava...
2. ...sexta...
3. ...séptima...
4. ...novena...
5. ...décima...
6. ...quinta...

Catedral de Sevilla,
Sevilla, España

G. Mi dirección. Members of a soccer club are exchanging addresses. What do they say?

MODELO Dalí 155
Mi dirección es Dalí número ciento cincuenta y cinco.

1. Simón Bolívar, N° 738
2. Calle 9ª, N° 100
3. Paseo del Prado, N° 475
4. Avenida 7ª, N° 922
5. Trafalgar 116, 3er piso
6. Calle 12, N° 597
7. José Antonio 344, 1er piso
8. Calle 5ª, N° 101

1. ...Simón Bolívar número setecientos treinta y ocho.
2. ...Calle Novena número cien.
3. ...Paseo del Prado número cuatrocientos setenta y cinco.
4. ...Avenida Séptima número novecientos veintidós.
5. ...Trafalgar ciento dieciséis, tercer piso.
6. ...Calle Doce número quinientos noventa y siete.
7. ...José Antonio trescientos cuarenta y cuatro, primer piso.
8. ...Calle Quinta número ciento uno.

COMUNICACIÓN

A. Direcciones. Ask other students for their address. Jot down what they tell you, and have them verify whether you understood it correctly by answering **correcto** or **incorrecto**.

> EJEMPLO ¿Cuál es tu dirección?
> Mi dirección es Calle Brown 4216, Apartamento 204b.

Words for *street, avenue,* etc., are capitalized in Spanish only when they are part of the actual street name: **Calle 9ª,** but **calle Pablo Picasso.**

B. Concurso matemático. Conduct a math contest to see who can most quickly solve problems in Spanish.

> EJEMPLO ¿Cuántos son mil trescientos y doscientos?
> Son mil quinientos.

Suggestion: Have students write the problems on the chalkboard. You may wish to teach *plus* (**más**), *minus* (**menos**), *times* (**por**), and *divided by* (**dividido por** or **dividido entre**).

C. Precios. On a slip of paper, write the name of one of these items, along with a logical price, and hand your paper in. Your teacher will write the names of six items and their prices in scrambled order on the chalkboard. Take turns guessing the prices of the items.

> EJEMPLO Elena: Juan, ¿cuánto cuesta el tocadiscos?
> Juan: Cuesta 555 dólares, ¿verdad?
> Prof. López: ¡Correcto!

1. un tocadiscos bueno
2. un carro barato
3. una moto nueva
4. una bicicleta cara
5. una máquina de escribir eléctrica
6. una computadora personal

Collect the papers and select six of them, one for each item. Write items and prices on the chalkboard in scrambled order as for a matching exercise. Create two teams and give 1 point for each correct guess. Use slips of paper as answer key. Erase items as they are guessed correctly. Play a second round using six different slips of paper.

PERSPECTIVAS

LECTURA

ST 59

🎞 El álbum de fotos de Gabriela

¿Quieres ver unas fotos de mis familiares? Aquí estamos todos: mi padre, mi madre, mi hermano José, mi hermana Rosa y yo. Papá es alto pero ahora está un poco gordo porque siempre tiene que llevar a comer a sus clientes. Mamá trabaja en una tienda de ropa. Es joven y muy bonita, ¿verdad?

Another word for **familiar** (*relative*) is **pariente**.

Aquí están mis hermanos. Rosa María, mi hermana mayor, tiene dieciocho años y va a la universidad. Yo voy a tener dieciséis en mi próximo cumpleaños. José, mi hermano menor, sólo tiene once años.

Y aquí están mis abuelos. Son de Cuba originalmente y son muy simpáticos. Muchas veces pasamos las vacaciones con ellos en Florida. Me gusta estar con ellos porque siempre hablamos español—pues ellos casi no hablan inglés.

Aquí están mis tíos. Mi tía trabaja mucho porque tiene una casa grande y tres niños que cuidar, y además trabaja en un banco.

Mi prima favorita se llama María Cristina. Es profesora de gimnasia y por eso es tan delgada. Algún día me gustaría ser profesora como ella.

Expansión de vocabulario

además	in addition	**Me gustaría**	I would like
cuidar	to take care of	**menor**	younger
delgada	thin	**el niño**	child
el familiar	relative	**pasar**	to spend (a vacation)
gordo	fat	**por eso**	that's why
llevar a comer	to take out to eat	**próximo**	next
mayor	older		

Comprensión

Based on **El álbum de fotos,** decide which of Gabriela's relatives are described below.

> EJEMPLO   Es profesora de gimnasia.
> **la prima de Gabriela (su prima)**

1. Trabaja en un banco y tiene tres niños.
2. Es estudiante universitaria.
3. Muchas veces tiene que comer en los restaurantes.
4. Es atractiva, joven y trabaja en una tienda.
5. Tiene un hermano menor y una hermana mayor.
6. Tiene once años.
7. No hablan muy bien el inglés.
8. Le gusta estar con sus abuelos.

1. la tía de Gabriela (su tía)
2. la hermana de Gabriela (su hermana)
3. el papá de Gabriela (su papá)
4. la mamá de Gabriela (su mamá)
5. Gabriela
6. el hermano menor de Gabriela (su hermano)
7. los abuelos de Gabriela (sus abuelos)
8. Gabriela

Option: Allow students to answer with just a name when applicable.

COMUNICACIÓN

A. Tu cumpleaños. Ask other students how old they will be on their birthday and what they want for a present.

> EJEMPLO **Martín, ¿cuántos años vas a tener en tu próximo cumpleaños?**
> **¿Y qué quieres para tu cumpleaños?**

B. Entrevista. Interview another student, using the first set of questions. Then allow that student to interview you, using the second set of questions. Jot down the answers to your interviews.

Students who have no siblings can respond, **No tengo hermanos.** They need not distinguish among siblings, stepsiblings, or adopted family members unless you have taught these terms. See pp. 153, 157.

Grupo A
1. ¿Cuántos años tienes?
2. ¿Cuántas personas hay en tu familia?
3. ¿Tienes hermanos (primos...)? ¿Cuántos?
4. En tu opinión, ¿son simpáticos o antipáticos?
5. En general, ¿dónde pasa tu familia las vacaciones, en los Estados Unidos o en otro país?

Grupo B
1. ¿Cómo se llama uno de tus familiares?
2. ¿Es delgado(a), un poco gordo(a) o normal?
3. ¿Practicas tu español con él (ella)? ¿Por qué (no)?
4. Cuando él (ella) tiene su cumpleaños, ¿vas a su casa?
5. ¿Cuántos años va a tener él (ella) en su próximo cumpleaños?

C. A escribir. Write a short composition about what you learned during your interview in Activity B.

> *Alfonso tiene 15 años. Hay cuatro personas en...*

Go over the questions before students listen to the script. Do not require complete sentence answers. Encourage students to listen for the main idea and specifically for the presents mentioned without trying to understand every word.

ST 61

D. ¡Feliz cumpleaños! Imagine you are a guest at Ana Gabriela's sixteenth birthday celebration. Listen to the conversation, and answer these questions, using the pictures to identify the gifts she receives and to tell which she likes best and least. Write the letters of the pictures that answer the questions correctly.

1. ¿Cuáles son los regalos que recibe Ana Gabriela?
2. ¿Qué regalo le gusta más?
3. ¿Qué regalo no le gusta mucho?

1. c, d, f, g
2. d
3. c

a.   b.   c.

g.

d.  e.   f.

ST 62

PRONUNCIACIÓN

In Spanish, the /p/ sound is made without the puff of air that occurs with an English /p/ sound. As you say these words, hold the palm of your hand in front of your mouth, trying not to let any air escape.

Pilar   perfume   papel   pronto   pulsera   popular

Something similar occurs with the /k/ sound. In English a puff of air accompanies the sound; in Spanish it does not. As you repeat these words, notice that the /k/ sound is represented in the letter groups **ca, cu, and co** as well as **qu**.

qué   quince   cumpleaños   caro   disco   Paquita

To make a Spanish /t/ sound, place the tip of your tongue against your upper front teeth. Once again, no air should escape. Listen and repeat these words.

tú   tacaño   tarea   también   tengo   osito

Now repeat this paragraph, phrase by phrase.

Carlos Campos Torres, / el papá de Paquita Campos Tejero, / es profesor en Paraguay. / Quiere comprar un carro / para el cumpleaños de Paquita, / pero Paquita es una persona / muy particular. / No quiere otro regalo / que una calculadora pequeña / y un cartel de California.

The English /t/ sound is made with the tongue against the bony ridge behind the upper teeth. Contrast words like *too* and *tú, taco* (English pronunciation) and **taco**.

Here is an opportunity to test yourself to see what you can do. If you have trouble with any of these items, study the topic and practice the activities again, or ask your teacher for help.

Vamos a escuchar

ST 63

A. En la feria. You accompany a friend to an international fair in Venezuela. Can you understand and write the vendors' prices when your friend asks for the cost of their goods? Write the prices you hear as numerals.

1. cintas
2. billeteras y bolsas
3. carteles
4. anillos
5. calculadoras
6. mochilas

In Spanish-speaking countries, the placement of commas and decimal points is often reversed in the punctuation of numbers: **U.S. $1.500,25** would be **mil quinientos dólares con veinticinco centavos**.

1. 275   3. 110   5. 915
2. 532   4. 4.900   6. 88

ST 64

B. Nuestros familiares. Ana María and her friend Federico are talking about their relatives. Look at these pictures, and listen to some statements about them. Write the letter of the picture that matches the statement you hear.

Variation: Students can pair off to do Activities B and C. One partner can read a copy of the script (which you provide) to the other, who chooses the appropriate responses.

a.
b.
c.
d.
e.
f.

1. d
2. e
3. f
4. a
5. b
6. c

C. ¡Cuántos problemas! Life is sometimes full of problems for María and her friends. Read about each predicament first, then listen to two alternative comments they might make. In each case, identify the most logical comment by writing *a* or *b* on paper.

1. Miguel no está contento. Sus padres trabajan y, por eso, muchas veces él tiene que cocinar o lavar los platos. Miguel comenta: ══════ .

2. María está celosa y además enojada. Cuando va a la biblioteca con su novio, él nunca estudia. María comenta: ══════ .

3. La madre de David está preocupada. David no está en casa y ya es muy tarde. Cuando él regresa a casa, su mamá está enojada. La mamá de David comenta: ══════ .

4. Miguel está nervioso. Está en un baile formal y habla con una chica muy simpática. Ella quiere bailar pero él baila muy mal. La chica comenta: ══════ .

5. Memito, el primo de Victoria, está desilusionado. Él quiere ir con ella al cine, pero Victoria no quiere. Victoria comenta: ══════ .

1. a
2. b
3. a
4. a
5. b

Vamos a leer

Prereading activity: Skim the introductory paragraph, and tell what problem Lourdes is having in school.

A. Los pasatiempos de Lourdes. Read about Lourdes. Then look at the list that follows the reading and decide which four factors contribute to Lourdes' problems in school.

Lourdes es bastante inteligente pero muchas veces saca malas notas. Uno de sus profesores decide hablar con sus padres sobre las actividades de Lourdes en casa. Aquí tienen su diálogo:

MAMÁ   Todos los días Lourdes anda en bicicleta. Muchas veces regresa tarde a la casa y tiene que descansar. Después, siempre habla por teléfono con sus amigas.

PROFESOR   ¿También ayuda mucho en casa?

PAPÁ   Pues, en realidad no. No ayuda mucho en casa porque ya tenemos una sirvienta que arregla la casa.

PROFESOR   ¿Ah sí? ¿Y con qué frecuencia estudia su hija?

MAMÁ   Casi todos los días, pero cuando es muy tarde. Aparentemente su clase de música es muy difícil porque casi siempre tiene que escuchar cintas cuando estudia.

PROFESOR   (*sorprendido*) ¿Y qué tipo de música escucha?

PAPÁ   Pues, no sé. Nuestra hija es tan considerada—siempre usa sus audífonos. Normalmente los estudiantes toman música clásica en la escuela, ¿verdad?

PROFESOR   Sí, señor, ¡pero su hija no tiene clases de música!

1. No ayuda mucho en casa.
2. Regresa a la casa cansada después de andar en bicicleta.

2, 5, 6, 8

3. No es inteligente.
4. Tiene mucha tarea en su clase de música.
5. Escucha música cuando estudia.
6. Habla mucho por teléfono.
7. Habla con su novio durante la clase de música.
8. Muchas veces es tarde cuando estudia.

La Puerta Trujillo,
Venezuela

Vamos a escribir

A. **Comentarios.** What would you say if you wanted to communicate the following information? Write your sentences on paper.

How do you

1. tell a friend you don't like expensive stores?
   No me gustan las ══════ .
2. let a friend know your sister's birthday is the day after tomorrow?
   El cumpleaños ══════ es pasado mañana.
3. ask what a friend thinks about your new T-shirt?
   ¿Qué te parece ══════ ?
4. ask whose comic books are scattered in your room?
   ¿══════ las historietas que están en mi cuarto?
5. find out the cost of the bigger of two purses on display?
   ¿══════ la bolsa grande?
6. ask the names of Stephen Spielberg's movies?
   ¿Cómo se llaman ══════ ?
7. inform a friend that the limousine belongs to the teacher?
   ¡Oye, la limosina ══════ !

1. tiendas caras
2. de mi hermana
3. mi nueva camiseta
4. De quién son
5. Cuánto cuesta
6. las películas de Stephen Spielberg
7. es del (de la) maestro(a)

B. Una familia activa. Everyone in Miguel's family is very active, except for his younger sister, who supposedly spends a lot of time on the telephone. Read Miguel's description of his family's routine, and complete the sentences with appropriate forms of the verbs listed. See Copying Masters.

tener	trabajar	tomar
ir	hablar	cocinar
ser	ayudar	descansar

Durante la semana tengo mucho que hacer. __1__ a la escuela, __2__ clases de guitarra y también __3__ mucho en casa. Mis padres son muy activos también porque los dos __4__ mucho. Mi mamá regresa de la oficina muy cansada. Por eso, a veces no tiene ganas de __5__ . Y muchas veces mi papá __6__ dolor de cabeza porque siempre __7__ que solucionar problemas difíciles. En conclusión, nosotros __8__ todos muy activos, excepto mi hermana Felicidad, por supuesto. Ella __9__ poco y __10__ mucho por teléfono.

1. Voy
2. tomo
3. ayudo / trabajo
4. trabajan
5. cocinar / trabajar
6. tiene
7. tiene
8. somos
9. ayuda / trabaja
10. habla

Vamos a hablar

Work with a partner or partners and create short dialogues based on the following situations. Whenever appropriate, switch roles and practice both parts of your dialogue.

Situaciones

A. Un cumpleaños. You and a friend talk about another friend's birthday. You cannot remember if it is tomorrow or the day after tomorrow, and your partner tells you. You suggest things to buy, and your partner says what he or she thinks of your suggestions. You each decide on an item to buy and say good-bye.

B. En la tienda. You enter a shop to buy a gift for a relative. After you state your intent, the clerk makes two or three suggestions. You ask for prices and let the clerk know the amount of money you have, your relative's age, and his or her preferences. You decide on an item, buy it, and say a polite farewell.

Option: Have the "clerks" in **Situación B** use the phrase **¿En qué puedo ayudarla(lo)?** (*How may I help you?*)

VOCABULARIO

NOUNS RELATING TO THE FAMILY
el **abuelo** grandfather
la **abuela** grandmother
los **abuelos** grandparents
la **familia** family
el **familiar** relative
el **hermano** brother
la **hermana** sister
los **hermanos** brother(s) and sister(s)
el **hijo** son
la **hija** daughter
los **hijos** children (sons and daughters)
la **madre (mamá)** mother
el **niño, la niña** child
el **padre (papá)** father
los **padres** parents
el **primo, la prima** cousin
la **tía** aunt
el **tío** uncle
los **tíos** aunt(s) and uncle(s)

NOUNS RELATING TO BIRTHDAYS AND PRESENTS
el **álbum** album
el **anillo** ring
la **billetera** billfold
la **blusa** blouse
la **bolsa** purse
la **calculadora** calculator
la **camisa** shirt
la **camiseta** T-shirt
el **cartel** poster
la **cinta** (cassette) tape
el **cumpleaños** birthday
el **osito de peluche** teddy bear

el **perfume** perfume
la **pulsera** bracelet
el **regalo** gift
el **rompecabezas** puzzle
el **suéter** sweater

OTHER NOUNS
los **anteojos** (eye)glasses
el **apartamento** apartment
la **avenida** avenue
la **calle** street
el **diccionario** dictionary
el **genio** genius
la **historieta** comic book
la **llave** key
la **mochila** backpack
el **país** country
el **piso** floor
la **revista** magazine
la **vez** time, instance

ADJECTIVES
barato cheap
caro expensive
delgado thin, slender
gordo fat
grande big
mayor older
menor younger
pequeño small
próximo next
tacaño stingy
último last

VERBS AND VERB PHRASES
cuidar to take care of
gastar to spend
llevar a comer to take out to eat

pasar to spend (time)
regresar a (la) casa to return to the house (home)
sacar buenas (malas) notas to get good (bad) grades
tomar to take

ADVERBS
a veces sometimes
casi almost
muchas veces often
nunca never
pocas veces rarely
siempre always
sólo only
todos los días every day
ya already

EXPRESSIONS
A ver... Let's see....
además in addition, besides
¿Con qué frecuencia? How often?
¿Cuál es tu dirección? What is your address?
¿Cuánto cuesta(n)? How much does it (do they) cost?
¿De quién(es)...? Whose...?
Me gustaría... I would like....
para mí as far as I am concerned, to me
pasado mañana day after tomorrow
por eso that's why, therefore
¿Qué te parece? What do you think?

NOTE: For the possessive adjectives, see **Exploración 2**. For the cardinal and ordinal numbers, see **Exploración 4**.

1.

2.

3.

4.

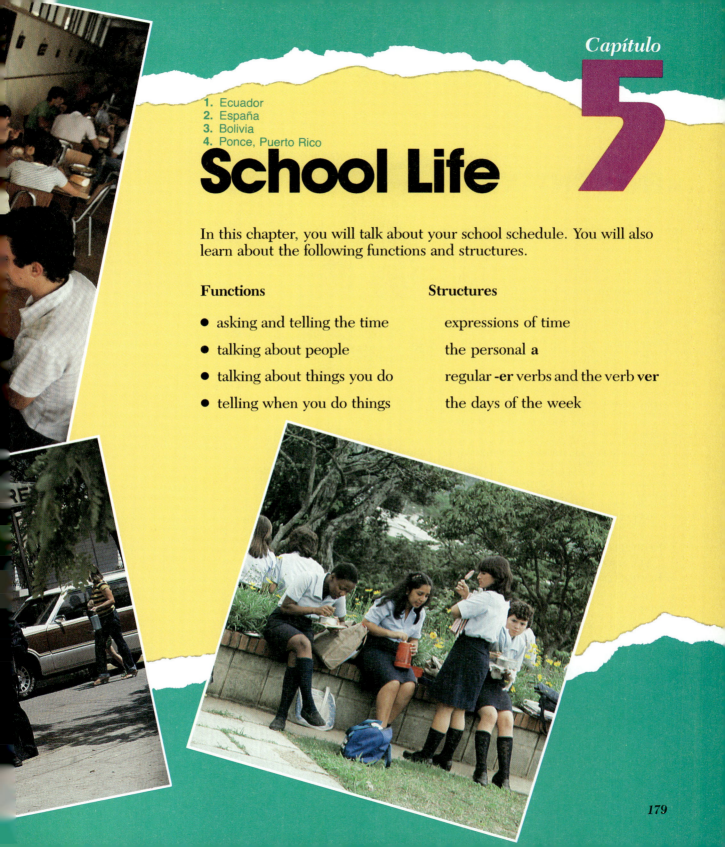

1. Ecuador
2. España
3. Bolivia
4. Ponce, Puerto Rico

School Life

In this chapter, you will talk about your school schedule. You will also learn about the following functions and structures.

Functions	Structures
• asking and telling the time	expressions of time
• talking about people	the personal **a**
• talking about things you do	regular **-er** verbs and the verb **ver**
• telling when you do things	the days of the week

1NTRODUCCIÓN

See Teacher's Preface for reference to Copying Masters and Overhead Transparencies available for this chapter. Workbooks and other ancillary materials are correlated to this chapter on the corresponding tabbed divider in your Teacher's Resource Binder. The Teacher's Preface contains abbreviated tapescripts of listening activities in the student text.

EN CONTEXTO

ST 66

Un día pesadísimo*

very hectic, terrible

Roberto meets Alonso during their break (**recreo**) at the Colegio San Ignacio in Río Piedras, Puerto Rico.

Prereading question: What important event is happening tomorrow?

Un colegio often refers to a private school. Middle-class families in Spanish-speaking countries frequently send their children to private or parochial schools.

ROBERTO	Alonso, ¿tienes planes para <u>esta tarde</u>? Hoy hay un partido de baloncesto y después vamos con Sergio e** Ignacio a comer.
ALONSO	¿Estás <u>loco</u>? ¡Imposible! Hoy estoy muy <u>ocupado</u> <u>después del colegio</u>. <u>Necesito</u> estudiar <u>antes de</u> la clase de inglés que tengo en el instituto <u>a las cinco</u>.
ROBERTO	¿Por qué no estudias después de tu clase de inglés?
ALONSO	Porque tengo <u>tantas cosas que hacer</u>. También tengo una clase de guitarra a las siete, después de inglés.
ROBERTO	¡<u>Pobrecito</u>!
ALONSO	¡Sí! Y además tenemos examen mañana.
ROBERTO	¿Tenemos examen? ¿Qué examen?
ALONSO	De biología. A las nueve <u>en punto</u> de la <u>mañana</u>.
ROBERTO	¡Dios mío! ¡Adiós!
ALONSO	Oye, ¿adónde vas?
ROBERTO	A la biblioteca… a estudiar.
ALONSO	¿Y el partido?
ROBERTO	¿Qué partido? Primero la biología.

this afternoon

crazy / busy
after school /
   I need / before
at five

so many things to do

poor thing

sharp / morning

---

* Note that **-ísimo / -ísima** when added to an adjective or an adverb means *very* or *extremely*: **grandé + ísimo = grandísimo; pesadó + ísimo = pesadísimo; cansadá + ísima = cansadísima**. If the word originally contained an accent, that accent is dropped in favor of the accent on **ísimo** or **ísima; fácil + ísimo = facilísimo**.

** Before all words beginning with **i** or **hi**, the conjunction **y** (*and*) is changed to **e**.

Students in Latin American countries often take extra classes outside of school.

▶ Comprensión

Answer the following questions based on **Un día pesadísimo**.

1. ¿Qué planes tiene Roberto para esta tarde?
2. ¿Por qué no quiere ir Alonso?
3. ¿Qué tiene que hacer Alonso a las cinco?
4. ¿Qué tiene que hacer Alonso a las siete?
5. ¿Qué hay mañana a las nueve en punto?
6. ¿Adónde va Roberto?

1. Hay un partido de baloncesto y después va con Sergio e Ignacio a comer.
2. Tiene que estudiar antes de la clase de inglés.
3. Tiene que ir a una clase de inglés.
4. Tiene que ir a una clase de guitarra.
5. Hay examen de biología.
6. Va a la biblioteca a estudiar.

ASÍ SE DICE

Students already know **el inglés, el español, la música**.

Here are some school subjects that both you and students in Spanish-speaking countries might take.

Suggestion: Point out that the article is usually not used after **estudiar** (**Estudio biología e inglés**).

Explain that **álgebra** (*f*) takes the article **el** because it begins with a stressed **a** sound. If the initial **a** is not stressed, the article remains **la: la avenida**.

el inglés

las matemáticas

el álgebra

la geometría

la contabilidad

la historia

la geografía

la mecanografía

la educación física

las ciencias

la física

la química

la biología

el arte

la programación de computadoras

el francés

Many Latin American students begin their study of science with **ciencias naturales** (**biología, zoología, botánica**). Most take **historia universal** and **nacional**. **Mecanografía** and **contabilidad** are not usually taught in secondary schools. Health (**higiene**) is not generally part of the curriculum.

A. Las clases. Listen to each group of three school subjects, and repeat the name of the subject that is <u>least</u> related to the other two.

MODELO la geometría, la educación física, el álgebra
la educación física

1. el francés
2. la mecanografía
3. la historia
4. el arte
5. el inglés
6. la música

COMUNICACIÓN

A. Mis estudios. Tell which subjects you are taking this year, then tell which ones you are not taking.

EJEMPLO el inglés
(No) tomo inglés.

B. ¿Qué estudias? Ask another student what he or she is studying this semester. Report your findings to the class.

EJEMPLO Tú: **¿Qué estudias, Ana?**
Ana: **Estudio español, arte,...**
Tú: **Ana estudia español, arte,...**

C. En mi opinión. Describe some of your classes that you feel particularly strongly about by adding the **-ísima** ending to the adjectives listed. Write at least six sentences.

San Pedro del Ribes, España

EJEMPLO **Mi clase de español es divertidísima.**

| fácil | pesado | difícil |
| interesante | divertido | importante |

D. ¿Qué curso? How does Andrés answer Carlota's questions? Look at his schedule, and write the answers to the questions you hear.

EJEMPLO ¿Qué clase tienes antes de arte?
francés

1. arte
2. geografía
3. geometría
4. biología
5. recreo
6. recreo
7. biología

8:55-9:45	geometría
9:50-10:40	biología
10:45-11:35	geografía
11:40-12:30	recreo
12:35-1:25	francés
1:30-2:20	arte

E. ¿Cuándo? Jot down your classes in random order on a slip of paper. Then exchange slips with a classmate, and take turns asking which classes come before or after certain others. Try to be the first one to figure out the correct sequence of your partner's schedule. When you think you know it, use ordinal numbers to verify the sequence: **Tu primera clase es inglés. Tu segunda clase...**

EJEMPLO **¿Qué clase tienes después de historia?**
francés
¿Tienes matemáticas antes o después de inglés?
después

When one partner is ready to verify the sequence of classes, the other partner says **correcto** or **incorrecto,** only after hearing the entire sequence. If there is a mistake, the first student continues questioning with **antes** and **después** and tries again.

EXPLORACIÓN 1

Function: *Telling time*
Structure: *Expressions of time*

PRESENTACIÓN

Some Spanish speakers ask, **¿Qué horas son?**

A. To ask what time it is, you say, **¿Qué hora es?** This question can be answered in the following ways.

1. On the hour

Son las dos (en punto).

Son las ocho.

Es la una.

Official time is usually given on a 24-hour basis, e.g., **las catorce** (**horas**) rather than **las dos de la tarde**.

Es mediodía.

Es medianoche.

Point out that the singular **es** is used only with times beginning with **una** (**Es la una y media**) and with **mediodía** and **medianoche**.

2. On the quarter or half hour

Son las tres y cuarto.
(Son las tres y quince.)

Es la una menos cuarto.
(Es la una menos quince.)

Son las diez y media.

3. Minutes before or after the hour

Son las cinco y diez.

Son las siete menos cinco.

Es la una menos veinte.

CAPÍTULO CINCO

ciento ochenta y tres   **183**

4. **Mediodía** and **medianoche** are used only when it is 12:00 on the dot. Otherwise, use **doce**.

Son las doce y media.   Son las doce y diez.

B. To ask or tell when an event occurs, **a** is used.

¿**A** qué hora vas al banco? *What time are you going to the bank?*

Voy **a** las diez. *I am going at ten.*

¿**A** qué hora tienes la clase de inglés? *What time do you have English?*

A la una. *At one.*

C. To indicate the part of the day a time occurs in, use the expressions **de la mañana, de la tarde,** and **de la noche. De la tarde** refers to times between 12:00 noon and around 6:00 P.M.

Explain that **tarde** means both *afternoon* and *evening*.

La clase de inglés es a las nueve de la mañana.
Vamos a dar un paseo a las seis de la tarde.
Voy a hacer la tarea a las ocho de la noche.

D. However, when no specific hour is given, use **por: por la mañana** (*in the morning*), **por la tarde** (*in the afternoon* or *evening*), **por la noche** (*at night*).

Estudio por la noche.   Hoy no tenemos clases por la tarde.

PREPARACIÓN

ST 70

A. ¿Dónde está?   Daniel has classes between 8:00 and 3:00. When you hear a time, decide if Daniel would be at school at that time. If he would be at school, write **sí**. If he would not be at school, write **no**.

MODELO   Son las seis de la tarde.

no

1. sí	**6.** sí
2. no	**7.** no
3. no	**8.** no
4. sí	**9.** sí
5. sí	**10.** sí

ST 71

B. La hora.   Write the times Marcos says as he teaches his brother Pablito how to tell time.

MODELO   Son las nueve y quince.

9:15

1. 1:20	**5.** 12:00
2. 11:50	**6.** 3:30
3. 6:30	**7.** 7:45
4. 10:15	**8.** 12:55

C. Relojes.   Sergio has a lot to do today. He constantly checks the time to make sure he gets everything done. Say what time it is each time Sergio glances at a clock.

MODELO   **¡No puede ser! Ya son las seis y diez.**

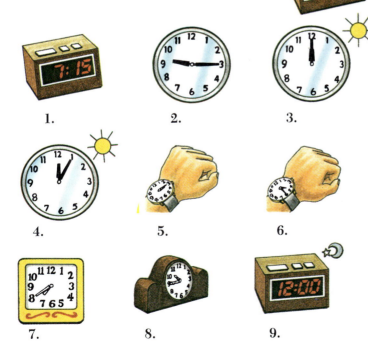

1.   2.   3.

4.   5.   6.

7.   8.   9.

1. ...son las siete y cuarto.
2. ...son las nueve y cuarto.
3. ...es mediodía.
4. ...son las doce y cinco.
5. ...son las tres y cuarto.
6. ...son las cuatro y media.
7. ...son las ocho menos veinte.
8. ...son las once menos cuarto.
9. ...es medianoche.

D. ¿Qué hora es?   Irene Salazar, a disc jockey in Río Piedras, frequently gives the time during her shift. What does she say?   See Copying Masters.

    MODELO   8:15 A.M.
               Son las ocho y cuarto de la mañana.

1. 10:25 A.M.   3. 11:50 A.M.   5. 1:20 P.M.   7. 2:20 P.M.
2. 11:15 A.M.   4. 12:30 P.M.   6. 1:45 P.M.   8. 4:00 P.M.

1. Son las diez y veinticinco de la mañana.
2. Son las once y cuarto de la mañana.
3. Son las doce menos diez de la mañana.
4. Son las doce y media de la tarde.
5. Es la una y veinte de la tarde.
6. Son las dos menos cuarto de la tarde.
7. Son las dos y veinte de la tarde.
8. Son las cuatro de la tarde.

E. Horario de clases.   Use the schedule below to write what class Laura
W has today at the times listed.

    MODELO   9:55
               A las diez menos cinco tiene español.

1. 1:05   3. 2:30   5. 10:10   7. 8:40
2. 11:15   4. 1:55   6. 11:20   8. 12:00

8:30 – 9:15	geometría
9:20 – 10:05	español
10:10 – 10:55	geografía
11:00 – 11:45	ciencias
11:50 – 12:30	recreo
12:35 – 1:20	programación de computadoras
1:25 – 2:10	educación física
2:15 – 3:00	inglés

1. ...programación de computadoras.
2. ...ciencias.
3. ...inglés.
4. ...educación física.
5. ...geografía.
6. ...ciencias.
7. ...geometría.
8. ...recreo.

COMUNICACIÓN

A. Tu horario.   Use the following suggestions to ask other students about their schedules.

    EJEMPLO   **¿A qué hora tienes geometría?**
                A las ocho y media.

¿A qué hora tienes...?

        inglés   educación física
        álgebra   biología
        historia   arte
        español   música

Suggestion: Have Toño ask, **¿A qué hora tienes geometría, Laura?** After Laura answers, redirect the question: **¿A qué hora tiene Laura su clase de geometría, Juan?**

B. ¡Hay tanto que hacer!   Friday is a holiday. Make a list of what you want to do, using either the times and activities shown in the box or some of your own. Then tell a classmate what you plan to do. Use **por la mañana, por la tarde,** and **por la noche**.

EJEMPLO   **Voy a nadar por la mañana. Voy a ir a la piscina a las ocho y media. Después...**

nadar	(la piscina—7:00–12:00)
ver el arte de Picasso	(el museo—12:00–4:00)
ver la nueva película	(horas de la película—2:30, 7:50)
buscar un libro en español	(biblioteca—9:00—9:00)
¿...?	(¿...?)

C. Los programas de esta noche.   A classmate is coming over to watch Spanish TV at your house. Work with a partner to discuss what you will watch. Take turns asking and telling each other what will be on at each time indicated on the schedule below.

Option: Before students work in pairs, do this exercise with the entire class for reinforcement.

EJEMPLO   **¿Qué hay a las siete y cinco?**
Fútbol.

HOY EN EL CANAL 10

12:20	Boletín meteorológico: el tiempo para mañana	5:10	El arte de cocinar
12:30	El amor imposible (melodrama)	6:00	24 horas (informaciones)
1:00	La pirámide de 25.000 dólares	7:05	Fútbol—México y Argentina
2:00	Falcon Crest	8:25	Concierto de Julio Iglesias
3:00	Buenas tardes	8:45	Tele-Cine: *E.T.* (película de ciencia-ficción)
4:00	Yogi y sus amigos (dibujos animados)	10:45	Grandes momentos de la ciencia
4:45	La programación de esta tarde	11:00	Panorama de África (documental)
		11:30	Esta noche se improvisa

Enrichment: Have students prepare reports on Spanish-language media (TV, radio, periodicals) available in your community.

D. **¿A qué hora?** Answer the following questions, or use them to interview another student. If the answer is not a specific time, use **por...**

1. ¿A qué hora vas al colegio por la mañana?
2. ¿A qué hora es tu clase de español?
3. ¿A qué hora es el recreo en la escuela?
4. ¿A qué hora vas a casa?
5. ¿A qué hora escuchas la radio?
6. ¿Cuándo estudias?
7. ¿A qué hora descansas por la noche?
8. ¿Cuándo hablas con tu familia?

Suggestion: Explain that in the U.S. military, time is on the 24-hour clock: 1300 (thirteen hundred) hours is 1:00 P.M., 1400 hours is 2:00 P.M., etc.

RINCÓN CULTURAL

Would you be surprised if you took a trip to Spain and found out that the bullfight you had tickets for began **a las 17:00**? Would you be on time for a lunch **a las 14:50**? When would you show up for a party given **a las 21:00**?

Though people in Spain and in Latin America also use the 12-hour system of telling time, to avoid having to distinguish between A.M. and P.M. (for example, **las diez de la mañana** or **de la noche**), times are often given on a 24-hour basis.

Look at your first day's schedule in Spain. Can you tell when you do what?

A. G. T. - 168

PUENTE - BUS: BARCELONA - MADRID

Enlaces a | Extremadura
La Mancha
Castilla

Con autocares de lujo   Servicio regular y diario

SALIDAS DE BARCELONA

Laborables (excepto Viernes)	7,00 horas
Viernes	15,00 y 22,00 horas
Domingos y Festivos	7,00 y 22,00 horas

SALIDAS DE MADRID

Laborables (excepto Viernes)	15,00 horas
Viernes	15,00 y 22,00 horas
Domingos y Festivos	15,00 y 22,00 horas

Madrid ~ Primer día

8,50 h.	Desayuno
9,50 h.	Excursión a Toledo
14,00 h.	Almuerzo
16,00 h.	Visita al museo del Prado
18,00 h.	De compras
21,00 h.	Cena

HORARIOS

Desayuno - Petit déjeuner - Breakfast

| Habitación Chambre Room | de 8 a 11 |
| Bar | de 11 a 13 |

Almuerzo - Déjeuner - Lunch

| Hotel | de 13 a 15 |
| Beach - Club | de 13 a 16 |

Cena - Diner - Dinner

| Hotel | de 20'30 a 22'30 |
| Beach - Club | de 21 a 24 |

Bares

| Hotel | de 11 a 24 |
| Beach - Club | de 11 a 01 |

Additional practice: Ask students to give their class schedules one subject at a time using the 24-hour time table, and have other students convert the times to the 12-hour clock.

EXPLORACIÓN 2

Function: *Talking about people and pets*
Structure: *The personal a*

PRESENTACIÓN

You have already used sentences with direct objects. Up to now, these direct objects have been things rather than people.

Suggestion: Remind students that a direct object receives the action of the verb.

Escucho **el tocadiscos**.	Pedro lava **los platos**.

A. When the direct object is a person or a pet, the preposition **a** precedes it. Note that the personal **a** cannot be translated into English. The personal **a** contracts with **el** to form **al**.

Visitan **a su tío**.	*They visit **their uncle**.*
¿Cuidas bien **a tu perro**?	*Do you take good care of **your dog**?*
Busco **al señor Pérez**.	*I am looking for **Mr. Pérez**.*

Some Spanish speakers use the personal **a** with all proper nouns: Visito **a México**.

B. The personal **a** is used with **¿quién?** and **¿quiénes?** when they are direct objects, meaning *whom*.

¿A quién llamas?	***Whom** are you calling?*
¿A quiénes vas a visitar?	***Whom** are you going to visit?*

In the answer to this type of question, the personal **a** is used before the name that replaces **quién** or **quiénes**.

¿A quién miras?	Miro **a Gabriela**.

Option: Ask students to explain why the cartoon is **un juego de palabras** (*pun*).

C. The personal **a** is generally not used with **tener**.

Tengo veinte primos.

D. Here are some verbs that often use the personal **a**: **buscar** (*to look for*), **esperar** (*to wait for*), **invitar** (*to invite*), **llamar** (*to call*). You also know **ayudar, cuidar, mirar,** and **visitar**.

Siempre espera a Laura.	*He always waits for Laura.*
Busco a mi perro.	*I'm looking for my dog.*

PREPARACIÓN

A. De visita en Nueva York. Pilar plans to go to New York to visit friends and see the sights. What does she say?

> MODELO José el museo
> **Voy a visitar a José.** **Voy a visitar el museo.**

1. el parque
2. mis primos
3. Rafael
4. el teatro
5. la señora Suárez
6. el señor Zúñiga
7. la biblioteca
8. el señor Gaitán

1. ...el parque.
2. ...a mis primos.
3. ...a Rafael.
4. ...el teatro.
5. ...a la señora Suárez.
6. ...al señor Zúñiga.
7. ...la biblioteca.
8. ...al señor Gaitán.

B. ¿Qué tengo que hacer? Mrs. Gómez is a very busy person. What does her secretary remind her she has to do?

> MODELO llamar / señor Ruiz
> **Usted tiene que llamar al señor Ruiz.**

1. comprar / unas cosas para su hijo
2. visitar / el señor Saldaña
3. llamar / señorita Gavia antes de las tres
4. visitar / el colegio de sus hijos
5. invitar / la señorita Torres a comer
6. mirar / el reloj a veces

1. ...comprar unas cosas...
2. ...visitar al señor...
3. ...llamar a la señorita...
4. ...visitar el colegio...
5. ...invitar a la señorita...
6. ...mirar el reloj...

C. El secretario. The next day Mrs. Gómez leaves her schedule at the office and calls her secretary to verify her appointments. Write what she asks and what she is told. See Copying Masters.

See Copying Masters.

> MODELO visitar / en el hospital (señor Delgado)
> **¿A quién visito en el hospital?**
> **Usted visita al señor Delgado.**

1. ayudar / en la oficina (señor Rubio)
2. esperar / a las diez (señora Armendáriz)
3. esperar / a las dos y cuarto (señor Durán)
4. llamar / antes de las cuatro y media (señorita Rocha)
5. buscar / en el museo a las seis (Silvia)
6. invitar / al restaurante (su prima)

Suggestion: As a follow-up, ask, **¿A quién va a visitar en el hospital? ayudar en la oficina / esperar a las diez / esperar a las dos y cuarto / llamar antes de las cuatro y media / buscar en el museo / invitar al restaurante**

COMUNICACIÓN

A. ¿Qué miras? Using vocabulary you know, make a list of two people and five things you are looking at in the classroom.

> EJEMPLO

Miro los libros.
Miro al profesor.

Option: Roberto says a sentence using an object as a direct object (**Busco el libro**). Luisa repeats the sentence adding a new item she thinks of (**Busco el libro y los lápices**). Students try to keep the game going as long as possible.

B. Y tú, ¿qué haces? As the weather changes, you probably prefer to do different activities. You will hear five questions about what you do based on the weather. Answer the questions.

EJEMPLO   Hace buen tiempo. ¿Cuidas a tus hermanos en casa?

No, no cuido a mis hermanos en casa.

C. ¿Qué tienes que hacer? Write questions to find out if a classmate has to do these activities on the weekend. Ask a classmate the questions you wrote, and wait for a response.

EJEMPLO   llamar / tus abuelos
¿Tienes que llamar a tus abuelos?
Sí, tengo que llamar a mis abuelos.

1. lavar / los platos
2. invitar / unos amigos a la casa
3. visitar / el colegio
4. estudiar / la lección de español
5. esperar / una amiga después de las clases
6. ayudar / tus padres
7. arreglar / tus cosas

The personal **a** is required in numbers **2, 5,** and **6.**

RINCÓN CULTURAL

Each year, high school students from the United States participate in exchange programs with schools in Spanish-speaking countries. One of the surprises in store for them in the new culture comes the day they receive report cards. How would you react if you got a 7 in algebra or a 5 in geography? Instead of using letter grades, many schools, such as this one in Mexico, use a 10-point grading system.

Look at Laura's report card. Would you say her parents are going to be happy or unhappy about her grades?

EVALUACION FINAL	
Materias	**Notas**
Lengua Española Literatura	5
Lengua Extranjera(..*inglés*..)	7.5
Historia-Geografía............	9
Matemáticas	7
Ciencias Naturales...........	5.7
Educación Física	6.5
Latín-Griego	4
Dibujo.......................	7
Música	6.5

Notas
10 Excelente   7 Regular
9 Muy bien   6 Suficiente
8 Bien   0-5 No suficiente

EXPLORACIÓN 3

Function: *Talking about things you do*
Structure: *Regular -er verbs and ver*

PRESENTACIÓN

A. Just as there is a group of verbs with infinitives ending in **-ar**, there is another group with infinitives ending in **-er**. Study the endings of the verb **comprender** (*to understand*).

comprender

comprend**o**	comprend**emos**
comprend**es**	comprend**éis**
comprend**e**	comprend**en**

B. Here are some other verbs like **comprender**.

aprender (a) *to learn (to)*	deber. *to have to (should, must)*
comer *to eat*	prometer *to promise*
leer *to read*	creer *to think, to believe*

Aprendo a tocar el piano.   *I'm learning to play the piano.*
¿Aprendes español en la escuela?   *Are you learning Spanish in school?*

Jorge e Isabel leen mucho.   *George and Isabel read a lot.*
¿A qué hora comen ustedes?   *What time do you eat?*

> Explain that **aprender** takes an **a** when followed by an infinitive (**aprender a programar**).
>
> **Suggestion:** You may wish to point out that the first **e** in **leer** and **creer** is part of the stem (**leer → leo, leemos**).

C. **Ver** is regular except for its **yo** form, which has an extra **e**. Learn its forms.

ver

veo	vemos
ves	veis
ve	ven

Veo bien con anteojos.   *I see well with glasses.*
Vemos al señor Peña   *We see Mr. Peña every day.*
   todos los días.

D. Here are some vocabulary words often used with **leer**.

la novela *novel*	la lección *lesson*	la carta *letter*
el periódico *newspaper*	la poesía *poetry*	la tarjeta *card*

E. Two common expressions with **creer** are **Creo que sí** (*I think* or *believe so*) and **Creo que no** (*I don't think* or *believe so*).

PREPARACIÓN

ST 73

A. **¿Qué hacen?** Mrs. Vega calls home from work and tells her husband to make sure everyone does what they should today. Look at the pictures. If they are doing what she says they should, say **sí**; if not, say **no**.

Substitution: **1.** Rosita lee un libro. Yo / Roberto / Tú / Yolanda y yo / Los chicos / Luis y Patricia **2.** Como muchísimo. Esteban / Tú / Las chicas / Nosotros / Ellos / Jorge **3.** Prometen arreglar el cuarto. Juan y María / Yo / Tú / Nosotros / Paco **4.** No comprendo la tarea. Ustedes / Luisa / Los chicos / Tú / Nosotros / Ellas **5.** Juan ve al profesor. Yo / Luisa / Mis hermanos / Tú y yo / Ustedes

1. no
2. sí
3. sí
4. sí
5. no
6. no
7. sí

1. Tomás y Silvia   **2.** Pablito   **3.** Alonso

4. Alonso   **5.** El señor Vega   **6.** Silvia   **7.** Pablito y Silvia

B. **¿Qué aprenden?** Roberto's younger sister, Evita, is struggling to learn to read. Roberto assures her that everyone else in the family, regardless of age, is learning something new too.

MODELO   **mamá/ jugar tenis**
Mamá aprende a jugar tenis.

1. papá / bailar el flamenco
2. Luis y Víctor / esquiar
3. Laura / tocar la música de Manuel de Falla
4. nosotros / cocinar como los españoles
5. yo / programar computadoras
6. tú / leer

1. aprende a
2. aprenden a
3. aprende a
4. aprendemos a
5. aprendo a
6. aprendes a

C. Salón de estudios. Luisa is pointing out to Nicolás what everyone is reading in the library. Combine the elements given, and write what she says.

MODELO   Tomás
         Tomás lee poesía.

1. Raúl y yo		una carta
2. Diana		una revista
3. Alicia		una novela
4. Sara		unas revistas
5. Yo	leer	un periódico
6. Tú		un libro de contabilidad
7. Adán		una historieta
8. Luis y Jorge		una tarjeta

1. Raúl y yo leemos unas revistas.
2. Diana lee una novela.
3. Alicia lee una carta.
4. Sara lee un libro de contabilidad.
5. Yo leo una revista.
6. Tú lees una historieta.
7. Adán lee una tarjeta.
8. Luis y Jorge leen un periódico.

D. En familia. Sergio is conducting a survey for his sociology class and wants to know if Ricardo and his family see most of their relatives.

MODELO   Ricardo / tus abuelos   Sí, (yo)...

Sergio: **Ricardo, ¿ves a tus abuelos?**
Ricardo: **Sí, (yo) veo a mis abuelos.**

Sergio	Ricardo
1. Laura y Evita / sus primas	Sí, (ellas)...
2. tu mamá / sus padres	Sí, (ella)...
3. Ricardo / tus tíos	Sí, (yo)...
4. tus padres / sus primos	No, (ellos)...
5. Víctor y tú / sus primos	Sí, (nosotros)...
6. Raúl / sus tíos	Sí, (él)...

1. ven...
2. ve...
3. veo...
4. ven...
5. vemos...
6. ve...

ST 74

E. Un fin de semana perfecto. Everyone in Graciela's family is doing something different today. Listen to what Graciela tells her cousin each of the following family members is doing, and complete the sentences in writing.

1. Pepe...
2. Yo...
3. Mamá...
4. Papá y Silvia...
5. Silvia...
6. Tomás y yo...
7. Mis padres...
8. Tú...

See Copying Masters.

1. come muchísimo.
2. leo una tarjeta.
3. lee una revista.
4. leen el periódico.
5. promete llamar a su prima.
6. leemos la lección.
7. ven televísión.
8. aprendes a tocar el piano.

F. ¿Y en la escuela? Felipe is talking to his grandparents about his classmates and his classes. What does he say? Complete his sentences by choosing the correct form of the verbs in parentheses.

1. Todos los días, yo ===== algo nuevo. (aprender)
2. Casi siempre, nosotros ===== las lecciones. (comprender)
3. A veces, yo ===== revistas en inglés. (leer)
4. A veces, nosotros ===== películas en inglés. (ver)
5. Los otros estudiantes ===== mucho. (aprender)
6. Sí, nosotros ===== estudiar más. (deber)
7. Mi amigo Alonso nunca ===== antes de un examen. (comer)
8. Los profesores ===== ser pacientes. (prometer)

1. aprendo
2. comprendemos
3. leo
4. vemos
5. aprenden
6. debemos
7. come
8. prometen

COMUNICACIÓN

A. Tareas difíciles. Work with a partner and tell each other which home-work assignments you usually understand and which ones you some-times or hardly ever understand. Use the expressions **(casi) siempre**, **a veces**, **pocas veces**, and **(casi) nunca**.

> EJEMPLO   matemáticas
> **Yo comprendo las matemáticas casi siempre. ¿Y tú?**
> **Yo comprendo las matemáticas a veces.**

matemáticas   programación de computadoras
español   química
biología   historia
mecanografía   ¿...?

B. Obligaciones. Use the suggestions below to write six sentences say-ing what you need to do.

> EJEMPLO   estudiar
>
> *Debo estudiar historia.*

ir   estudiar   leer   comprar   ayudar
mirar   practicar   arreglar   lavar   aprender (a)

Option: Remind students that when two verbs are used together, the sec-ond verb remains in the infinitive.

C. Promesas. You have decided to turn over a new leaf. What do you promise as New Year's resolutions? Make six resolutions, adding at least two of your own, based on the following suggestions.

> EJEMPLO   **Prometo escuchar a los profesores.**
> **Prometo no ver televisión cuando debo estudiar.**

estudiar más   lavar los platos
visitar a mis abuelos   practicar el español
hacer la tarea   ¿...?
leer buenos libros   ¿...?

Suggestion: To practice other forms of **prometer,** have students tell the class what another stu-dent promises.

D. ¿Crees? Find out a classmate's opinions on these subjects dealing with school and other occupations.

> EJEMPLO   ir a la escuela (importante)
> **¿Es importante ir a la escuela?**
> **Creo que sí. (Creo que no.)**

1. estudiar las ciencias (importante)
2. aprender a nadar (fácil)
3. estudiar las matemáticas (necesario)
4. ver televisión cuando estudias (bueno)
5. hacer la tarea (importante)
6. comprender el español (fácil)
7. hablar español (difícil)

RINCÓN
CULTURAL

Teenagers in the Spanish-speaking world have several educational options, such as attending **una escuela normal,** which prepares the student to be a teacher, or **una escuela técnica,** which prepares the student for an office career. The closest equivalent of the American high school is **el colegio,** which prepares students in the liberal arts and for further study in the universities.

There are many similarities between an American high school and **un colegio,** but there are also differences. In Latin America, the school day may last anywhere from four to seven hours. How would you feel about going to school for seven hours a day when your best friend goes for only five? How would you react to having the greatest percentage of your grade depend on your final exam—part of which is oral? Finally, not all secondary schools in Latin America are co-ed (**mixtos**). Do you think you would be able to concentrate better in class if you were in an all boys' or all girls' school?

Which school would you rather attend—**una escuela normal, una escuela técnica,** or **un colegio**?

The term **colegio** is also used to describe elementary schools and colleges, depending on the region.

Suggestion: Ask your Spanish-speaking or other students to prepare a report comparing school systems in Spanish-speaking countries and the United States.

Escuela San Jorge Quilmes, Argentina

Oruro, Bolivia

EXPLORACIÓN 4

Function: *Telling when you do things*
Structure: *Days of the week*

PRESENTACIÓN

A. To talk about when you do things, you need to know the days of the week (**los días de la semana**).

lunes *Monday*	martes *Tuesday*	miércoles *Wednesday*	jueves *Thursday*	viernes *Friday*	sábado *Saturday*	domingo *Sunday*
	1	2	3	4	5	6
7	8	9	10	11	12	13
14	15	16	17	18	19	20
21	22	23	24	25	26	27
28	29	30	31			

Mention that on Spanish calendars, Monday appears to the left as the first day of the week.

B. Often the definite article is used with the days of the week.

1. To indicate that the action happens on a particular day, the definite article **el** is used.

El lunes es mi cumpleaños.   *Monday is my birthday.*
Vamos a descansar **el** sábado.   *We are going to rest on Saturday.*

Point out that the days of the week are all masculine and that they are not capitalized.

2. If something happens repeatedly on a certain day, **los** is used with the day of the week in the plural.

Visito a mis abuelos **los**   *I visit my grandparents **on***
  domingos.   *Sundays.*

C. To ask and tell what day of the week it is, use the following.

¿Qué día es hoy?   *What is today?*
Hoy es miércoles.   *Today is Wednesday.*

The definite article is not used after **hoy es** or **mañana es**.

Point out that the singular and plural forms are the same for days ending in **-s** (**el martes** / **los martes**).

Suggestion: Name a day of the week, and have students name the day before and the day after.

lunes martes miércoles jueves viernes sábado domingo

PREPARACIÓN

ST 75

A. Una semana de exámenes. Virginia's friend Eugenio has lost his schedule during final exam week. Listen as Virginia tells him when each exam is. Make a new schedule, and write each subject you hear in the appropriate column.

Substitution: ¿Qué día es hoy? Es lunes. miércoles / sábado / domingo / jueves / martes / viernes

See Copying Masters.

	lunes	martes	miércoles	jueves	viernes
mañana	geometría	geografía	inglés	francés	biología
tarde	química		álgebra		historia

B. Siempre ocupada. Sergio wants to set a date to go to the movies with Verónica, but she is not sure she wants to go out with him. What does he ask her, and what does she say as she tries to avoid him?

MODELO   . . .el domingo   cantar en la iglesia

Sergio: **¿Quieres ir al cine el domingo?**
Verónica: **Los domingos siempre canto en la iglesia, Sergio.**

Sergio	Verónica	
1. . . .el lunes?	ayudar a mi abuela en casa	1. . . .ayudo. . .
2. . . .el martes, entonces?	deber arreglar mi cuarto	2. . . .debo. . .
3. . . . el miércoles?	trabajar en la biblioteca	3. . . .trabajo. . .
4. . . .el jueves, entonces?	practicar tenis	4. . . .practico. . .
5. . . .el viernes, pues?	tener una clase de francés	5. . . .tengo. . .
6. . . . el sábado?	ir de compras	6. . . .voy. . .
7. . . . el domingo?	comer en casa de mis abuelos	7. . . .como. . .

COMUNICACIÓN

A. Esta semana.   Interview a classmate to find out his or her plans for the coming week. Make a chart and list at least two activities under each day.

Option: If time permits, ask students to report the results of their interviews to the class.

EJEMPLO   Tú: **Ana, ¿qué vas a hacer el lunes?**
Ana: **Tengo un examen de química por la mañana y voy a jugar tenis por la tarde.**

> lunes
> examen de química
> jugar tenis

B. Visita de un amigo hispano.   Imagine that an exchange student from Puerto Rico is spending a week with you. Write out a schedule, planning different activities for each day of the week.

EJEMPLO

> El lunes vamos a visitar el museo.

Instituto Nacional de Bachillerato, Madrid, España

LECTURA

Prereading question: What happened to the students on the day of their chemistry exam?

ST 76

La hora de la verdad

Es el lunes por la mañana y los estudiantes del Colegio Simón Bolívar siempre están contentos de ir a la escuela. Por ejemplo, aquí vemos a Vanesa que pronto debe salir para la escuela.

Prereading activity: Have students study the cartoons and read the captions silently first. Then read the captions to the class. Ask two or three students to read to the class both cartoons and captions. Discuss them.

Por la tarde cuando entra el profesor de química en el laboratorio todos están listos para escuchar sus explicaciones. ¡Desean aprender tantas cosas!

Al día siguiente, durante el examen de química, los futuros científicos finalmente aprenden su lección.

Expansión de vocabulario

el científico scientist	**listos** ready
desear to want	**¡No lo creo!** I don't
durante during	believe it!
la explicación explanation	**siguiente** next
el guante glove	**la verdad** truth
levántate get up	

ST 77

Comprensión

Answer the following questions based on **La hora de la verdad.**

1. ¿A qué hora llama a Vanesa su madre?
2. ¿Qué busca Vanesa?
3. ¿Qué planes tiene Sergio para esta noche?
4. ¿Qué leen Laura e Isabel?
5. ¿Al día siguiente, están contentos los estudiantes? ¿Por qué?
6. ¿Qué aprenden los estudiantes el día del examen de química?

1. a las siete
2. su guante
3. Quiere invitar a Laura al cine.
4. una revista nueva
5. no, porque tienen un examen difícil
6. que deben estudiar y escuchar al profesor y que los exámenes son difíciles si no escuchan al profesor

COMUNICACIÓN

A. **Un día en la vida de un(a) estudiante.**   Answer the following questions, or use them to interview another student about a typical day in his or her life.

1. ¿Qué días vas al colegio?
2. ¿Qué clases tienes por la mañana? ¿Y por la tarde?

3. ¿Vas a la biblioteca todos los días?
4. ¿Con quién comes en la escuela?
5. ¿A qué hora regresas a casa?
6. ¿Llamas a un amigo por teléfono?
7. ¿Trabajas después de la escuela? ¿Dónde trabajas?
8. ¿Cuándo debes hacer la tarea?
9. ¿Qué ves en la televisión por la noche?
10. ¿Lees por la noche? ¿Qué lees?

B. **¿Qué debes hacer?**   Using the cues or other words you know, tell what you should do in the following situations.

EJEMPLO   Tienes un examen muy difícil mañana. (estudiar / escuchar)
Debo estudiar mucho esta noche.
Debo escuchar muy bien la explicación del profesor hoy.

1. Hay examen mañana y tu libro está en el colegio. (buscar)
2. Tienes que buscar un libro sobre la historia de España. (biblioteca)
3. Nunca estás listo para ir al colegio por la mañana. (mirar el reloj)
4. No te gusta comer en la cafetería. (comer en casa)
5. Quieres aprender programación de computadoras pero no hay clases en tu escuela. (leer / comprar)
6. Hay una fiesta y quieres invitar a tus amigos. (llamar)

Suggestion: Have students exchange papers to compare questions and to determine the questions most often asked.

C. **Intercambio estudiantil.**   Imagine you are an exchange student at the Colegio Luis Vives in Valencia, Spain. Write six questions you might ask in order to find out as much as possible about your new school.

EJEMPLO   ¿Tienen recreo todos los días?
¿Son difíciles los exámenes?

Mayagüez, Puerto Rico

Have students begin with reading questions 1–3 in Activity D and listen for those answers the first time through. Then do questions 4–6 on second listening.

ST.78.

D. **¿Cuándo vamos?**   Listen to the conversation between Alicia and Elena, and answer the following questions.

1. ¿Qué quiere hacer Elena?
2. ¿En qué clase tiene un examen Alicia?
3. ¿Qué va a hacer Alicia después del colegio?
4. ¿Va a jugar baloncesto Elena también?
5. ¿A quién visita Alicia los sábados?
6. ¿Cuándo van a ir al cine Elena y Alicia?

1. ir al cine   4. sí
2. en biología   5. a sus abuelos
3. jugar baloncesto 6. el domingo

PRONUNCIACIÓN

ST 79

In Spanish the sound of the letter **j** is similar to the English *h* in *help*.
The sound is exaggerated and pronounced from the back of the mouth.

José	hijo	viejo
reloj	jugar	juego
ejemplo	tarjeta	enojado

Suggestion: Remind students that the **h** in Spanish is silent.

The letter **g**, when followed by an **e** or an **i**, is pronounced like the **j**.

biología	Gerardo	gimnasia
álgebra	geografía	geometría

The **g** followed by any other vowel or by a consonant is similar to the *g* in
go or *great*, only slightly softer.

gordo	gracias	Gregorio
regalo	gusto	mecanografía
luego	amigo	algo
gastar	ganar	gato

Now repeat the following sentences.

1. Gerardo es el hijo de José.
2. Va a jugar tenis con Juan.
3. Juan tiene ganas de hacer gimnasia después.
4. Hoy Juan tiene un regalo para Gerardo.
5. Es un reloj.

Here is an opportunity to test yourself to see what you can do. If you have trouble with any of these items, study the topic and practice the activities again, or ask your teacher for help.

Vamos a escuchar

ST 80

A. El horario. Simón is reading his class schedule to Miguel over the telephone, and Miguel jots down each subject and the time. What does he write?

EJEMPLO **Tengo álgebra a las dos y cuarto de la tarde.**

> *álgebra : 2:15*

1. geografía: 9:10
2. historia: 9:50
3. química: 10:45
4. español: 1:30
5. educación física: 2:00
6. geometría: 3:00

See Copying Masters.

ST 81

B. Una carta. Pablito is writing to his mother from camp. Listen to his letter, and complete the following sentences according to what you hear.

1. Los ===== y los ===== Pablito trabaja en el jardín y cocina con el grupo.
2. Los ===== y los ===== Pablito y sus amigos practican deportes.
3. Aprenden a tocar la guitarra ===== .
4. Los ===== Pablito y sus amigos escuchan música en la radio.
5. Los ===== descansan.

1. lunes / miércoles
2. martes / jueves
3. los viernes
4. sábados
5. domingos

Vamos a leer

A. El año próximo. Read what Gloria is thinking during registration, then answer the questions. Write **sí** if the statement is true, **no** if it is not, and **no sé** if you cannot tell from the reading.

Tengo que tomar seis clases. Quiero tomar clases interesantes, divertidas y fáciles. No me gustan las clases difíciles. La clase de español es muy fácil... ¡Ajá! Veo a Javier y a Yolanda. Quiero tomar una clase con ellos y creo que van a tomar programación de computadoras. Yo también debo aprender programación de computadoras, pero ellos van a tomar la clase de las dos de la tarde. Español también es a las dos. ¡Qué problema! Voy a

buscar a la señora Palacios porque ella ayuda a todos los estudiantes...
Pero está ocupadísima. ¡Qué pena! Entonces voy a tomar español a las dos
y programación de computadoras a las tres. Además voy a tomar biología,
geografía, historia, y álgebra. ¡Bueno! ¡Seis clases fáciles!

1. Gloria quiere tomar clases interesantes.   sí
2. Gloria cree que necesita aprender programación de computadoras.   sí
3. La clase de español es a las dos y media.   no
4. La señora Palacios ayuda a Gloria con su decisión.   no
5. La señora Palacios es la profesora de álgebra.   no sé
6. Gloria cree que las clases de ciencias y matemáticas son fáciles.   sí
7. Gloria quiere tomar una clase con la señora Palacios.   no sé

Vamos a escribir

A. Un día pesadísimo.   Roberto is writing down the things he has to do
today. Rewrite the following sentence, adding the personal **a** or **al** if
needed.

Tengo que visitar __1__ mis abuelos, buscar __2__ unos libros de poesía,
hacer __3__ mi tarea de inglés, ayudar __4__ Luis con su tarea, esperar
__5__ Víctor, llamar __6__ profesor, ayudar __7__ mi hermana a lavar el
carro, arreglar __8__ mi cuarto, escuchar __9__ mi disco nuevo, y además
cuidar __10__ mi perro Dino.

1. a   6. al
2. —   7. a
3. —   8. —
4. a   9. —
5. a   10. a

B. Los exámenes finales.   Diana has planned
her week before final exams. She has scheduled
time to study, practice and play her guitar,
finish her math and physics homework, and
study for finals in Spanish, math, physics,
English, and history. Tell when she is going to
do each activity shown on her schedule.

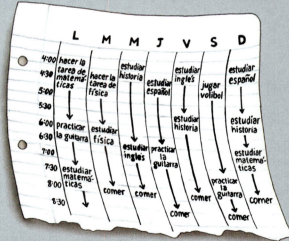

EJEMPLO   **El lunes a las 7:30 Diana va
a estudiar matemáticas.**

C. El diario pictórico.   As an assignment in her drawing class, Elsa is
drawing pictures that illustrate the events of her day. Look at her pictures, and write at least three sentences that she could use to describe each one. Keep in mind the time, the part of the day, the use
of the personal **a**, and the **-er** verbs while you are describing the
events.

EJEMPLO

A la una menos cuarto de la tarde tomo la clase de inglés.
Leemos un libro y escuchamos al profesor.

1.

2.

3.

D. Tu propio horario.   An exchange student is using you as a model to compare high school students in his hometown with those in your city. Answer his questions in complete sentences.

1. ¿A qué hora vas a la escuela?
2. ¿A qué hora es tu clase de español?
3. ¿Qué clase tienes después de la clase de español?
4. ¿Qué otras clases tomas ahora?
5. ¿Qué clases vas a tomar en el futuro?
6. ¿Tienes mucha tarea?
7. ¿Cuántas horas estudias por la noche?
8. ¿Cuántas horas de televisión ves en un día?
9. ¿Qué te gusta leer?
10. ¿Cuáles son tus días favoritos? ¿Por qué?

Clase de mecanografía, España

Vamos a hablar

Situaciones

Work with a partner or partners and create dialogues using the situations described below. Whenever appropriate, switch roles and practice both parts of your dialogue.

A. La lección.   You and a classmate are studying together. When you discuss the homework and your class, you find that you disagree about the homework assignment. You decide to call a friend to settle the argument, then you invite him or her over to study.

B. Mis clases.   You are discussing a problem you are having at school with one of your parents. You do not understand one of your classes. The homework is extremely difficult. Your parent says you should speak to your teacher. You promise to do so and to study more.

VOCABULARIO

NOUNS RELATING TO SCHOOL SUBJECTS
el arte art
la biología biology
las ciencias science
la contabilidad bookkeeping, accounting
la educación física physical education
la física physics
el francés French
la geografía geography
la geometría geometry
la historia history
la mecanografía typing
la programación de computadoras computer programming
la química chemistry

OTHER NOUNS
la carta letter
el científico scientist
el colegio (private) school
la explicación explanation
el guante glove
la hora time, hour
el instituto institute
el laboratorio laboratory
la lección lesson
el minuto minute
la novela novel
el periódico newspaper
los planes plans
la poesía poetry
el recreo recess
la verdad truth

ADJECTIVES
imposible impossible
listo ready
loco crazy
ocupado busy
pesadísimo very hectic, terrible
siguiente next, following

ADVERBS AND PREPOSITIONS
antes (de) before
después (de) after, afterwards
durante during
finalmente finally
rápido fast, quick

EXPRESSIONS OF TIME
¿A qué hora...? At what time...?
cuarto quarter (before or past the hour)
de la mañana in the morning, A.M.
de la noche at night, P.M.
de la tarde in the afternoon, evening, P.M.
en punto sharp
media half (past the hour)
la medianoche midnight
el mediodía noon
menos before the hour
por la mañana in the morning
por la noche at night
por la tarde in the afternoon, evening
¿Qué hora es? What time is it?

VERBS
aprender (a) to learn (to)
buscar to look for
comer to eat
comprender to understand
creer to think, to believe
deber to have to (should, must)
desear to want
entrar (en) to enter
esperar to wait for
invitar to invite
leer to read
llamar to call
necesitar to need
prometer to promise
ver to see

OTHER WORDS AND EXPRESSIONS
Creo que no. I don't think (or believe) so.
Creo que sí. I think (or believe) so.
¡Dios mío! My goodness!
Hoy es... Today is....
levántate get up (*sing., informal*)
¡No lo creo! I don't believe it!
pobrecito poor thing
por ejemplo for example
¿Qué día es hoy? What day is today?
tantas cosas que hacer so many things to do

NOTE: For the days of the week, see **Exploración 4**.

1.

3.

5.

Favorite Foods

In this chapter, you will talk about some of your favorite things to eat. You will also learn about the following functions and structures.

Functions

- talking about things you do

- talking about how you feel

- talking about what you know

- talking about likes and dislikes

Structures

-**ir** verbs and irregular -**er** and -**ir** verbs

expressions with **tener**

the verbs **saber** and **conocer**

verbs like **gustar**

4.

211

INTRODUCCIÓN

See Teacher's Preface for reference to Copying Masters and Overhead Transparencies available for this chapter. Workbooks and other ancillary materials are correlated to this chapter on the corresponding tabbed divider in your Teacher's Resource Binder. The Teacher's Preface contains abbreviated tapescripts of listening activities in the student text.

EN CONTEXTO

ST 82

A group of friends decide to write to **la Dra. Sabelotodo** (*Dr. Know-It-All*) for advice about some problems they are having. Do you agree with her recommendations?

Prereading activity:
Have students skim the reading and tell whether the problems generally pertain to *money, romance, health,* or *family*.

¿Cuál es tu problema?

Querida Dra. Sabelotodo,
Tengo problemas para <u>dormir</u> por la noche. Por eso, siempre estoy cansado en la escuela y saco notas malísimas. No sé qué hacer.
David Desvelado

sleeping

Point out that a male doctor is **(el) doctor (Dr.)** and a female doctor is usually **(la) doctora (Dra.)**.

Mi querido *Desvelado*,
Tienes que <u>evitar</u> el café, el té y los <u>refrescos</u> de cola. Además, antes de dormir, ¿por qué no <u>tomas</u> un poco de <u>leche</u>?

avoid / soft drinks
drink / milk

Querida doctora,
Quiero <u>bajar de peso</u>, pero para mí la <u>comida</u> es como una obsesión. Sobre todo me gustan <u>los dulces</u>. ¿Qué voy a hacer?
Diego Desesperado

lose weight / food
sweets

Mi querido *Desesperado*,
Tienes que evitar las <u>cosas</u> con muchas calorías. No debes comer <u>ni</u> dulces <u>ni</u> helado. Tienes que comer más <u>verduras</u>, frutas u* otra comida buena.

things / neither
nor / vegetables

*__O__ (*or*) becomes __u__ when it is followed by a word that begins with __o__ or __ho__.

Querida Dra. Sabelotodo,
Nunca tengo <u>tiempo</u> para <u>desayunar</u>, porque siempre tengo que hacer mi tarea antes de ir a la escuela. Sé que muchas veces la comida rápida no es buena. ¿Qué debo hacer?

time / to eat breakfast

Pilar Apurada

Mi querida *Apurada*,
No hay problema. ¿Qué te parece comer una <u>manzana</u> con <u>queso</u>? Es comida <u>sana</u> y fácil de preparar. ¿Y por qué no haces la tarea por la noche?

apple / cheese
healthy

Querida doctora,
Quiero <u>aumentar de peso</u>. Soy fanático de los deportes y con tanta actividad física bajo muy fácilmente de peso. ¿Una recomendación, doctora?

gain weight

Beto Esbelto

Mi querido *Esbelto*,
¡Más tiempo en la <u>cocina</u> y menos tiempo en la <u>cancha</u> de deportes! Debes comer más cereales y si te gustan, los dulces a veces. Buena suerte.

kitchen / playing field

Letter writers' last names are not active vocabulary, but you may challenge students to guess their meaning based on each person's problem. On the chalkboard, write names to the left (**desesperado, desvelado,…**). To the right, write definitions (**que no tiene ni paciencia ni optimismo, que no tiene sueño**) or English equivalents (*desperate, sleepless, worried, hurried, svelte*).

ST 83

▋ Comprensión

Matching the phrases in the two columns below, tell what Dr. Sabelotodo recommends for the problems described in **¿Cuál es tu problema?**

1. para dormir bien
2. para bajar de peso
3. para tener tiempo para el desayuno
4. para las personas muy ocupadas
5. para aumentar de peso

a. trabajar menos
b. no hacer la tarea por la mañana
c. comida que no es difícil de preparar
d. evitar los dulces y comer más verduras
e. escuchar música clásica antes de dormir
f. evitar la cafeína
g. comer más y con más frecuencia

1. f **2.** d **3.** b **4.** c **5.** g

Suggestion: Spread vocabulary activities over different days as warm-ups and review.

ASÍ SE DICE

1. Las comidas principales

el desayuno   el almuerzo   la cena

Point out that these three meals and meal times are typical of most Spanish-speaking countries; that the midday meal may begin as early as 12:00 or as late as 3:00; that in Mexico **el almuerzo** is a heavy breakfast, while the main meal of the day (eaten early afternoon) is **la comida**.

2. Las carnes

la carne asada

el pollo

el pescado

las chuletas de cerdo

el bistec

el jamón

The word **plátano** can refer to either *bar* or *plantain*. Plantains are more like a ve- table. They cannot be eaten raw and are often served fried with the main meal.

3. Las verduras y los acompañamientos

los frijoles

las papas

los plátanos

el arroz

los tomates

la ensalada

las zanahorias

las espinacas

In Spain, potatoes are called **patatas,** and in Mexico, red tomatoes are called **jitomates**.

4. Los postres

los pasteles

las tartas

las frutas con queso

el helado

el flan

Other fruits: **cerezas** (*cherries*), **toronja** (*grape-fruit*), **piña** (*pineapple*), **melocotones** (*m*) or **du-raznos** (*peaches*), **limones** (*m*) (*lemons, limes*).

5. Las frutas

las manzanas

las uvas

las peras

las fresas

las naranjas

el melón

6. Las bebidas

el chocolate

el agua mineral

el té

los refrescos

el café con leche

el jugo de naranja

7. Para el desayuno...

el pan

la mantequilla

la mermelada

los huevos fritos

la tortilla de huevo

la tortilla de maíz

el tocino

In the United States, **tortilla** often refers to the Mexican corn cake, while in Spain and many Latin American countries, it means *omelet*. Spanish speakers do not consider the **tortilla** (**de huevo**) a breakfast food. They might, however, have **huevos revueltos** (*scrambled eggs*) for breakfast.

¿Y TÚ?

A. **¿Qué es?**   You will hear a food category named, followed by a list of foods. Raise and lower your hand each time you hear a food that belongs to the designated category.

B. **¿Sal o azúcar?**   When you hear the name of a food, tell whether it is usually prepared with salt or with sugar.

C. **De memoria.**   Name a food item from a designated category, and call on a classmate. The classmate will repeat what you say, add a food from the same category, and call on another student. See how long you can make each food string.

> MODELO   Tú: **el bistec—Norma**
> Norma: **el bistec, el pollo—Víctor**

COMUNICACIÓN

A. **¿Qué hay de comer?**   Listen to what is available on the room service menu of the Hotel Colón. Write the name of the food that you would be <u>least</u> likely to order in each case, and provide a reason.

> EJEMPLO   Para el almuerzo, pan con queso, arroz con pollo o
> ensalada de frutas
> **ensalada de frutas—No me gustan mucho las frutas.**

B. **Problemas de dieta.**   You are **Dr(a). Sabelotodo,** and **Nuria Nerviosa** writes to you complaining of nervousness and headaches. Wondering if her diet is to blame, she asks you to evaluate one of her typical daily menus. Give her some advice, using these phrases as necessary.

Desayuno
8:05   cereal, café con leche
9:30   refresco de cola
10:45   pastel de chocolate

Almuerzo
12:40   pan con queso, unos chips,
   jugo de uva
2:15   refresco de cola
4:30   helado

Cena
7:00   papas fritas, una
   zanahoria, agua mineral
8:00   flan
10:15   refresco de cola

No debes...
Necesitas evitar...
Necesitas comer menos...

Tienes que...
¿Por qué no...?
¿Qué te parece...?

EXPLORACIÓN 1

Function: *Talking about things you do*
Structure: *-ir verbs and irregular -er and -ir verbs*

PRESENTACIÓN

There are three classes of verbs in Spanish. You have already learned the endings for **-ar** verbs and **-er** verbs. The third class of verbs ends in **-ir**.

A. Regular **-ir** verbs differ from **-er** verbs only in the **nosotros** (and **vosotros**) form. Study the forms of **vivir** (*to live*).

vivir

vivo	vivimos
vives	vivís
vive	viven

B. Here are some other regular **-ir** verbs.

abrir *to open*	insistir en *to insist on*
permitir *to permit, to allow*	recibir *to receive*
asistir a *to attend*	escribir *to write*

Ustedes siempre insisten en hablar español.
Recibimos tarjetas de nuestros amigos.
Su hermano asiste a clases todos los días.

C. Some **-er** or **-ir** verbs are irregular because the **yo** form does not follow the pattern. The other forms are like those of regular **-er** or **-ir** verbs. Study the forms of **hacer** (*to do, to make*).

hacer

hago	hacemos
haces	hacéis
hace	hacen

D. Here are some other verbs that are irregular in the **yo** form.

verbo	yo	nosotros
traer *to bring*	**traigo**	traemos
poner *to put, to place, to set*	**pongo**	ponemos
salir *to leave, to go out*	**salgo**	salimos
conducir *to drive*	**conduzco**	conducimos

HOLA, PULPO. ¿QUE HACES?

¿QUÉ HAGO? PUES, ESCRIBO A OCHO AMIGOS, OSTRA.

Both *oysters* (**ostras**) and *octopus* (**pulpo**) are popular foods in Spain and Latin America. After students read the cartoon, you might have them discuss what foods are considered delicacies in other countries.

PREPARACIÓN

Substitution: **1.** Pablo escribe en español. Tú / Ellos / Nosotros / Yo / Elena y Marta **2.** Rita no abre el jugo. Nosotros / Miguel y Carlos / Tú / Ustedes **3.** Felipe y Juan hacen pan. Tú / Las chicas / Yo / Dorotea / Nosotros **4.** ¿Traes el helado? Yo / Ustedes / Nosotros / Rosa y Susana / Tú **5.** Carlos siempre asiste a clase. Tú / Ustedes / Tú y yo / Yo **6.** Sales pronto. Yo / Usted / Nosotros / María y Rosa **7.** Él no conduce muy bien. Tú / Ellos / El señor González / Nosotros / Yo

A. Comida sana.   Jorge may be forced to give up junk food because everywhere he goes, people no longer allow it. What does he say to Melisa as he complains about the situation?

> MODELO   mi familia / pasteles
> **Mi familia ya no permite pasteles. ¡Qué lástima!**

1. mis padres / dulces
2. los padres de Beto / papas fritas
3. mi abuela / tartas de chocolate
4. tú / refrescos de cola
5. mis tíos / helado
6. mi mamá / pasteles

1. …no permiten…
2. …no permiten…
3. …no permite…
4. …no permites…
5. …no permiten…
6. …no permite…

B. Vidas sanas.   Based on the advice of Dr. Sabelotodo, Juana and her friends insist on changing their life-styles. What does Juana tell her mother?

> MODELO   Pilar / preparar comida sana
> **Pilar insiste en preparar comida sana.**

1. yo / hacer gimnasia
2. Diego / comer más verduras
3. Beto / comer más
4. Diego y Rita / evitar la comida frita
5. David / tomar leche antes de dormir
6. nosotros / ser más sanos

1. …insisto en…
2. …insiste en…
3. …insiste en…
4. …insisten en…
5. …insiste en…
6. …insistimos en…

C. ¿Dónde vives? José runs into some people he has not seen for a while, and they start talking about where they live now. Complete their conversation with forms of the verb **vivir**.

JOSÉ   Adán, ¿dónde ___1___ ahora?

ADÁN   ___2___ en la Avenida 5ª. ¿Y tú?

JOSÉ   Bueno, cuando estoy aquí en Bogotá, ___3___ con mis padres. ¿Y ustedes, Inés y Esteban, ___4___ con sus padres todavía?

INÉS   Sí, todavía ___5___ en la Calle 9ª.

1. vives
2. Vivo (Avenida Quinta)
3. vivo
4. viven
5. vivimos (Calle Novena)

D. Un festín. Rosalia and some friends are planning a big dinner. Based on the sign-up sheet, answer the questions various guests ask about who is bringing or making what.

MODELO   ¿Traes tú el arroz con pollo, Raúl?
Sí, traigo el arroz con pollo.

1. Juan trae chuletas de cerdo, ¿no?
2. Esteban, ¿qué haces tú para la cena?
3. ¿Quiénes traen los refrescos?
4. ¿Emilio y Esteban hacen los postres?
5. Gerardo y Juan, ¿ustedes traen los acompañamientos?
6. Leticia, tú traes el helado, ¿verdad?
7. ¿Qué haces tú, Inés?
8. A ver, ¿qué hace Jorge?

1. No, (él) trae…
2. (Yo) hago…
3. Marta y Anita traen…
4. Sí, (ellos) hacen…
5. Sí, (nosotros) traemos…
6. Sí, (yo) traigo…
7. (Yo) hago…
8. (Él) hace…

1.	Raúl	arroz con pollo
2.	Inés	ensalada de frutas
3.	Marta	refrescos
4.	Gerardo	plátano frito
5.	Leticia	helado
6.	Emilio	pastel
7.	Esteban	tarta de manzana
8.	Anita	refrescos
9.	Jorge	pan
10.	Juan	frijoles

E. ¿Dónde…? Rosalia's party guests ask where to put the things they bring. What do they say?

MODELO   Anita y yo / los refrescos
¿Dónde ponemos los refrescos?

1. yo / la ensalada de frutas
2. nosotras / la comida
3. César / el tocadiscos
4. yo / el pan
5. Emilio y yo / los postres
6. Daniel y Raúl / los discos

1. …pongo…
2. …ponemos…
3. …pone…
4. …pongo…
5. …ponemos…
6. …ponen…

F. Después de trabajar. Some friends are trying to decide what time tomorrow to have their first summer get-together. Several of them have jobs, so they discuss what time each of them gets off work. What do they say?

See Copying Masters.

MODELO **Marilú y Rogelio salen a las cinco.**

1. ¿===== Marcos a las 8:00 todavía?
2. Sí, y ustedes ===== a las 7:00, ¿no?
3. No, ahora nosotros ===== más tarde.
4. Sara, a qué hora ===== tú?
5. Yo ===== a las 6:30.
6. Pero Ana ===== a las 9:30.

1. Sale
2. salen
3. salimos
4. sales
5. salgo
6. sale

G. Yo también. When Antonio hears his sisters boasting to their parents about all the good things they do, he does not want to be left out. Listen to what his sisters say, and tell what Antonio chimes in with.

MODELO Siempre asistimos a nuestras clases.
Yo tambien asisto a mis clases.

1. Yo también ===== la tarea.
2. Yo también ===== mis cosas donde van.
3. Yo también ===== cartas a nuestros familiares.
4. Yo también ===== bien.
5. Yo también ===== buenas notas.
6. Yo también ===== con amigos simpáticos.

1. hago
2. pongo
3. escribo
4. conduzco
5. recibo
6. salgo

H. Comentarios. Read some remarks Susana and her friends make about themselves, and fill in the blanks with the **yo** form of **conducir, poner, asistir, abrir, salir, hacer, insistir** and **escribir.**

1. No sé por qué mi novio está celoso. Nunca ===== con los otros chicos.
2. Mi hermano conduce muy bien, pero yo ===== muy mal.
3. No necesito arreglar mi cuarto los fines de semana. Todos los días ===== mis cosas donde van.
4. Quiero bajar de peso. Por eso, siempre ===== gimnasia por la mañana.
5. Soy un estudiante responsable. ===== a todas mis clases.
6. No sé por qué mis profesores tienen problemas para leer mi tarea. En mi opinión, ===== perfectamente bien.
7. No sé escribir *breakfast*. ¿Qué hago? ===== mi libro de inglés, por supuesto.
8. Ya no me gusta la comida rápida. Por eso, ===== en comprar comida sana.

1. salgo
2. conduzco
3. pongo
4. hago
5. Asisto
6. escribo
7. Abro
8. insisto

COMUNICACIÓN

Variation: Have each student write his or her answers and then compare them to another student's. They can write **nosotros** sentences for what they have in common (**Nosotros salimos de la escuela contentos**) and contrasting sentences for their differences (**Yo salgo contento, pero José sale enojado**).

A. Después de la escuela. Answer these questions about your school-day habits in complete sentences.

1. En general, ¿sales de la escuela contento(a) o enojado(a)?
2. ¿Con qué frecuencia traes amigos a la casa?
3. ¿Asistes a muchos partidos después de las clases?
4. ¿Recibes dinero cuando sacas muy buenas notas?
5. En general, ¿haces la tarea antes o después de la cena?

MENU BASICO DE 1200 CALORIAS	
Desayuno: 300 calorías. Café o té sin azúcar, 113 gr (4 oz) de jugo de fruta o una fruta fresca, 1 huevo, 1 tostada con trazas de mantequilla o mantequilla de dieta, e igual cantidad de jalea.	**Almuerzo: 400 calorías.** 1 taza de ensalada, 1 porción de pollo, 1 fruta y una bebida baja o sin ninguna caloría. **Cena: 500 calorías.** 1 taza de ensalada, 1 porción de pollo, ½ taza de vegetales, 1 fruta y una bebida baja o sin ninguna caloría. Siempre, todo el té o café que desee durante el día.

B. Entrevista. Choose one of the two topics suggested, and use the questions to interview another student. Take notes on what you learn, and write a short paragraph about it.

Suggestion: Point out that **tomar** can sometimes mean *to have* (or *to eat*) as in **tomar helado** and **tomar el desayuno**.

EJEMPLO **Gabriel, ¿qué traes para comer al mediodía?**
Traigo un sándwich y una manzana.

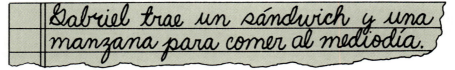

Gabriel trae un sándwich y una manzana para comer al mediodía.

En la escuela

1. ¿A veces traes tu almuerzo a la escuela?
2. ¿Es buena o mala la comida de la escuela?
3. ¿Permiten los profesores comer durante la clase?
4. En general, ¿comen mucho o poco tus amigos?
5. En general, ¿quieren tus amigos bajar de peso o no?

En tu casa

1. En general, ¿quién hace las comidas en tu casa?
2. ¿Haces tú la cena a veces?
3. ¿Con qué frecuencia ayuda tu papá a preparar la cena?
4. ¿Insisten ustedes en comprar comida sana?
5. ¿Permiten tus padres los dulces antes de la cena?

Have students exchange papers and read each other's work to the class. You can then ask comprehension questions of the class.

¿Comen hamburguesas en Latinoamérica y España? Sí, pero con menos frecuencia que aquí en los Estados Unidos. La hamburguesa hispana es diferente a la hamburguesa norteamericana. La carne tiene muchos condimentos y generalmente tiene cebollas (*onions*).

Madrid, España

En España y en Latinoamérica existen hoy día varios restaurantes de comida rápida. Pero la mayoría de los hispanos prefieren el almuerzo tradicional. Algunas tiendas y oficinas cierran (*close*) entre las doce y las cuatro de la tarde. Muchos van a casa para comer y después de un almuerzo grande toman una siesta antes de regresar al trabajo. ¿Qué te parece?

Madrid, España

Sitges, España

Point out that many Latin American cities (Mexico City, Caracas) now have **horas corridas** (*continuous work hours*) as in the United States.

EXPLORACIÓN 2

Function: *Talking about how you feel*
Structure: *Expressions with **tener***

PRESENTACIÓN

To talk about how you feel at certain times, such as when you are hungry or sleepy, you need to use the verb **tener**.

A. To talk about being cold, **tener** is used with the noun **frío** (*cold*). This is different from English, in which the verb *to be* is used with an adjective.

Tengo frío.   *I'm cold.*

B. These new expressions with **tener** will help you express how you feel.

tener calor (*m*) *to be hot*	tener sueño *to be sleepy*
tener frío *to be cold*	tener razón (*f*) *to be right*
tener hambre (*f*) *to be hungry*	tener miedo *to be afraid*
tener sed (*f*) *to be thirsty*	tener prisa *to be in a hurry*

C. The equivalent of *very* with these expressions is **mucho(a)**.

José no tiene mucha hambre.   *José isn't very hungry.*
Tengo mucho sueño.   *I'm very sleepy.*

Additional practice: Review agreement in gender. Then give students statements such as **María (no) tiene sed,** and have students add **mucho(a): María (no) tiene mucha sed.**

PREPARACIÓN

ST 89

Substitution: ¿Tiene sed? / calor / hambre / frío / sueño / miedo / razón / prisa Transformation: Marta tiene mucha hambre. Tú / Nosotros / Ustedes / Yo / Pedro y Luisa (Have students omit subject pronouns in their answers.)

A. En el café. Elisa's family is placing an order at a café. Based on what the family members say, complete their statements with appropriate forms of **tener hambre** or **tener sed**.

1. Ella tiene sed.
2. Ellas tienen hambre.
3. Yo tengo hambre.
4. Nosotras tenemos sed.
5. Nosotras tenemos hambre también.
6. Tú siempre tienes hambre.

B. En la televisión. Sometimes Juana is too easily influenced by what she sees on television. How do these pictures make her feel?

1.

2.

3.

4.

The items pictured are **una pizza con salchichas italianas y anchoas, un refresco, un tornado y un reloj de arena**.

1. …tiene hambre.
2. …tiene sed.
3. …tiene miedo.
4. …tiene prisa.

C. ¡Cuidado, niños! Luis's mother worries a lot about her children. Complete their responses to her concerned questions, writing the responses on paper. See Copying Masters.

> MODELO   MAMÁ   Eva, hace mucho sol hoy. ¿No quieres entrar en la casa?
>
> EVA   Sí, mamá, (yo) **tengo calor**.

1. MAMÁ   Siempre comes muy poco. ¿No quieres otra chuleta?
   MÓNICA   No, mamá, (yo) no =====.
2. MAMÁ   Tu hermana nunca tiene tiempo para el desayuno.
   MÓNICA   Es verdad, por la mañana ella siempre =====.
3. MAMÁ   Hace mucho calor. ¿Quieren tomar algo?
   LUIS Y EVA   No, gracias, mamá (nosotros) no =====.
4. MAMÁ   ¿Por qué no traes un suéter, Luis?
   LUIS   Pero, ¿por qué, mamá? (Yo) no =====.
5. MAMÁ   Ya es tarde. ¿No quieren tus hermanos dormir?
   MÓNICA   Es que (ellos) nunca =====.

1. tengo hambre
2. tiene prisa
3. tenemos sed
4. tengo frío
5. tienen sueño

COMUNICACIÓN

A. ¿Qué comes? Find out what another student usually eats under the following circumstances.

> EJEMPLO 10:00 A.M. / hambre / comer
> **Son las diez de la mañana y tienes hambre. ¿Qué comes?**
> **Como una manzana o un plátano.**

1. 3:00 P.M. / frío / tomar
2. 6:30 P.M. / sed / tomar
3. 7:30 A.M. / sed / tomar
4. 10:30 P.M. / hambre / comer
5. 2:30 P.M. / calor / tomar
6. 12:00 noon / hambre / comer

ST 90

B. Reacciones. Listen to some statements, and write how you would feel if you were in each of the situations described.

> EJEMPLO Son las nueve menos diez y tienes que estar en clase a las nueve.

Tengo mucha prisa.

C. ¿Cómo te sientes? Answer the following questions, or use them to interview another student.

1. ¿Tienes más sed o hambre ahora?
2. ¿Tienes más calor o frío ahora?
3. ¿Quién tiene razón con más frecuencia, tú o tus padres?
4. ¿Quién tiene más miedo por la noche, tú o tus amigos?
5. ¿Tienes más ganas de estudiar o de descansar ahora?
6. Cuando tienes prisa por la mañana, ¿desayunas o no?

Suggestion: If students work in pairs, have them jot down the names of the foods their partner mentions to keep them on task. Then have them reverse roles.

1. Tengo (mucha) hambre.
2. Tengo (mucho) frío.
3. Tengo (mucha) sed.
4. Tengo (mucho) sueño.
5. Tengo (mucha) razón.
6. Tengo (mucho) miedo.

Suggestion: Have students work in pairs and guess their partner's answers (jotting them down) before asking the question. Then have them switch roles and repeat the procedure. Encourage them to try to outguess each other and to see who correctly guesses the most answers.

SOPAS — Pesos
SOPA ESPECIAL con pollo 450
SOPA O CREMA DEL DIA 350
CREMA DE ESPARRAGOS 300

ENSALADAS
ENSALADA DEL CHEF, lechuga, jamón,
   pollo, lengua y salsa Roquefort 400
ENSALADA DE ESPINACAS con tocino
   champiñones 425
ENSALADA DE POLLO con esparragos
   y apio 450
ENSALADA DE CAMARONES estilo Hawaii . . . 530
ENSALADA MIXTA 410
ENSALADA ESPECIAL DE FRUTAS 400
ENSALADA DE ATUN con mayonesa 420

PLATOS PRINCIPALES
BISTEC con papas fritas 800
HAMBURGUESA con queso 620

SANDWICH DE JAMON Y QUESO 625
CHULETAS DE CERDO 780
ESPAGUETIS CON SALSA DE CARNE 730
CARNE ASADA con papas al horno 825
CAMARONES en salsa de ajo 850
TRUCHA a la plancha 810

POSTRES
PASTEL DE LA
   CASA 280
ARROZ CON
   LECHE 230
FLAN DE
   VAINILLA 250
COCTEL DE
   FRUTAS 220
HELADOS
   SURTIDOS 225

BEBIDAS
CAFE 150
CHOCOLATE 180
LECHE 170
TE 155
REFRESCOS 190
JUGO DE
   NARANJA 160
JUGO DE
   TOMATE 185
JUGO DE UVA . . . 170

Suggestion: Have students choose a meal with favorite foods or act out a conversation between waiter/waitress and client.

226   *doscientos veintiséis*   *¿Y TÚ?*

CULTURAL

Las ilustraciones siguientes representan comidas bastante típicas de una familia hispana.

El desayuno
Por la mañana hay
    café con leche o chocolate
    pan
    mantequilla
    mermelada

El almuerzo
Al mediodía hay
    arroz con pollo
    ensalada
    queso y guayaba
    café

Guayaba refers to a jellylike preparation of guava fruit.

La cena
Por la noche hay
    sopa de verduras
    una tortilla de huevo y papas fritas
    fresas con crema

Y tú, ¿qué comes para el desayuno, el almuerzo y la cena? ¿A qué hora tomas las comidas principales?

Additional practice: Ask students to make up menus from all the vocabulary presented up to now. Talk about differences between meals; for example, contrast a **desayuno continental** with a **desayuno americano**.

EXPLORACIÓN 3

Function: *Talking about what you know*
Structure: *The verbs* **saber** *and* **conocer**

PRESENTACIÓN

A. The verbs **saber** and **conocer** both mean *to know*. Except for the **yo** form, all forms of these two verbs are regular.

saber	
sé	sabemos
sabes	sabéis
sabe	saben

conocer	
conozco	conocemos
conoces	conocéis
conoce	conocen

B. **Saber** means *to know a fact, to have information*, or *to know how to do something*. It can, therefore, be followed by a noun, a clause, or an infinitive.

José sabe francés.	*José knows French.*
Sé dónde está tu amigo.	*I know where your friend is.*
No saben cocinar.	*They don't know how to cook.*

Option: Point out that question words in an affirmative statement are accented if they refer to an implicit question: **Sé dónde está tu amigo.**

C. **Conocer** means *to be acquainted with* or *to be familiar with*. It is usually followed by names of people, places, or things.

¿Conocen a mi hermana?	*Do you know my sister?*
No conocemos Madrid.	*We don't know Madrid.*
¿Conoces la revista *Tú*?	*Are you familiar with the magazine* Tú?

D. Here is some useful vocabulary for talking about your favorite restaurants.

el precio	*price*	el mesero	*waiter*
el cocinero, la cocinera	*chef*	la mesera	*waitress*
el cliente	*client, customer*	el menú	*menu*

Camarero(a) is another word for **mesero(a)**.

PREPARACIÓN

Substitution: **1.** Los chicos saben la hora. Yo / Rafael / Tú / Nosotros / Ustedes **2.** Él no conoce Barcelona. Tú / Ellos / Yo / Ustedes

A. Un invitado. Julio wants to know certain facts about a foreign student staying with the Lara family next door. What does he ask Mrs. Lara, and what does he ask her son Miguel?

> MODELO Sra. Lara / si habla español
> **Señora Lara, ¿sabe usted si habla español?**

1. Miguel / cómo se llama
2. Sra. Lara / cuántos años tiene
3. Miguel / si tiene hermanos
4. Sra. Lara / de dónde es
5. Miguel / cuánto tiempo va a estar aquí

1. ¿Miguel, sabes cómo se llama (él/ella)?
2. ¿Señora Lara, sabe usted cuántos años tiene (él/ella)?
3. ¿Miguel, sabes si (él/ella) tiene hermanos?
4. ¿Señora Lara, sabe usted de dónde es (él/ella)?
5. ¿Miguel, sabes cuánto tiempo va a estar (él/ella) aquí?

B. ¿Quién sabe? Hugo is trying to impress his roommates at summer camp, so he asks them if they know as much as he and his sister do. Act out their conversation, using appropriate forms of **saber**.

HUGO	¿ __1__ jugar fútbol?
RAÚL	No, no soy muy atlético.
HUGO	¿ __2__ ustedes inglés?
RAÚL E IGNACIO	Por supuesto, __3__ muy bien el inglés.
HUGO	Mi hermana __4__ programación de computadoras y sólo tiene once años.
INÉS	Hugo, ¿ __5__ que hablas mucho?
HUGO	Sí, ya __6__, pero quiero __7__ todo sobre mis amigos.

1. Sabes
2. Saben
3. sabemos
4. sabe
5. sabes
6. sé
7. saber

C. En Bogotá. Estela and Ramón have just moved to Bogotá. Listen to the questions Raquel asks them as she shows them around town. Then complete Estela's and Ramón's answers with forms of the verb **conocer**.

See Copying Masters.

MODELO Conocen el centro, ¿no? No, no **conocemos** el centro todavía.

1. Sí, ya ===== a tu hermano.
2. No, en realidad no ===== a muchas personas.
3. No, no ===== a tus amigas todavía.
4. Sí, creo que ya ===== el Parque Nacional.
5. Sí, ===== muy bien a tus tíos.
6. Sí, ya ===== todas las tiendas.

1. conozco
2. conocemos
3. conozco
4. conocemos
5. conocen
6. conoce

D. Hamburguesas para todos. Jorge is applying for a job in his neighborhood café, La Hamburguesa Real, and strives to impress the owner with what he already knows. When does he use **conocer**, and when does he use **saber**?

Remind students to watch out for the personal **a**. You may wish to have them use modifiers such as **bien** or **muy bien**.

MODELO hacer hamburguesas
Yo ya sé hacer hamburguesas.

1. su restaurante
2. cocinar bien
3. el cocinero
4. hacer papas fritas
5. el mesero
6. los clientes

1. ...conozco...
2. ...sé...
3. ...conozco...
4. ...sé...
5. ...conozco...
6. ...conozco...

COMUNICACIÓN

A. ¿Qué sabes hacer? Ask your classmates if they know how to prepare the following foods.

¿Sabes...?

1. hacer pan francés
2. preparar ensalada de papas
3. preparar jamón con melón
4. cocinar plátanos
5. cocinar frijoles mexicanos
6. hacer una tortilla de huevo
7. hacer una tarta de peras
8. cocinar tocino

Suggestion: Have students speak up as they ask and answer questions so the rest of the class can jot down answers. Afterward, students can write sentences based on their notes: **José sabe hacer una pizza muy buena. No sabe preparar tacos.**

B. Conocer es comprender. Get to know the people in your class better by asking them questions using **saber** or **conocer**.

EJEMPLO hacer arroz con pollo
Tú: **Eva, ¿sabes hacer arroz con pollo?**
Eva: **Sí, sé hacer arroz con pollo.**

tocar el piano
la música de Bob Dylan
qué hora es en España
el Parque Yellowstone
si hay una fiesta hoy

si va a hacer frío mañana
programar computadoras
a un sabelotodo
el número de teléfono de...
¿...?

Variation: Keep the class in one or two large groups, and have students address their questions to a member of the opposite sex. Have them make up their own questions too.

RINCÓN
CULTURAL

Cuando los norteamericanos necesitan pan, leche o frutas, generalmente van al supermercado. También los hispanos muchas veces van al supermercado. Pero muchos de ellos prefieren ir a las tiendas pequeñas. ¿A qué tiendas van? Cuando necesitan leche, yogur, mantequilla o queso, van a la lechería. Para comprar fruta van a la frutería, y si quieren dulces buscan una dulcería. Para comprar café, agua mineral, frutas y verduras, los hispanos van a la tienda de comestibles, que se llama la abarrotería en México, la bodega en Panamá y el colmado en España.

Ajijic, Jalisco, México

Para comprar pan, van a la panadería.

San Pedro del Ribes, España

Sitges, España

Compran helados en la heladería.

Cuando necesitan carne, van a la carnicería.

Y bueno, para comprar tartas y pasteles, van a la pastelería.

Point out to your students that when in doubt about the local word for *grocery store*, they may ask for the **tienda de comestibles**. This is a phrase that will be understood regardless of the local word for *grocery store*.

CAPÍTULO SEIS   *doscientos treinta y uno*   **231**

EXPLORACIÓN 4

Function: *Talking about likes and dislikes*
Structure: *verbs like* **gustar**

A. You have already learned to say what you like (**Me gusta[n]...**) and to ask another person about his or her likes (**¿Te gusta[n]...?**). Study the chart below to see how **gustar** is used to talk about other people's likes and dislikes.

gustar

I like	me gusta(n)	nos gusta(n)	we like
you like	te gusta(n)	os gusta(n)	you like
you he like(s) she	le gusta(n)	les gusta(n)	you they like

B. **Gustar** does not literally mean *to like*. It corresponds to the English expression *to please* or *to be pleasing to*.

No me gustan los frijoles.   *I don't like beans.*
                                      (Beans are not pleasing to me.)

C. **Le(s) gusta** and **le(s) gustan** may have several different meanings.

Le gustan las fresas.   *He likes strawberries.*
                                 She likes strawberries.
                                 You (formal) like strawberries.
Les gusta el melón.   *They like cantaloupe.*
                                 You (pl.) like cantaloupe.

To clarify who or what **le** or **les** refers to, **a** may be used with a noun or with the pronouns **él, ella, usted, ellos, ellas,** or **ustedes**.

A Verónica   le gusta nadar.   *Veronica likes to swim.*
A él   le gustan las naranjas.   *He likes oranges.*
A ustedes   les gusta el café.   *You (pl.) like coffee.*

Remind students that **gusta** is used if one thing is liked, and **gustan** is used if several are liked.

D. For emphasis, **a** may be used with **mí, ti,** or **nosotros.**

A mí me gusta el bistec.	*I like steak.*
Y **a ti**, ¿qué te gusta?	*And what do **you** like?*
A nosotros nos gusta más el queso.	*We like cheese better.*

E. Two other verbs that follow the same pattern as **gustar** are **encantar** and **parecer.** If **parecer** is followed by an adjective, the adjective agrees with the noun it modifies.

A Diana le encanta cocinar.	*Diana loves to cook.*
Nos parece perfecta la cena.	*The dinner seems perfect to us.*

Inform students that this mí (*me*) **takes an accent to distinguish it from mi** (*my*) **and that groups of female speakers use a nosotras.**

Students will also enjoy learning chocar or **caer mal: ¡Le chocan (le caen mal) las espinacas!** (*He can't stand spinach!*) You might substitute one of these expressions in activities calling for negative **gustar** phrases. See activities A and E in the **Preparación.**

Though students will use it rarely, you may wish to tell them that the **yo** form of **parecer** ends in **-zco** (**parezco**), just as with **conocer** and **conducir.**

PREPARACIÓN

Substitution: 1. Me encanta el queso. Nos / Le / Te / Les **2.** ¿Te gustan las frutas? Les / Me / Le / Nos **3.** No nos gusta el arroz. te / le / nos / les. You may wish to repeat the drill using **a mí, a ti, a él,** and **a ella.**

A. Primeras impresiones. A family from the Philippines has just moved to the United States. What do they tell their relatives back home that they do and do not like?

MODELO   los carros grandes (sí)   el queso (no)
          Nos gustan los carros grandes.   **No nos gusta el queso.**

1. la comida rápida (no)	**4.** las casas (no)
2. la televisión (sí)	**5.** los restaurantes (sí)
3. los pasteles (no)	**6.** el helado (sí)

Suggestion: Repeat this activity using more emphatic expressions: **nos encanta, no...nada, nos gusta muchísimo.**

B. Una cena perfecta. Caridad has invited Marcelo to dinner. To make the dinner perfect, she asks his mother what foods he likes. As it turns out, he loves all foods except dairy products. With this in mind, tell how his mother answers.

MODELO   ¿la carne de cerdo?   ¿el flan?
          Sí, le encanta la carne de cerdo.   **No, no le gusta el flan.**

1. ¿las zanahorias?	**4.** ¿las espinacas?
2. ¿el queso?	**5.** ¿la leche?
3. ¿los plátanos fritos?	**6.** ¿el helado?

1. sí   **4.** sí
2. no   **5.** no
3. sí   **6.** no

C. ¿Qué les parece?   When Micaela calls her eldest brother, Jaime, who is studying in the United States, she finds out all about his new school. How does he answer her questions?

Select a pair of students to act out each question and answer.

> MODELO   tus clases (muy interesantes)
> **¿Qué te parecen tus clases?**
> **Me parecen muy interesantes.**

1. tu clase de francés (difícil)
2. la comida (muy buena)
3. el fútbol americano (aburrido)
4. tu profesor de inglés (bueno)
5. los estudiantes (muy simpáticos)
6. las vacaciones (fantásticas)

ST 92

D. En la cafetería.   Daniela and other students are discussing today's cafeteria selection. Listen to what they say, and complete each of the following sentences in writing.

See Copying Masters.

> MODELO   A Elena...

1. A Juana...
2. A Mónica...
3. A mí...
4. A ti...
5. A nosotros...
6. A Felipe y a Silvia...

E. Gustos diferentes.   Juana and her cousin Juan are at the Café Cubano. When Juana remarks about her favorite foods, Juan always seems to disagree. What do they say?

Suggestion: After Activity E, have students write Juana's and Juan's (dis)likes on paper: **1. A Juana (a ella) le encanta el agua mineral, pero a Juan (a él) no le gusta nada.**

> MODELO   el pescado frito
> Juana: **A mí me encanta el pescado frito.**
> Juan: **Pues a mí no me gusta.**

1. el agua mineral
2. la mermelada de naranja
3. el café con leche
4. las espinacas con tocino
5. las fresas con crema
6. las tartas de chocolate

F. Preferencias.   The owner of the Granada Restaurant asks a waitress what a certain influential couple thinks of their meal. As it turns out, the wife likes everything, but her finicky husband does not. What does the owner ask, and how does the waitress answer?

> MODELO   el pescado
> **¿Qué les parece el pescado?**
> **A ella le gusta pero a él no.**

1. las uvas
2. los plátanos
3. las zanahorias
4. la carne asada
5. el arroz
6. las tortillas de maíz

Have two students at a time play the owner and the waitress. You may want to use simple props: an apron, a menu, or a tray for the waitress and a blazer for owner.

COMUNICACIÓN

A. Entrevista. Find out which of these foods other students in your class like better.

> EJEMPLO la leche o el jugo de manzana
> **¿Qué les gusta más a ustedes, la leche o el jugo de manzana?**

1. ¿el agua o el jugo?
2. ¿el helado o los pasteles?
3. ¿el bistec o las chuletas?
4. ¿la carne o las verduras?

5. ¿las papas o el arroz?
6. ¿las naranjas o las peras?
7. ¿el té o el café?
8. ¿la mantequilla o la mermelada?

Suggestion: The whole class can respond to each question by a show of hands. Alternately, divide the class into groups of four, and have students take turns asking questions of the other three, who will write the answers and then give them orally.

B. ¿Y a ti? Tell something you like or dislike in one of the categories listed, and ask a classmate to do the same. Your classmate does so and repeats what you like or dislike. The next student continues the chain without duplicating another student's response.

> EJEMPLO gustar / las clases
> Tú: **A mí me gusta la biología. ¿Y a ti, Pablo?**
> Pablo: **A mí me gusta el español y a ti te gusta la biología. ¿Y a ti, Ana?**

1. gustar / las clases
2. encantar / la comida
3. parecer malo / los programas de televisión
4. no gustar / los actores

Suggestion: Call out a new item when students have trouble thinking of different things to say. Keep this activity moving quickly.

C. Gustos. Based on what was said in Activity B, write sentences telling what you and some of your classmates do or do not like.

> EJEMPLO **A mí me encantan los tomates.**
> **A Pablo le gusta el español.**

PERSPECTIVAS

LECTURA

ST 93

En el restaurante Don Quijote

Prereading activity: Ask students to scan the menu and name one food under each course that would not typically appear on a restaurant menu in the United States.

The **tortilla a la española** is a thick omelet made with potatoes and onions (no tomatoes). **Paella,** made of saffron rice, chicken, ham, sausage (**chorizo**), vegetables and seafood, is typical of Spain. Both dishes are found in many American cookbooks.

RESTAURANTE DON QUIJOTE

PLATOS PRINCIPALES
Camarones en salsa de tomate
Arroz con pollo
Paella valenciana
Chuletas de cerdo
Carne asada

ENTRADAS
Sopa del día
Tortilla a la española
Sopa de verduras
Ensalada de la casa

POSTRES
Helados
Frutas y quesos variados
Tarta de manzana

Paella valenciana

VICENTE	Una mesa para tres, por favor.
LA MESERA	Muy bien. Aquí tienen el menú. ¿Necesitan unos minutos antes de pedir?
VICENTE	Sí, por favor.

(Pasan unos minutos.)

LA MESERA	¿Qué desean de entrada?
MARÍA	¿Cuál es la sopa del día?
LA MESERA	Sopa de tomate.
MARÍA	No, gracias. Queremos sopa de verduras para los tres.
LA MESERA	¿Y de plato principal?
SARA	Para el señor y para mí una paella valenciana.
MARÍA	Para mí los camarones. También ensalada para todos, por favor.
LA MESERA	Muy bien, señorita. ¿Y para tomar?
VICENTE	Para mí, agua mineral.

MARÍA	Y para nosotras, lo mismo…
LA MESERA	¿Van a querer postre también, señores?
SARA	Sólo una tarta de manzana y tres cafés, por favor.
LA MESERA	Con mucho gusto.

(Después de la comida)

VICENTE	Mesera, la cuenta por favor… Gracias. Aquí tiene la propina.
LA MESERA	Gracias, señor, pero ya está incluida.

Expansión de vocabulario

los camarones	shrimp	**la entrada**	appetizer
con mucho gusto	with pleasure	**incluida**	included
la cuenta	check, bill	**la mesa**	table
desear de	to want, to wish for	**pedir**	to ask for, to order
		la propina	tip

Point out that **de** sometimes means *as* or *for:* **de entrada, de plato principal, de postre**.

ST 94

Comprensión

Answer the following questions based on the reading.

1. ¿Qué platos quieren los clientes de entrada?
2. ¿Qué platos principales desean?
3. ¿Qué van a tomar con la comida?
4. ¿Desean todos postre?
5. ¿Cuántos cafés quieren?
6. ¿Quién trae la cuenta?
7. ¿Está incluida la propina?

1. sopa de verduras
2. paella valenciana y camarones
3. agua mineral
4. no, solamente uno
5. tres
6. la mesera
7. sí

COMUNICACIÓN

A. ¡Un cliente difícil!   Imagine a conversation between a difficult customer and a waiter as you complete this dialogue.

EL CLIENTE	¿Qué clase de carne tienen?
EL MESERO	Tenemos __1__ y __2__, señor.
EL CLIENTE	¿Es todo? ¿No tienen __3__?
EL MESERO	No, señor, pero tenemos __4__.
EL CLIENTE	Y de verduras, ¿qué tienen?
EL MESERO	Tenemos __5__ y __6__.
EL CLIENTE	Y de postre, ¿qué hay?
EL MESERO	Muchas cosas. Hay __7__, __8__ y __9__.
EL CLIENTE	¿No tienen __10__?
EL MESERO	No, señor, pero tenemos __11__.
EL CLIENTE	Pues, no quiero comer aquí. Adiós.

B. Vamos al café.   You are hungry and feel like eating out. Write what

W you would say for each item below.

How do you

1. tell a friend you are hungry and want to go to a restaurant?
2. ask if your friend knows a good café?
3. ask your friend what the name of the café is?
4. ask if he or she knows where it is?
5. ask the waiter what there is to drink?
6. summon a waiter to bring the check?
7. find out if the check includes the tip?

ST 95

C. A comer.   Imagine you and a friend are
L at a restaurant in Bogotá. Can you understand what your friend orders? Listen to
the conversation. Then, looking at the
meals pictured, write the number of the
one your friend orders. **3**

PRONUNCIACIÓN

ST 96

In Spanish, when a word ends in a vowel, **n**, or **s**, the next to the last
syllable is stressed. If a word ends in any other consonant, the last syllable is stressed.

desa**yu**no	**pos**tre	ensa**la**da	es**cri**ben	reci**bi**mos
ha**cer**	a**rroz**	bis**tec**	ver**dad**	pas**tel**

Words that do not follow this rule have a written accent
mark to show which syllable is stressed.

número   álgebra   además   menú   café   jamón

The accent on some words serves only to distinguish them from other
words with the same spelling. Such words have different meanings, but
the same pronunciation.

si	sí	te	té	tu	tú	mi	mí
if	*yes*	*you*	*tea*	*your*	*you*	*my*	*me*

Now repeat these sentences.

1. Cuando mi papá tiene sueño, toma café.
2. A mi mamá le gusta más el té.
3. Yo no tomo ni té ni café.
4. Para mí, las dos bebidas son malísimas.
5. Mi solución es sana y fácil—hago ejercicios y como un plátano.

INTEGRACIÓN

Here is an opportunity to test yourself to see what you can do. If you have trouble with any of these items, study the topic and practice the activities again, or ask your teacher for help.

Vamos a escuchar

ST 97

Variation: Students can do these listening activities in pairs if you provide one person in each group with a copy of the script.

A. **¿Qué comida es?**   It is mealtime again and food is on everyone's mind. Write **sí** if all the foods that each person talks about appear in the accompanying picture and **no** if they do not.

1. no

2. no

3. sí

4. no

5. no

6. sí

ST 98

B. **Buenas razones.**   Listen to some people's reactions to various situations. If the reasons for the reactions are logical, write **lógico**; if not, write **ridículo**.

1. ridículo   **2.** lógico   **3.** ridículo   **4.** ridículo   **5.** lógico   **6.** lógico

Vamos a leer

Prereading activity: Have students skim the conversation first and make a list of the (12) foods they discuss. Then, before reading for detail, have them look over the subsequent comprehension exercise.

A. Estar a dieta. Based on this conversation, write who would be more likely to make the remarks that follow—Inés or Mónica.

Mónica e Inés quieren bajar de peso. Hablan del menú para el primer día de su dieta.

MÓNICA   Para el desayuno, ¿qué te parece un jugo de naranja, unos huevos fritos, jamón, pan y melón?

INÉS   Oye, Mónica, me parecen muchas calorías.

MÓNICA   Es posible, pero los expertos siempre recomiendan un desayuno completo.

INÉS   ¿Y para el almuerzo?

MÓNICA   A ver, primero una sopa de frijoles y después pescado frito, un poco de arroz y una ensalada de frutas. ¿Qué te parece?

INÉS   Todavía me parece mucha comida. ¿Por qué tenemos que comer sopa de frijoles? Los frijoles no son muy buenos para las dietas, ¿sabes?

MÓNICA   Pero la sopa tiene mucho líquido y es importante tomar agua para bajar de peso. Además las sopas son muy sanas.

INÉS   Está bien, pero para la cena insisto en permitir sólo un poco de queso y un tomate.

MÓNICA   Ay, hermana, ¿y el postre? No hay nada malo en un poco de helado. Además la vitamina D es…

INÉS   Sí, sí, ya sé, ¿pero quieres bajar de peso o no?

MÓNICA   Sí, pero no quiero sufrir. Mira, en realidad estoy contenta y sana. Vamos a hacer dieta otro día, ¿quieres?

1. Las papas tienen minerales muy importantes.
2. ¿Por qué insistes en hacerme sufrir? Me encantan los dulces.
3. Para bajar de peso tenemos que comer poco.
4. Cuando una persona está a dieta, debe evitar los postres.
5. No quiero estar delgada si no voy a estar contenta también.
6. No me gustan las dietas estrictas.

1. Mónica
2. Mónica
3. Inés
4. Inés
5. Mónica
6. Mónica

Vamos a escribir

A. Ir de compras. Your parents are away on a trip, so you have to buy groceries for the next few days. Look at the sales ads, and write five sentences using each of the verbs listed. Mention a different food in each sentence.

EJEMPLO   hacer
Quiero hacer una sopa de espinacas, porque me encantan las espinacas.

hacer   gustar   parecer   encantar

$1.80
$1.99
$0.99
$1.49
$0.89
$0.30
$3.09
$0.80
$0.99
$1.20

B. Nuevos amigos. Imagine that at a party, you get acquainted with Camilo and Sara and later give them a ride home. Complete some of the remarks you might make, filling in the blanks with one or more words as necessary.

How do you

1. tell Camilo that you already know his sister Sara?
   Ya ═══ a tu hermana Sara.
2. tell him that, to you, his sister seems very nice?
   ═══ me ═══ muy simpática tu hermana.
3. inform Camilo and Sara that you know how to drive very well?
   ═══ muy bien.
4. comment that it's late and ask them if they're sleepy?
   Es tarde. ¿═══ ustedes ═══?
5. tell your family that Camilo loves parties but Sara does not like them much?
   A ═══ pero a ═══.

1. conozco
2. A mí / parece
3. Sé conducir
4. Tienen / sueño
5. Camilo le encantan las fiestas / Sara no le gustan mucho

C. Los dulces de Raúl. Raúl is at a new boarding school, and he cannot believe the way his new "friends" act when he receives his first letter and "care" package of sweets from home. Fill in the blanks with forms of the verbs listed.

hacer   escribir   recibir   poner   abrir   insistir   permitir

RAÚL   Mi mamá __1__ en su carta que hay dulces en el paquete. ¡Qué bueno!

LUIS   Es la primera vez que tú __2__ un paquete con comida, ¿no?

RAÚL   Sí, ¿por qué? ¿No __3__ los profesores eso?

LUIS   Con ellos no hay problema. Es que los estudiantes siempre __4__ en estar presentes para abrir el paquete.

RAÚL   ¿Por qué? No entiendo.

LUIS   Mira, aquí están nuestros "amigos", ¿ves?

RAÚL   Ah sí. Hola, Simón. Hola, José. Eh… tengo una idea. Vamos a __5__ un pacto. Yo __6__ el paquete, yo __7__ la comida en la mesa y todos comemos una parte.

SIMÓN   Hay un pequeño problema, amigo. Yo siempre __8__ los pactos y tengo una idea diferente. Nosotros __9__ el paquete, nosotros __10__ la comida en la mesa y nosotros comemos los dulces. El resto es para ti. ¿Qué te parece?

1. escribe
2. recibes
3. permiten
4. insisten
5. hacer
6. abro
7. pongo
8. hago
9. abrimos
10. ponemos

Vamos a hablar

Work with a partner or partners and create short dialogues based on the following situations. Whenever appropriate, switch roles and practice both parts of your dialogue.

Situaciones

Suggestion: Assign specific health problems to each group: need to lose or gain weight, too tired, depressed about school, etc.

A. Buen consejo. You are a doctor, and a patient comes to you with a health problem. Ask about the patient's symptoms and eating habits, and give some advice.

B. En el café. You and a friend each order a soft drink and salad of your choice at a café. The waiter or waitress seats you, offers you the menu, and takes your order. You respond appropriately and ask for the check at the end of the meal.

C. Después de comer. You and a friend are eating in a restaurant. When the waiter or waitress asks you about your meal, you say you like it, but your finicky friend says that he or she does not. A few seconds later, you call the waiter back. Ask for the check and find out whether the tip is included.

Café Plaza Mayor, Salamanca, España

VOCABULARIO

FOODS

el agua (*f*) water
el arroz rice
la bebida drink
el bistec steak
el café coffee
el camarón shrimp
la carne meat
la carne asada roast beef, barbecued beef
el chocolate chocolate, hot chocolate
la chuleta de cerdo pork chop
los dulces sweets
la ensalada salad
las espinacas spinach
el flan baked custard, flan
la fresa strawberry
los frijoles beans
la fruta fruit
el helado ice cream
el huevo egg
el jamón ham
el jugo juice
la leche milk
la mantequilla butter
la manzana apple
el melón cantaloupe
la mermelada jam
la naranja orange
el pan bread
la papa potato
el pastel pastry, cake
la pera pear
el pescado fish
el plátano banana, plantain
el pollo chicken
el postre dessert
el queso cheese
el refresco soft drink
la sopa soup
la tarta tart, pie
el té tea
el tocino bacon
el tomate tomato
la tortilla de huevo omelet
la tortilla de maíz corn tortilla
la uva grape
la verdura vegetable
la zanahoria carrot

OTHER NOUNS

el almuerzo lunch
la cena dinner
el cliente customer, client
el cocinero, la cocinera cook
la comida food, meal
la cuenta bill
el desayuno breakfast
la entrada appetizer
el menú menu
la mesa table
la mesera waitress
el mesero waiter
el precio price
el problema problem
la propina tip
el sabelotodo know-it-all
el tiempo time

ADJECTIVES

frito fried
incluido included
sano healthy, wholesome

VERBS

abrir to open
asistir a to attend
conducir to drive
conocer to know
desayunar to have breakfast
dormir to sleep
encantar to be delightful
me encanta(n) I love, I like a lot
escribir to write
evitar to avoid
gustar to be pleasing
me gusta(n) I like
insistir en to insist on
parecer to seem
pedir to ask for, to order
permitir to permit, to allow
poner to put, to place, to set
preparar to prepare
recibir to receive
saber to know
tomar to drink, to have (to eat)
traer to bring
vivir to live

EXPRESSIONS WITH *TENER*

tener calor to be hot
tener frío to be cold
tener hambre to be hungry
tener miedo to be afraid
tener prisa to be in a hurry
tener razón to be right
tener sed to be thirsty
tener sueño to be sleepy

OTHER WORDS AND EXPRESSIONS

aumentar de peso to gain weight
bajar de peso to lose weight
con mucho gusto with pleasure
lo mismo the same
ni…ni neither…nor

NOTE: For the prepositional pronouns, see **Exploración 4**. See also pp. 298, 304 and 327–328.

GACETA

FONDO DE CRISTAL

De viaje

In this **Gaceta**, you will learn to scan the text for details, to make intelligent guesses based on context, and to use nonlinguistic cues and information. Keep in mind that reading strategies work best when you use several at once.

Scan for Details

One way to read more effectively is to decide beforehand what you are looking for, such as a telephone number, a date, a location, or an event. Then scan the text for the specific information you need. Gliding your forefinger over the lines on the page is a good practice to remember.

La familia Martínez quiere un hotel con villas familiares provistas de televisor a colores, restaurante, piscina y parque recreativo.

La señora Chávez necesita un hotel situado en el sector comercial, con un salón de conferencias y lujosas habitaciones con aire acondicionado.

A. Hotel reservations.   You are a travel agent who must find a suitable hotel for the people in the preceding photos. Look at the descriptions of the customers' wants and then at the hotel advertisements on page 246. Scan each text just for the information needed to find the right hotel for each customer. Do not try to understand every word. Then, using the hotel reservation card as a model, design two cards and fill in the information for each of your clients.

Mrs. Chávez should go to the Hotel Doral, and the Martínez family should go to Cafam in Melgar.

Hotel Doral

* 125 habitaciones todas con baño privado, teléfono, aire acondicionado. Algunas con T. V. color y/o balcón a la Avenida
* Comedor principal
* Piscina privada en el 5o. piso
* Salones para conferencias o Actos Sociales con capacidad de 20 a 140 personas

Calle 45 No. 44-52
Reservaciones Tels: 328660 al 67
Gerencia: 329884—Telex 3-1-200
Cables: Doral A. A. 2684

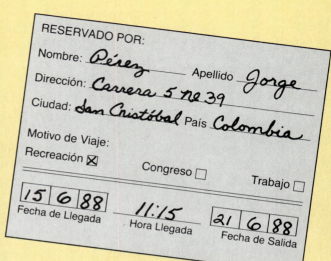

RESERVADO POR:

Nombre: *Pérez*   Apellido *Jorge*

Dirección: *Carrera 5 n° 39*

Ciudad: *San Cristóbal* País *Colombia*

Motivo de Viaje:

Recreación ☒   Congreso ☐   Trabajo ☐

| 15 | 6 | 88 |
Fecha de Llegada

11:15
Hora Llegada

| 21 | 6 | 88 |
Fecha de Salida

Vacaciones Felices ... en Cafam

Centros de Vacaciones en: Melgar: Unidad Multifamiliar (Hotel), Casa, Camping y Supercamping—Llanos Orientales: (Camping).

Informes: Transversal 48 Nº 94-97 - Bloque IV, Piso 1º - Conmutador: 2714400 - Exts.: 382 - 383 - 384
Club Recreativo Urbano: Kilómetro 14, Autopista Norte - Bogotá. Informes: Teléfono 2714400 - Ext.: 485.

CAFAM

Juanillo

Av. 19 No. 114-39   Tel.: 213-7846

Restaurante internacional, con un marcado acento madrileño—de ese Madrid acogedor "con tantas cosas buenas que soñamos desde aquí," como diría Agustín Lara. Para empezar, las castizas "tapas" aceitunas, calamares, mejillones, boquerones, jamón serrano, chorizos ($230.oo). Por la noche suena una guitarra y la fiesta es animadísima. Puede usted seguir con una paella clásica ($830.oo) o con alguna otra de las muchas delicias que le ofrecen allí. Sí, señor; está usted en "su casa".

12 m. a 1 a.m.
Lunes a Domingo

chalet suizo

Con más de veinte años de prestigio . . . ¡ininterrumpido! En calidad y precios. Uno de los mejores restaurantes del Centro. Muy buen servicio. Especialidades suizas, como sus excelentes "fondues" (Bourguignonne, $700.oo; de queso enmental $820.oo; Caprichosa con mariscos y carne, $880.oo), su Emince de ternera zurichoise, ($620.oo), la Entrecote St. Moritz ($680.oo). El mejor café.

12 m. a 11.30 p.m.
Lunes a Domingo

pizzerias **D'omo**

música y ambiente
pizzas · pastas
y ensaladas

SERVICIO A DOMICILIO
- Avenida 19 No. 3-34
- Carrera 7a. No. 21-46
- Calle 63 No. 13-28
- Carrera 13 No. 61-43
- Calle 72 No. 10-34
- Metrópolis Locales 276-277
- Carrera 100 No. 26-36
- Carrera 15 No. 104-41

2152486
2126451

B. Eating out.   Look at the three restaurant ads, and match the names of the restaurants to each person's preferences. Scan the ads and use other reading strategies, such as recognizing cognates, to make your choices. Write your answers on a sheet of paper.

1. Me encanta la paella clásica y un restaurante con ambiente animadísimo. Prefiero ir al restaurante ═══ .
2. A José le gusta la comida italiana y a mí las ensaladas. Vamos a comer al ═══ .
3. Me gusta ir a un restaurante donde pueda comer especialidades como ternera al estilo de Zurich. Voy al restaurante ═══ .

1. Juanillo
2. D'omo
3. Chalet Suizo

C. Choosing a restaurant.   Scan the restaurant ads again to answer these questions. Write your answers on a sheet of paper.

1. Which restaurant serves a cured-ham appetizer for 230 pesos?
2. To make reservations at **Juanillo,** what telephone number would you call?
3. Which restaurant has eight locations and also delivers to your home?
4. At which restaurant does a cheese fondue cost 820 pesos?
5. Which restaurant would be closed if you went there at 11:45 P.M.?

1. Juanillo
2. 213-7846
3. Pizzerías D'omo
4. Chalet Suizo
5. Chalet Suizo

Guess Meaning from Context

When you run across a word you do not know, you can often use the context in which it appears to figure out what it means. You already use this strategy in your native language. For example, you may not know the English word *exacerbate*, but look at its use in this sentence: *A violent storm exacerbated the already-dangerous driving conditions*. You can make an intelligent guess as to its meaning by considering the words around it. If the driving conditions were already dangerous, what would a violent storm have done to them? You can guess that *exacerbate* means "make worse."

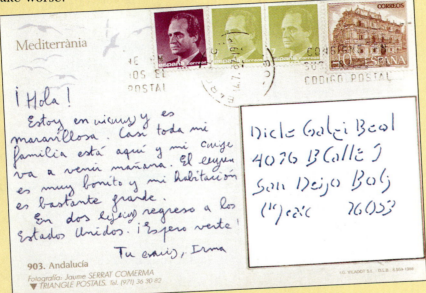

Mediterrània

¡Hola!
Estoy en vicuus y es maravillosa. Casi toda mi familia está aquí y mi amiga va a venir mañana. El eugen es muy bonito y mi habitación es bastante grande.
En dos lejeng regreso a los Estados Unidos. ¡Espero verte!
Tu amiga, Irma

Nicle Galei Beol
4076 B Calle 3
San Deijo Boli
México   76033

903. Andalucía
Fotografía: Jaume SERRAT COMERMA
▼ TRIANGLE POSTALS. Tel. (971) 36 30 82

I.G. VILADOT S.L. · D.L.B. 8.559-1988

A. A message from a friend. Imagine that you received this card from a friend who is vacationing in Spain. As some of the words are illegible, you must figure out what they should be. Use the context surrounding the missing words to choose words that make sense, and write them on a sheet of paper.

¡Hola!
Estoy en __1__ y es maravillosa. Casi toda mi familia está aquí y mi __2__ va a venir mañana. El __3__ es muy bonito y mi habitación es bastante grande. En dos __4__ regreso a los Estados Unidos. ¡Espero verte!

Tu __5__, Irma

París	semanas	casa	hermano
esposa	madre	horas	hotel
amiga	Barcelona	reina	años

1. Barcelona
2. Answers will vary.
3. hotel
4. Answers will vary.
5. amiga

Nonlinguistic information is information that comes from diagrams, charts, maps, and so on rather than from the text itself. Bold-faced printing, capitalization, bright or muted colors, and photographs and graphics are also important nonlinguistic cues. They can give you information about context and help you understand what you are about to read.

A. On the road in Colombia. If you were in Colombia and wanted to plan your sight-seeing activities, you could use nonlinguistic information to help you find travel agencies, hotels, banks, and restaurants. Match the names of the following businesses to the services they perform, then write their telephone numbers on a sheet of paper.

EXCURSIONES MUNDIAL
Carrera 20, No. 43-06
Tels. 29863 - 32770 - 35086
Telex 3-1-400

VIAJES MIRANDA
Edificio Escorial, Of. 331
Tel. 52041

CRUCEROS MAYA
Avenida 19 No. 7-33
Tel. 21785
Telex 6-1-244

1. Conavi
2. La Fonda Paisa
3. Viajes Miranda
4. Complejo Turístico

a. travel agency
b. hotel
c. bank
d. restaurant

Paisa is a slang word for **paisano** (*compatriot*).

1. c
2. d
3. a
4. b

LA SUIZA
Avenida 19, No. 111-45
Tel. 218 8679

EL PARAISO
Calle Ríonegro 3
Tels. 329381 al 86

LA FONDA PAISA
Kilómetro 15
Autopista Norte
Tel. 271892

HOTEL AVENTURA
Calle 34, No. 33-34
Tel. 42550

HOTEL ROMANA
Calle 45, No. 41-54
Tels. 326885 al 76

COMPLEJO TURISTICO
Edificio Escorial
Tel. 45321

CONAVI
Ctro. Comercial Riviera
Calle 14, No. 13-112
Tels. 215144 - 215463

BANCO FINANCIERO
Calle 34, No. 20-60
Tel. 44891 - Exts. 384 - 389

BANCO INDUSTRIAL COLOMBIANO
Carrera 22, No. 20-60
Tel. 41032
Telex 5-1-400

Work with what you already know.
Make cognates work for you.
Skim the text to get the gist.

Scan the text for details.
Use context to make intelligent guesses.
Use nonlinguistic information.

Use all your reading strategies together when you read the human interest story on Gabriele Sartori. You will be surprised how much the six reading strategies you have practiced will help you in answering the questions.

Un "genio" de 17 años que repite de grado es el empleado extranjero más joven contratado por la NASA

A. Spaceman. Look only at the heading, the lead-in sentence, and the photo to determine which of the following tells what the article is about.

4

1. a secret agent's discovery in space
2. a boy's claim to be from outer space
3. NASA's futuristic fire-prevention kit
4. a boy's role in space exploration

B. More about the moon. Now read the body of the article below. Guess the reporter's main point, and write your answer on paper. 3

1. Many of NASA's employees have repeated a grade in school.
2. The first member of the moon colony will be a 17-year-old genius hired by NASA.
3. The youngest employee at NASA is a genius who repeated a grade in school.
4. NASA employs a genius every year.

> Gabriele Sartori de Florencia, Italia, acaba de ser contratado por la NASA para trabajar en los proyectos espaciales de esa institución norteamericana. Aunque el joven de 17 años repitió un grado escolar, en Florencia le llaman "El Einstein de Italia" por las sensacionales hipótesis y teorías —todas fundamentadas científicamente— que ha elaborado para utilizar los elementos lunares en la construcción de colonias humanas en nuestro satélite.

C. About Gabriele. Look at the entire article, and use appropriate reading strategies to match each numbered sentence with its ending. Write the matching numbers and letters on paper.

1. f
2. h
3. l
4. d
5. a
6. i

1. Although Gabriele had to repeat a grade in school, he...

2. Gabriele Sartori comes from...

3. NASA hired him so that he could work...

4. His admirers call him the...

5. His hypotheses and theories are all founded...

6. He will be using construction materials from the moon to...

a. on scientific principles.

b. Cape Kennedy, Florida.

c. Sartori.

d. "Italian Einstein."

e. scholar of Florence.

f. is the youngest foreign employee on contract to NASA.

g. build a moon colony.

h. Florence, Italy.

i. build a satellite.

j. graduated from high school at the age of 17.

k. because he failed a grade.

l. on space exploration projects.

Cuadro de verbos

REGULAR VERBS

Infinitive	Present	
tomar	tomo	tomamos
	tomas	tomáis
	toma	toman
comer	como	comemos
	comes	coméis
	come	comen
vivir	vivo	vivimos
	vives	vivís
	vive	viven

IRREGULAR VERBS

Infinitive	Present	
conocer	**conozco**	conocemos
	conoces	conocéis
	conoce	conocen
estar	**estoy**	estamos
	estás	estáis
	está	están
hacer	**hago**	hacemos
	haces	hacéis
	hace	hacen
ir	**voy**	**vamos**
	vas	vais
	va	van
poner	**pongo**	ponemos
	pones	ponéis
	pone	ponen
querer	**quiero**	queremos
	quieres	queréis
	quiere	**quieren**

IRREGULAR VERBS (continued)

Infinitive	Present	
saber	**sé**	sabemos
	sabes	sabéis
	sabe	saben
salir	**salgo**	salimos
	sales	salís
	sale	salen
ser	**soy**	**somos**
	eres	**sois**
	es	**son**
tener	**tengo**	tenemos
	tienes	tenéis
	tiene	**tienen**
traer	**traigo**	traemos
	traes	traéis
	trae	traen
ver	**veo**	vemos
	ves	veis
	ve	ven

Vocabulary Topics

Vocabulario español-inglés

The **Vocabulario español-inglés** includes all vocabulary except obvious cognates from the **Capítulo preliminar** (**0**) through **Capítulo 6**. Vocabulary from the **Rincones culturales** and the optional **Gacetas** is not included. The number following each entry indicates the chapter in which the word or expression is first introduced. A chapter reference in parentheses indicates the word was not required. Required words in this list are taken from the sections titled **En contexto, Así se dice, Presentación,** and **Expansión de vocabulario.**

Adjectives are given in the masculine, with the feminine endings noted. In the case of irregular adjectives and professions, the feminine form is given in full. Idiomatic expressions are listed under the first word, as well as the main words, in each idiom. Verbs marked * are irregular in some forms and may be found in the verb charts.

Parts of speech are included when necessary to avoid confusion. The following abbreviations are used:

abbrev. abbreviation, *adj.* adjective, *adv.* adverb, *d.o.* direct object, *fam.* familiar, *f* feminine, *inf.* infinitive, *i.o.* indirect object, *lit.* literally, *m* masculine, *obj.* object, *pl.* plural, *poss.* possessive, *prep.* preposition, *pron.* pronoun, *sing.* singular, *subj.* subject

A

a to **1; al** to the **2; a lo mejor** maybe **2; ¿A qué hora...?** At what time...? **5; a veces** sometimes **4; A ver...** Let's see.... **4**

Abran el libro. Open your book. (*pl.*) **0**

abrir to open **6; Abran el libro.** Open your book. (*pl.*) **0**

la abuela grandmother **4**

el abuelo grandfather **4**

los abuelos grandparents **4**

aburrido,-a boring **1;** bored **3**

además in addition, besides **4**

adiós good-bye **0**

¿adónde? where...(to)? **2**

el aeropuerto airport **2**

afectar to affect **(3)**

aficionado,-a amateur **(2)**

agradable pleasant, likable, nice **1**

el agua (*f*) water **6**

ahora now **2**

el álbum album **4**

alegre cheerful, lively **(1)**

alegro: ¡Cuánto me alegro! I'm so glad! **3**

el álgebra (*f*) algebra **3**

algo something **3**

algún, alguna some; **algún día** some day **2**

el almuerzo lunch **6**

alto,-a tall **1**

americano,-a (North, Central, South) American; **el fútbol americano** football **0**

el amigo, la amiga friend **1**

andar to ride **2; andar en bicicleta** to ride a bike, to go bike riding **2**

el anillo ring **4**

el animal animal **1**

los anteojos (eye)glasses **4**

antes (de) before **5**

antipático,-a unpleasant **1**

el año year **2; ¿Cuántos años tiene?** How old is he/she? **2; tener ____ años** to be ____ years old **4**

el apartamento apartment **4**

el apodo nickname **(0)**

aprender (a) to learn (to) **5**

aquí here **2**

arreglar to arrange; **arreglar el cuarto** to straighten up one's room **2**

el arroz rice **6**

el arte art **5**

asado,-a roasted; **la carne asada** roast beef **6**

así so, (in) that way; **Así, así.** So-so. **0**

asistir a to attend **6**

los audífonos headphones **(4)**

aumentar to increase; **aumentar de peso** to gain weight **6**

el autobús (*pl.* autobuses) bus; **la terminal de autobuses** bus terminal **2**

la avenida avenue 4
   ¡Ay, no! Oh, no! 1
   ayudar to help; **ayudar en casa** to help at home 2

B

bailar to dance 1
el **baile** dance 3
   bajar to lower; **bajar de peso** to lose weight 6
   bajo,-a short 1
el **baloncesto** basketball 0
el **banco** bank 2
   barato,-a cheap 4
el **barómetro** barometer (3)
   bastante quite, fairly, rather 1; **Pues, bastante bien.** Oh, pretty well. 0
la **bebida** drink 6
el **béisbol** baseball 0; **el guante de béisbol** baseball glove 5
la **biblioteca** library 2
la **bicicleta** bicycle; **andar en bicicleta** to ride a bike, to go bike riding 2
   bien fine, well; **Bien, gracias.** Fine, thank you. 0; **Está bien.** OK. Fine. 2; **Muy bien, gracias.** Very well, thank you. 0; **Pues, bastante bien.** Oh, pretty well. 0
la **billetera** billfold 4
la **biología** biology 5
el **bistec** steak 6
la **blusa** blouse 4
el **boletín** (*pl.* **boletines**) bulletin (5)
el **boliche** bowling 2; **jugar boliche** to bowl, to go bowling 2
el **bolígrafo** ball-point pen 1
la **bolsa** purse 4
   bonito,-a pretty, nice 1
el **bote** boat 3
   buen (*m*), **bueno,-a** good 1; **Buenas noches.** Good evening., Good night. 0; **¡Buena suerte!** Good luck!

3; **Buenas tardes.** Good afternoon. 0; **Bueno,...** OK, well,.... 2; **Buenos días.** Good morning. 0; **Hace buen tiempo.** It's good weather. 3; **¡Qué bueno!** Good! 3
buscar to look for 5

C

la **cabeza** head; **tener dolor de cabeza** to have a headache 3
el **café** café 2; coffee 6
la **calculadora** calculator 4
el **calor** heat; **Hace calor.** It's hot. 3; **tener calor** to be (feel) warm, hot 6
la **calle** street 4
la **cámara** camera 3
el **camarón** (*pl.* **camarones**) shrimp 6
la **camisa** shirt 4
la **camiseta** T-shirt 4
la **cancha** court, playing field (6)
   cansado,-a tired 3
   cantar to sing 1
la **carne** meat 6; **carne asada** roast beef, barbecued beef 6
   caro,-a expensive 4
el **carro** car 1
la **carta** letter 5
el **cartel** poster 4
la **casa** house, home 2; **ayudar en casa** to help at home 2; **en casa** at home 2; **regresar a (la) casa** to return home 4
   casi almost 4
el **catarro** head cold 3; **tener catarro** to have a cold 3
   catorce fourteen 0
   celoso,-a jealous 3
la **cena** dinner 6
el **centro** downtown, center of town 2
el **cerdo** pork 6; **la chuleta de cerdo** pork chop 6
   cero zero 0

cien one hundred 1; **ciento** one hundred (*used in counting:* **ciento uno** *and above*) 4
las **ciencias** science, the sciences 5
el **científico, la científica** scientist 5
   ciento one hundred (*used in counting:* **ciento uno** *and above*) 4
   Cierren el libro. Close your book. (*pl.*) 0
   cierto true (4); **por cierto** as a matter of fact 2
   cinco five 0
   cincuenta fifty 1
el **cine** movies, movie theater 2
la **cinta** cassette tape 4
la **clase** class 1
el **cliente, la cliente** customer, client 6
   cocinar to cook 2
el **cocinero, la cocinera** cook 6
el **colegio** (private) school 5
   comentar to comment (4)
los **comentarios** comments (4)
   comer to eat 5; **llevar a comer** to take out to eat 4
la **comida** food, meal 6
   como like, such as 2
   ¿cómo? what? 0; **¿Cómo es?** What is he/she like? 1; **¿Cómo está(s)?** How are you? (*formal, fam. sing.*) 0; **¿Cómo se dice...?** How do you say...? 0; **¿Cómo se (te) llama(s)?** What's your name? (*formal, fam. sing.*) 0
el **compañero, la compañera** classmate (2)
el **competidor, la competidora** competitor (2)
   comprar to buy 3
las **compras** shopping (*lit.* purchases) ; **ir de compras** to go shopping 2
   comprender to understand 5
la **computadora** computer; **programación de computadoras** computer programming 5; **trabajar en**

la computadora to work at the computer **2**

con with **2**; **con mucho gusto** with pleasure **6**; **¿Con qué frecuencia?** How often? **4**

el concierto concert **1**

conducir* to drive **6**

conocer* to know, to be acquainted with, to be familiar with **6**

el consejo advice (**6**)

considerado,-a considerate, thoughtful (**4**)

la contabilidad bookkeeping, accounting **5**

contento,-a happy **3**

Contesten. Answer. (*pl.*) **0**

contra against **2**

conversar to talk (**2**)

la copa cup; **Copa Mundial** World Cup (*soccer*) (**3**)

el correo post office **2**

la cosa thing; **tantas cosas que hacer** so many things to do **5**

creer to think, to believe **5**; **Creo que no.** I don't think (believe) so. **5**; **Creo que sí.** I think (believe) so. **5**; **¡No lo creo!** I don't believe it! **5**

la crema cream (**6**)

Creo que no. I don't think (believe) so. **5**; **Creo que sí.** I think (believe) so. **5**

el cuaderno notebook **1**

¿cuál? what?, which? **2**; **¿Cuál es tu dirección?** What is your address? **4**

cuando when (**3**)

¿cuándo? when? **2**

¿cuánto,-a? how much?, how many? **1**; **¿Cuánto cuesta(n)?** How much does it (do they) cost? **4**; **¡Cuánto lo siento!** I'm so sorry! **3**; **¡Cuánto me alegro!** I'm so glad! **3**; **¿Cuántos años tiene?** How old is he/she? **2**; **¿Cuántos (cuántas) hay?** How many are there? **1**

cuarenta forty **1**

el cuarto room; **arreglar el cuarto** to straighten up one's room **2**; quarter (hour) **5**

cuatro four **0**

cuatrocientos,-as four hundred **4**

la cuenta bill (*in a restaurant*) **6**

cuesta(n): ¿Cuánto cuesta(n)? How much does it (do they) cost? **4**

el cuidado care; **¡Cuidado!** Be careful! (**6**)

cuidar to take care of **4**

el cumpleaños birthday **4**; **¡Feliz cumpleaños!** Happy birthday! **4**

Ch

la chica girl **1**

el chico boy **1**

el chocolate chocolate, hot chocolate **6**

la chuleta de cerdo pork chop **6**

D

dar to give; **dar un paseo** to take a walk **2**

de from, of, about **1**; **¿De dónde eres?** Where are you (*fam. sing.*) from? **1**; **del** of the, from the (**4**); **de la mañana** in the morning, A.M. **5**; **de la noche** at night, P.M. **5**; **de la tarde** in the afternoon, evening, P.M. **5**; **de memoria** by heart (**2**); **De nada.** You're welcome. **0**; **¿De quién(es)...?** Whose...? **4** (*sing., pl.*); **¿De quién es/son?** Whose is it/are they? **4**; **¿De veras?** Really? **3**

deber to have to, should, must **5**

decir to say, to tell; **¿Cómo se dice...?** How do you say...? **0**; **¿Qué quiere decir...?** What does...mean? **0**

del of the, from the (**4**)

delgado,-a thin, slender **4**

el deporte sport **1**

deprimido,-a depressed **3**

desagradable disagreeable, unpleasant **1**

desayunar to have breakfast **6**

el desayuno breakfast **6**

descansar to rest **2**

desear (de) to want, to wish (for) **5**

desilusionado,-a disappointed **3**

después afterward, after **3**; **después (de)** after **5**

el día day **3**; **algún día** someday **2**; **Buenos días.** Good morning. **0**; **¿Qué día es hoy?** What (day of the week) is today? **5**; **todos los días** every day **4**

el diccionario dictionary **4**

dice: ¿Cómo se dice...? How do you say...? **0**. *See also* **decir diecinueve** nineteen **1**

dieciocho eighteen **1**

dieciséis sixteen **1**

diecisiete seventeen **1**

diez ten **0**

difícil difficult **1**

digas: ¡No me digas! Don't tell me! (*fam. sing.*) **3**

el dinero money **1**

Dios God; **¡Dios mío!** My goodness! **5**

la dirección (*pl.* **direcciones**) address; **¿Cuál es tu dirección?** What is your address? **4**

el disco record **1**

divertido,-a fun, amusing **1**

doce twelve **0**

el dolor pain, ache **3**; **dolor de cabeza** headache **3**; **dolor de espalda** backache **3**; **dolor de estómago** stomachache **3**; **dolor de garganta** sore throat **3**;

dolor de muelas toothache 3; **¡Qué dolor!** How painful! (3)

domingo Sunday 5; **el domingo** (on) Sunday 5

donde where (6)

¿dónde? where (6); **¿De dónde eres?** Where are you (*fam. sing.*) from? 1; **¿Dónde está?** Where is he/she/it? 3

dormir to sleep 6

dos two 0; **los (las) dos** both (2)

doscientos,-as two hundred 4

los dulces sweets 6

durante during 5

E

e and (*before i and hi*) 5

la educación física physical education 5

EE.UU. U.S., United States

el ejemplo example; **por ejemplo** for example (5)

el, los the 1

él he 1

ella she 1

ellos, ellas they 1; them 6

emocionado,-a excited 3

emocionante exciting 1

en in, on, at 1; **en casa** at home 2; **en punto** sharp (*time*) 5

encantado,-a delighted 3

encantar to be delightful, to delight 6; **me encanta(n)** I love, I like a lot 6

la encuesta survey (1)

la enfermedad sickness, disease (3)

enfermo,-a sick 3

enojado,-a angry 3

la ensalada salad 6

entiendo: No entiendo. I don't understand. 0

entonces then 2

la entrada appetizer 6

el equipo team 2

eres: ¿De dónde eres? Where are you (*fam. sing.*) from? 1

escribir to write 6; **la máquina de escribir** typewriter 3

escuchar to listen (to) 1; **escuchar la radio** to listen to the radio 1; **Escuchen. Listen.** (*pl.*) 0

la escuela school 1

eso that; **por eso** that's why, therefore 4; **¿Qué es eso?** What is that? 3

la espalda back; **tener dolor de espalda** to have a backache 3

el español Spanish (language) 1

esperar to wait (for) 5

las espinacas spinach 6

esquiar to ski 1

esta this; **esta noche** tonight 2

el estadio stadium 2

estar* to be 3; **¿Cómo está(s)?** How are you (*formal, fam. sing.*)? 0; **Está bien.** OK. fine. 2; **Está lloviendo.** It's raining. 3; **Está nevando.** It's snowing. 3; **Está nublado.** It's cloudy. 3

este this; **este fin de semana** this weekend 2

esto this; **¿Qué es esto?** What is this? 3

el estómago stomach; **tener dolor de estómago** to have a stomachache 3

la estrella star 1; movie star (1); **mirar las estrellas** to stargaze 1

el estudiante, la estudiante student 1

estudiar to study 1

evitar to avoid 6

exagerado,-a theatrical, exaggerated 3

el examen (*pl.* **exámenes**) exam 1

excelente excellent 1

el éxito hit, success 3

la explicación explanation 5

F

fácil easy 1

la familia family 4

el familiar relative 4

fanático,-a fanatical; **ser fanático de** to be a fan of 2

¡Fantástico! Great! 3

favor favor; **por favor** please 0

feliz happy; **¡Feliz cumpleaños!** Happy birthday! (4); **¡Feliz Navidad!** Merry Christmas! (3)

feo,-a ugly 1

la feria fair (4)

la fiebre fever; **tener fiebre** to have a fever 3

la fiesta party 1

el fin end; **este fin de semana** this weekend 2; **los fines de semana** (on) weekends 2

finalmente finally 5

la física physics 5

físico,-a physical; **la educación física** physical education 5

el flan baked custard, flan 6

formidable great, wonderful 1

la foto photo 2; **sacar fotos** to take pictures 2

el fotógrafo, la fotógrafo photographer 2

el francés French (language) 5

la frecuencia frequency; **¿Con qué frecuencia?** How often? 4

la fresa strawberry 6

fresco cool; **Hace fresco.** It's cool. 3

los frijoles beans 6

frío cold; **Hace frío.** It's cold. 3; **tener frío** to be cold 6

frito,-a fried 6; **papas fritas** french fries (6)

la fruta fruit 6

el fútbol soccer 0; **fútbol americano** football 0

G

la gana want, wish; **tener ganas de** to feel like 3
ganar to earn 2
la garganta throat; **tener dolor de garganta** to have a sore throat 3
gastar to spend (*money*) 4
el gato cat 3
el genio, la genio genius 4
la geografía geography 5
la geometría geometry 5
la gimnasia gymnastics 1
gordo,-a fat 4
la grabadora tape recorder 3
gracias thank you 0; **Bien, gracias.** Fine, thank you. 0; **Muy bien, gracias.** Very well, thank you. 0
gran, grande big, large 4
la gripe flu; **tener gripe** to have the flu 3
el guante (de béisbol) (baseball) glove 5
guapo,-a good-looking 1
la guitarra guitar 1; **tocar la guitarra** to play the guitar 2
gustar to be pleasing, to please 6; **Me gusta(n)...** I like.... 0, 1; **Me gustaría...** I would like.... 4; **No me gusta...** I don't like.... 0; **¿Te gusta(n)...?** Do you (*fam. sing.*) like...? 1
el gusto taste, liking (1); **con mucho gusto** with pleasure 6; **Mucho gusto.** Pleased to meet you. 0

H

hablar to speak 1; **hablar por teléfono** to talk on the telephone 2
hacer* to do, to make 2; **Hace buen (mal) tiempo.** It's good (bad) weather. 3; **Hace calor.** It's hot. 3; **Hace fresco.** It's cool. 3; **Hace frío.** It's cold. 3; **Hace sol.** It's sunny. 3; **Hace viento.** It's windy. 3; **¿Qué tiempo hace?** How is the weather? 3; **tantas cosas que hacer** so many things to do 5
la hamaca hammock 2
el hambre (*f*) hunger; **tener hambre** to be hungry 6
hasta until; **Hasta luego.** See you later. 0; **Hasta mañana.** See you tomorrow. 0; **Hasta pronto.** See you soon. (1)
Hay... There is...., There are.... 1; **¿Cuántos (cuántas) hay?** How many are there? 1
el helado ice cream 6
la hermana sister 4
el hermano brother 4
los hermanos brother(s) and sister(s) 4
la hija daughter 4
el hijo son 4
los hijos children, son(s) and daughter(s) 4
hispano,-a Hispanic (3)
la historia history 5
la historieta comic book (comic strip) 4
¡Hola! Hi! 0
la hora time, hour 5; **¿A qué hora...?** At what time...? 5; **¿Qué hora es?** What time is it? 5
el horario schedule, itinerary (5)
el hospital hospital 3
el hotel hotel 2
hoy today 2; **Hoy es...** Today is.... 5; **Qué día es hoy?** What is today? 5
el hueso bone (6)
el huevo egg 6; **la tortilla de huevo** omelet 6

I

la idea idea 3
la iglesia church 2
Igualmente. Likewise. 0
impaciente impatient 1
importante important 1
importar to matter; **¡Qué importa!** Who cares! 3
imposible impossible 5
incluido,-a included 6
independiente independent 1
el inglés English (language) 1
insistir (en) to insist (on) 6
el instituto institute 5
inteligente intelligent 1
el intercambio exchange (5)
interesante interesting 1
el invitado, la invitada guest (6)
invitar to invite 5
ir* to go 2; **ir de compras** to go shopping 2; **ir de vacaciones** to go on vacation 3
irresponsable irresponsible 1

J

el jamón ham 6
el jardín garden, yard 2
joven (*pl.* **jóvenes**) young 1
el juego electrónico video game 1
jueves Thursday 5; **el jueves** (on) Thursday 5
el jugador, la jugadora player 2
jugar to play 1; **jugar boliche** to bowl, to go bowling 2
el jugo juice 6

L

la, las the 1
el laboratorio laboratory 5
el lápiz (*pl.* **lápices**) pencil(s) 1; **Saquen papel y lápiz.** Take out paper and pencil. (*pl.*) 0

las the **1**

la lástima pity, shame; **¡Qué lástima!** What a shame! **3**

lavar to wash **2**

le gusta(n) he/she/you (*formal*) like(s) **2**

la lección (*pl.* **lecciones**) lesson **5**

la lectura reading (**1**)

la leche milk **6**

leer to read **5**

Levántense. Stand up. (*pl.*) **0**

libre free; **la lucha libre** wrestling **0**

el libro book **1**; **Abran (Cierren) el libro.** Open (Close) your book. (*pl.*) **0**

la limusina limousine (**4**)

la lista list (**1**)

listo,-a ready **5**

lo him, it, you; **¡Cuánto lo siento!** I'm so sorry! **3**; **lo siento** I'm sorry (**5**)

loco,-a crazy **5**

los, las the **1**; **los (las) dos** both, the two (of them) (**2**); **los fines de semana** (on) weekends **2**

la lucha struggle, fight; **lucha libre** wrestling **0**

luego then; **Hasta luego.** See you later. **0**

lunes Monday **5**; **el lunes** (on) Monday **5**

Ll

llamar to call **5**; **llamar por teléfono** to call on the telephone (**3**); **¿Cómo se (te) llama(s)?** What's your name? (*formal, fam. sing.*) **0**; **Me llamo** ____. My name is ____. **0**

la llave key **4**

llevar to take (along); **llevar a comer** to take out to eat **4**

lloviendo: Está lloviendo. It's raining. **3**

M

la madre (**mamá**) mother (mom) **4**

el maíz corn; **la tortilla de maíz** corn tortilla **6**

mal badly, poorly **4**

mal (*m*), **malo,-a** bad **1**; **Hace mal tiempo.** It's bad weather. **3**

mamá mom **4**

el mandato command (**0**)

la mantequilla butter **6**

la manzana apple **6**

mañana tomorrow **2**; **Hasta mañana.** See you tomorrow. **0**; **pasado mañana** day after tomorrow **4**

la mañana morning **5**; **de la mañana** in the morning, A.M. **5**; **por la mañana** in the morning **5**

la máquina machine; **máquina de escribir** typewriter **3**

martes Tuesday **5**; **el martes** (on) Tuesday **5**

más more **2**; **más tarde** later **2**

las matemáticas mathematics **3**

mayor older **4**

me me; **me encanta(n)** I love, I like a lot **6**; **Me gusta(n)...** I like.... **0, 1**; **Me gustaría...** I would like.... **4**; **Me llamo** ____. My name is ____. **0**

la mecanografía typing **5**

media half (past the hour) **5**

la medianoche midnight **5**

el mediodía noon **5**

mejor better; **a lo mejor** maybe **2**

el melón cantaloupe **6**

la memoria memory; **de memoria** by heart (**2**)

menor younger **4**

menos less (**6**); before the hour **5**

el menú menu **6**

el mercado market (**1**); **el supermercado** supermarket **2**

la mermelada jam **6**

la mesa table **6**

la mesera waitress **6**

el mesero waiter **6**

mí me (*after prep.*) **6**; **para mí** as far as I am concerned, to me **4**

mi, mis my **4**

el miedo fear; **tener miedo (de)** to be afraid (of) **6**

miércoles Wednesday **5**; **el miércoles** (on) Wednesday **5**

mil one thousand **4**

un millón (de) one million **4**

mirar to watch; **mirar las estrellas** to stargaze **1**

mismo: lo mismo the same **6**

la mochila backpack **4**

la moto (*f*) motorcycle **3**

mucho a lot, much (*adv.*) **1**

mucho,-a much, a lot, (*sing.*), many (*pl.*) (*adj.*) **1**; **con mucho gusto** with pleasure **6**; **muchas veces** often **4**; **Mucho gusto.** Pleased to meet you. **0**

la muela tooth; **tener dolor de muelas** to have a toothache **3**

mundial world (*adj.*); **la Copa Mundial** World Cup (*soccer*) (**3**)

el mundo world (**0**)

el museo museum **2**

la música music **3**; **música rock** rock music **3**

muy very **1**; **Muy bien, gracias.** Very well, thank you. **0**

N

nada not at all, nothing **1**; **De nada.** You're welcome. **0**

nadar to swim **1**

la naranja orange **6**

la Navidad Christmas; **¡Feliz Navidad!** Merry Christmas! (**3**)

necesitar to need **5**

nervioso,-a nervous **3**

nevando: Está nevando. It's snowing. 3

ni neither, nor; **ni...ni** neither...nor 6

el niño, la niña child 4

no no, doesn't, don't 0; **¡Ay, no!** Oh, no! 1; **Creo que no.** I don't think (believe) so. 5; **¿no?** right?, isn't it?, don't you? 2; **No entiendo.** I don't understand. 0; **¡No lo creo!** I don't believe it! 5; **¡No me digas!** Don't tell me! (*fam. sing.*) 3; **No me gusta...** I don't like.... 0; **¡No puede ser!** It can't be! 3; **No sé.** I don't know. 0; **¿No te parece?** Don't you (*fam. sing.*) think so? (4)

la noche night, evening; **Buenas noches.** Good evening. Good night. 0; **de la noche** at night, P.M. 5; **esta noche** tonight 2; **por la noche** at night 5

nos (to, for) us 6

nosotros, nosotras we 1; us (*after prep.*) 3

las notas grades; **sacar buenas (malas) notas** to get good (bad) grades 4

la noticia news item 3

las noticias news 3

novecientos,-as nine hundred 4

la novela novel 5

noventa ninety 1

la novia girlfriend 2

el novio boyfriend 2

nublado cloudy; **Está nublado.** It's cloudy. 3

nuestro,-a our 4

nueve nine 0

nuevo,-a new 1

el número number 1

nunca never 4

O

o or 2

el oculista, la oculista eye doctor (0)

ocupado,-a busy 5

ochenta eighty 1

ocho eight 0

ochocientos,-as eight hundred 4

la oficina office 2

once eleven 0

el osito de peluche teddy bear 4

la ostra oyster (6)

otro,-a other, another 2; **otra vez** again 3

¡Oye! Hey!, Listen! (*fam. sing.*) 0

P

el paciente, la paciente patient 1

el pacto pact (6)

el padre (papá) father (dad) 4

los padres parents 4

la paella (valenciana) (Valencian) paella (*a typical Spanish dish*) (6)

el país country 4

el pan bread 6

papá dad 4

la papa potato 6; **papas fritas** french fries (6)

el papel paper; **Saquen papel y lápiz.** Take out paper and pencil. (*pl.*) 0

el paquete package (6)

para to, in order to, for 2; **para mí** as far as I am concerned, to me 2

el parasol parasol, sunshade (0)

parecer to seem 6; **¿No te parece?** Don't you (*fam. sing.*) think so? (4); **¿Qué te parece?** What do you (*fam. sing.*) think? 4

el parque park 2

el partido game, match 2

pasado,-a last, past; **pasado mañana** day after tomorrow 4

pasar to spend (*time*) 4; to happen; **¿Qué les pasa?** What's wrong with you (*pl.*)? (2); **¿Qué pasa?** What's going on? (4)

el paseo excursion; **dar un paseo** to take a walk 2

el pastel pastry, cake 6

pedir to order 6

la película movie 2

el peluche plush; **el osito de peluche** teddy bear 4

la pena pity, shame; **¡Qué pena!** What a shame! 3

pequeño,-a small 4

la pera pear 6

el perfume perfume 4

el periódico newspaper 5

permitir to permit, to allow 6

pero but 1

el perro dog 3

la persona person 3

pesado boring (*lit.* heavy); **pesadísimo** very hectic, terrible 5; **¡Qué pesado!** How boring!, What a nuisance! 3

el pescado fish 6

la peseta peseta (*unit of currency, Spain*) (0)

el peso peso (*unit of currency, several Latin American countries*) (0)

el peso weight; **aumentar de peso** to gain weight 6; **bajar de peso** to lose weight 6

el piano piano; **tocar el piano** to play the piano 2

la pieza piece 4

la piscina swimming pool 2

el piso floor 4

el pizarrón chalkboard; **Vayan al pizarrón.** Go to the chalkboard. (*pl.*) 0

los planes plans 5

el plátano banana, plantain 6

el plato plate, dish 2

la playa beach 2

la plaza plaza, square 2

pobre poor; **pobrecito,-a** poor thing 5

poco few (*pl.*) (3); little; **pocas veces** rarely 4

el poco bit; **un poco** a little (bit) 3

la poesía poetry 5

el pollo chicken 6
poner to put, to place, to set 6
popular popular 15
por about, by, for, through; **hablar por teléfono** to talk on the telephone 2; **por cierto** as a matter of fact 2; **por ejemplo** for example 5; **por eso** that's why, therefore 4; **Por favor.** Please. 0; **por la mañana** in the morning 5; **por la noche** at night 5; **por la tarde** in the afternoon/evening 5; **¿por qué?** why? 2; **por supuesto** of course 2
porque because 2
postal post, postal; **la tarjeta postal** postcard (1)
el postre dessert 6
practicar to practice, to play 1
el precio price 6
preferir to prefer 1
el preguntón, la preguntona very inquisitive person, busybody (2)
preocupado,-a worried 3
preparar to prepare 6
primero,-a first 2
el primo, la prima cousin 4
la prisa haste; **tener prisa** to be in a hurry 6
el problema (m) problem 6
el profesor, la profesora teacher 1
la programación de computadoras computer programming 5
prometer to promise 5
pronto soon 2; **Hasta pronto.** See you soon. (1)
la propina tip (in a restaurant) 6
propio,-a (one's) own (5)
próximo,-a next 4
puede: ¡No puede ser! It can't be 3
la puerta door (0)
pues oh, well; **Pues, bastante bien.** Oh, pretty well. 0
el pulpo octopus (6)
la pulsera bracelet 4

el punto point; **en punto** sharp (time) 5

que that, who 2; than; **tener que** to have to 3
¿qué? what? which (one)? 1; **¿A qué hora…?** At what time…? 5; **¿Con qué frecuencia?** How often? 4; **¿por qué?** why? 2; **¡Qué bueno!** Good! 3; **¿Qué día es hoy?** What day is today? 5; **¡Qué dolor!** How painful! (3); **¿Qué es eso/esto?** What is that/this? 3; **¿Qué hora es?** What time is it? 5; **¡Qué importa!** Who cares! 3; **¡Qué lástima!** What a shame! 3; **¿Qué les pasa?** What's wrong with you? (pl.) (2); **¿Qué pasa?** What's going on? (4); **¡Qué pena!** What a shame! 3; **¡Qué pesado!** How boring!, What a nuisance! 3; **¿Qué quiere decir…?** What does… mean? 0; **¿Qué tal?** How are you?, How's it going? 0; **¿Qué tal…?** What about…? (4); **¿Qué te parece?** What do you (fam. sing.) think? 4; **¿Qué tiempo hace?** How is the weather? 3; **¡Qué tontería!** How stupid!, How ridiculous! 3
querer to want, to wish 2; **¿Qué quiere decir…?** What does… mean? 0
querido,-a dear 1
el queso cheese 6
¿quién? who? 2; **¿De quién(es)…?** Whose…? (sing., pl.) 4; **¿De quién es/son?** Whose is it/are they? 4; **¿Quién es?** Who is

it? 1; **¿Quiénes son?** Who are they? 1
la química chemistry 5
quince fifteen 0
quinientos,-as five hundred 4

el radio radio (set) 3
la radio radio (broadcast, programming) 1; **escuchar la radio** to listen to the radio 1
rápido,-a fast, quick 5
raro,-a strange 3
la razón (pl. **razones**) reason (6); **tener razón** to be right 6
recibir to receive 6
la recomendación recommendation (6)
recomendar to recommend (6)
el recreo recess 5
el refresco soft drink 6
el regalo gift 4
regresar to return 3; **regresar a (la) casa** to return to the house (home) 3
Regular. OK. 0
el reloj watch, clock 3
Repitan, por favor. Repeat, please. (pl.) 0
responsable responsible 1
el restaurante restaurant 2
la revista magazine 4
el rincón (pl. **rincones**) corner (1)
el rompecabezas (jigsaw) puzzle 4
la ropa clothes, clothing 2
la rutina routine (4)

S

sábado (m) Saturday 5; **el sábado** (on) Saturday 5
el sabelotodo, la sabelotodo know-it-all 6
saber* to know (a fact, information), to know how (to do something) 6; **No sé.** I don't know. 0

sacar: sacar buenas (malas) notas to get good (bad) grades **4**; **sacar fotos** to take pictures **2**; **Saquen la tarea.** Take out your homework. (*pl.*) **0**; **Saquen papel y lápiz.** Take out paper and pencil. (*pl.*) **0**

la sal salt (**6**)

salir* to go out **2, 6**; to leave **6**

la salsa salsa music (**2**); sauce, gravy (**6**)

sano,-a healthy, wholesome **6**

Saquen la tarea. Take out your homework. (*pl.*) **0**

Saquen papel y lápiz. Take out paper and pencil. (*pl.*) **0**

sé: No sé. I don't know. **0**

la sed thirst; **tener sed** to be thirsty **6**

seis six **0**

seiscientos,-as six hundred **4**

la semana week **3**; **este fin de semana** this weekend **2**; **los fines de semana** (on) weekends **2**

el sentimiento feeling (**3**)

el señor (*abbrev.* **Sr.**) Mr., sir. **0**; gentleman, man (**1**)

la señora (*abbrev.* **Sra.**) Mrs., ma'am, **0**; lady, woman (**1**)

la señorita (*abbrev.* **Srta.**) Miss **0**; lady, woman (**1**)

ser* to be **1**; **¡No puede ser!** It can't be! **3**; **ser fanático de** to be a fan of **2**

serio,-a serious **3**

sesenta sixty **1**

setecientos,-as seven hundred **4**

setenta seventy **1**

si if **3**

sí yes **0**; **Creo que sí.** I think (believe) so. **5**

siempre always **4**

Siéntense, por favor. Please sit down. (*pl.*) **0**

siento: ¡Cuánto lo siento! I'm so sorry! **3**; **lo siento** I'm sorry (**5**)

siete seven **0**

siguiente next, following **5**

simpático,-a friendly, nice, likable **1**

el síntoma symptom (**3**)

el sirviente, la sirviente servant (**4**)

sobre about **2**; **sobre todo** above all **1**

el sol sun; **Hace sol.** It's sunny. **3**

sólo only **4**

solucionar to solve (**4**)

la sopa soup **6**

sorprendido,-a surprised **3**

la sorpresa surprise (**3**)

su, sus her, his, its, their, your (*formal*) **4**

el sueño sleep; **tener sueño** to be sleepy **6**

la suerte luck; **¡Buena suerte!** Good luck! **3**

el suéter sweater **4**

sufrir to suffer (**6**)

la sugerencia suggestion (**2**)

el supermercado supermarket **2**

supuesto supposed; **por supuesto** of course **2**

T

tacaño,-a stingy **4**

tal so, such, thus **¿Qué tal?** How are you? **0**; **¿Qué tal...?** What about...? (**4**)

también also, too **1**

tan such a, so **2**

tanto,-a so much (*sing.*), so many (*pl.*); **tantas cosas que hacer** so many things to do **5**

tarde late **5**; **más tarde** later **2**

la tarde afternoon, evening; **Buenas tardes.** Good afternoon. **0**; **de la tarde** in the afternoon/evening, P.M. **5**; **por la tarde** in the afternoon/evening **5**

la tarea homework **0**; **Saquen la tarea.** Take out your homework. (*pl.*) **0**

la tarjeta card **3**; **tarjeta postal** postcard (**1**)

la tarta tart, pie **6**

el té tea **6**

el teatro theater **2**

¿Te gusta(n)...? Do you (*fam. sing.*) like...? **1**

el teléfono telephone **1**; **hablar por teléfono** to talk on the telephone **2**; **llamar por teléfono** to call on the telephone (**3**)

la telenovela soap opera **1**

la televisión television (*broadcast, programming*) **0**; **ver televisión** to watch television **1**

el televisor television (set) **1**

tener* to have **3**; **¿Cuántos años tiene?** How old is he/she? **2**; **tener calor** to be hot **6**; **tener catarro** to have a cold **3**; **tener dolor de cabeza** to have a headache **3**; **tener dolor de espalda** to have a backache **3**; **tener dolor de estómago** to have a stomachache **3**; **tener dolor de garganta** to have a sore throat **3**; **tener dolor de muelas** to have a toothache **3**; **tener fiebre** to have a fever **3**; **tener frío** to be cold **6**; **tener ganas de** to feel like **3**; **tener gripe** to have the flu **3**; **tener hambre** to be hungry **6**; **tener miedo** to be afraid **6**; **tener prisa** to be in a hurry **6**; **tener que** to have to **3**; **tener razón** to be right **6**; **tener sed** to be thirsty **6**; **tener sueño** to be sleepy **6**; **tener tos** to have a cough **3**

el tenis tennis **0**

la terminal de autobuses bus terminal **2**

ti you (*fam. sing., after prep.*) **6**

la tía aunt **4**
el tiempo time **6**
el tiempo weather; **¿Qué tiempo hace?** How is the weather? **3**
la tienda store **2**
el tío uncle **4**
los tíos aunt(s) and uncle(s) **4**
el tocadiscos record player **3**
tocar to play **2**; **tocar el piano** to play the piano **2**; **tocar la guitarra** to play the guitar **2**
el tocino bacon **6**
todavía still **3**
todo,-a all **1**; **sobre todo** above all **1**; **todos** everyone, everybody **3**; **todos los días** every day **4**
tomar to drink, to have (to eat) **6**; to take **4**
el tomate tomato **6**
la tontería silliness; **¡Qué tontería!** What nonsense! **3**
la tortilla de huevo omelet **6**; **tortilla de maíz** corn tortilla **6**
la tos cough; **tener tos** to have a cough **3**
trabajar to work **1**; **trabajar en la computadora** to work at the computer **2**
traer* to bring **6**
trece thirteen **0**
treinta thirty **1**
tres three **0**

trescientos,-as three hundred **4**
tu, tus your (*fam. sing.*) **4**
tú you (*fam. sing., subj.*) **1**

U

u or (*before o or ho*) **(6)**
último,-a last **4**
un, una a, an **1**; **un poco** a little (bit) **3**
uno one **0**
unos, unas some, any, a few **3**
usted you (*formal sing.*) **1**
ustedes you (*pl.*) **1**
la uva grape **6**

V

las vacaciones vacation **1**; **ir de vacaciones** to go on vacation **3**
la vainilla vanilla **(0)**
Vayan al pizarrón. Go to the chalkboard. (*pl.*) **0**
veinte twenty **1**
ver* to see **1, 5**; **A ver...** Let's see.... **4**; **ver televisión** to watch television **1**
veras: ¿De veras? Really? **3**
la verdad truth **5**; **¿verdad?** don't you? isn't it?, right? **2**; **de**
la verdura vegetable **6**
la vez (*pl.* **veces**) time, instance **4**;

a veces sometimes **4**; **muchas veces** often **4**; **otra vez** again **3**; **pocas veces** rarely **4**
viajar to travel **2**
viejo,-a old **1**
el viento wind; **Hace viento.** It's windy. **3**
viernes Friday **5**; **el viernes** (on) Friday **5**
el visado visa **(0)**
la visita visit **3**
visitar to visit **2**
vivir to live **6**
el volibol volleyball **0**
vosotros, vosotras you (*fam. pl., Spain*) **(1)**
vuestro, vuestra your (*fam. pl, Spain*) **(4)**

Y

y and **1**; **¿Y tú?** And you (*fam. sing.*)? **0**; **¿Y usted?** And you (*formal sing.*)? **0**
ya already **4**
yo I, me **1**
¿Y tú? And you (*fam. sing.*)? **0**
¿Y usted? And you (*formal sing.*)? **0**

Z

la zanahoria carrot **6**

English-Spanish Vocabulary

This vocabulary includes items in the **Vocabularios de capítulo** as well as in the **Introducciones, Exploraciones,** and **Perspectivas.**

A

a un, una **1**
a bit un poco **3**
about de **1**; por, sobre **2**
above all sobre todo **1**
accounting la contabilidad **5**
ache el dolor **3**
acquainted: to be acquainted with conocer* **6**
address la dirección (*pl.* direcciones); **What is your address?** ¿Cuál es tu dirección? **4**
advice el consejo (**6**)
a few unos, unas **3**
to affect afectar (**3**)
afraid: to be afraid (of) tener miedo (de) **6**
after después **3**; después de **5**
afterward después **3**
afternoon la tarde; **Good afternoon.** Buenas tardes. **0**; **in the afternoon** por la tarde, de la tarde **5**
again otra vez **3**
against contra **2**
agreement el pacto (**6**)
airport el aeropuerto **2**
album el disco **1**; el álbum **4**
algebra el álgebra (*f*) **3**
a little un poco **3**
all todo,-a **1**; **above all** sobre todo **1**
to allow permitir **6**
almost casi **4**
a lot (of) mucho,-a (*adj.*) **1**
already ya **4**
also también **1**
always siempre **4**
A.M. de la mañana **5**
amateur aficionado,-a (**2**)

American: North, South, Central American americano,-a (**1**)
amusing divertido,-a **1**
an un, una **1**
and y **1**; (*before* i *and* hi) e **5**
angry enojado,-a **3**
animal el animal **1**
announcement el boletín (*pl.* boletines) (**5**)
another otro,-a **2**
to answer: Answer. (*pl.*) Contesten. **0**
any unos, unas **3**
apartment el apartamento **4**
appetizer la entrada **6**
apple la manzana **6**
art el arte **5**
as: as a matter of fact por cierto **2**; as far as I am concerned para mí **4**
to ask for pedir **6**
at en **1**; at home en casa **2**; at night de la noche **5**
At what time...? ¿A qué hora...? **5**
to attend asistir a **6**
aunt la tía **4**; aunt(s) and uncle(s) los tíos **4**
automobile el carro **1**
avenue la avenida **4**
to avoid evitar **6**

B

back la espalda **3**
backache dolor de espalda **3**; to have a backache tener dolor de espalda **3**
backpack la mochila **4**
bacon el tocino **6**

bad mal (*m*), malo,-a **1**; **It's bad weather.** Hace mal tiempo. **3**
badly mal **4**
ball-point pen el bolígrafo **1**
banana el plátano **6**
bank el banco **2**
barbecued asado,-a; barbecued beef la carne asada **6**
barometer el barómetro (**3**)
baseball el béisbol **0**; baseball glove el guante de béisbol **5**
basketball el baloncesto **0**
to be estar* **3**; ser* **1**; **Be careful!** ¡Cuidado! (**6**); to be a fan of ser fanático de **2**; to be afraid (of) tener miedo (de) **6**; to be cold tener frío **6**; to be delightful (*to someone*) encantar **6**; to be hot tener calor **6**; to be hungry tener hambre **6**; to be in a hurry tener prisa **6**; to be pleasing (*to someone*) gustar **6**; to be right tener razón **6**; to be sleepy tener sueño **6**; to be thirsty tener sed **6**; to be warm tener calor **6**; to be ___ years old tener ___ años **4**
beach la playa **2**
beans los frijoles **6**
bear: teddy bear el osito de peluche **4**
because porque **2**
beef la carne de res; roast beef carne asada **6**
before antes (de) **5**; before the hour menos **5**
to believe creer **5**; I believe so. Creo que sí. **5**; I don't believe it! ¡No lo creo! **5**; I don't believe so. Creo que no. **5**

besides además 4

bicycle la bicicleta; **to ride a bicycle** andar en bicicleta 2

big grande 4

bike *See* bicycle.

bill (*in a restaurant*) la cuenta 6

billfold la billetera 4

biology la biología 5

birthday el cumpleaños 4; **Happy birthday!** ¡Feliz cumpleaños! 4

bit: **a bit** un poco 3

blouse la blusa 4

boat el bote 3

bone el hueso (6)

book el libro 1; **Close your book.** (*pl.*) Cierren el libro. 0; **comic book** la historieta 4; **Open your book.** (*pl.*) Abran el libro. 0

bookkeeping la contabilidad 5

bored aburrido,-a 3

boring aburrido,-a 1; **How boring!** ¡Qué pesado! 3

both los (las) dos (2)

bowling el boliche 2; **to go bowling** jugar boliche 2

boy el chico 1

boyfriend el novio 2

bracelet la pulsera 4

bread el pan 6

breakfast el desayuno 6; **to have breakfast** desayunar 6

to bring traer* 6

broadcast: **news broadcast** la información 5

brother el hermano 4; **brother(s) and sister(s)** los hermanos 4

bull el toro 0

bulletin el boletín (*pl.* boletines) (5)

bus el autobús (*pl.* autobuses); **bus terminal** la terminal de autobuses 2

busy ocupado,-a 5

busybody el preguntón, la preguntona (2)

but pero 1

butter la mantequilla 6

to buy comprar 3

bye adiós 0

by heart de memoria (2)

C

café el café, el restaurante 2

cake el pastel 6

calculator la calculadora 4

to call llamar 5; **to call on the telephone** llamar por teléfono (3)

camera la cámara 3

can: **It can't be!** ¡No puede ser! 3

candy los dulces 6

cantaloupe el melón 6

car el carro 1

card la tarjeta 3

care el cuidado; **to take care of** cuidar 4; **Who cares!** ¡Qué importa! 3

careful: **Be careful!** ¡Cuidado! (6)

carrot la zanahoria 6

cassette player la grabadora 3

cassette tape la cinta 4

cat el gato 3

center (**of town**) el centro 2

chalkboard el pizarrón; **Go to the chalkboard.** (*pl.*) Vayan al pizarrón. 0

to chat conversar (2)

cheap barato,-a 4

check (*in a restaurant*) la cuenta 6

cheerful alegre (1)

cheese el queso 6

chef el cocinero, la cocinera 6

chemistry la química 5

chicken el pollo 6

child el niño, la niña 4

children los niños, los hijos 4

chocolate: **hot chocolate** el chocolate 6

Christmas la Navidad; **Merry Christmas!** ¡Feliz Navidad! (3)

church la iglesia 2

class la clase 1; **to go to a class** asistir a una clase 6

classmate el compañero, la compañera (2)

to clean up one's room arreglar el cuarto 2

client el (la) cliente 6

clock el reloj 3

Close your book. (*pl.*) Cierren el libro. 0

clothes, clothing la ropa 2

cloudy nublado; **It's cloudy.** Está nublado. 3

coffee el café 6

cold frío; **head cold** el catarro 3; **It's cold.** Hace frío. 3; **to be cold** tener frío 6; **to have a cold** tener catarro 3

comic book la historieta 4

command el mandato (0)

to comment comentar (4)

comments los comentarios (4)

competitor el competidor, la competidora (2)

computer la computadora; **computer programming** la programación de computadoras 5; **to work at the computer** trabajar en la computadora 2

concerned preocupado,-a; **as far as I am concerned** para mí 4

concert el concierto 1

considerate considerado,-a (4)

content contento,-a 3

cook el cocinero, la cocinera 6

to cook cocinar 2

cool fresco; **It's cool.** Hace fresco. 3

corn el maíz; **corn tortilla** la tortilla de maíz 6

corner el rincón (*pl.* rincones) (1)

to cost costar; **How much does it (do they) cost?** ¿Cuánto cuesta(n)? 4

cough la tos; **to have a cough** tener tos 3

country (*nation*) el país 4

course: of course por supuesto 2
court (*sports*) la cancha (6)
cousin el primo,
    la prima 4
crazy loco,-a 5
cream la crema (6)
currency el dinero 1
custard: baked custard el flan 6
customer el (la) cliente 6

D

dad papá 4
dance el baile 3
to dance bailar 1
daughter la hija 4; son(s) and
    daughter(s) los hijos 4
day el día 3; day after
    tomorrow pasado mañana
    4; every day todos los días
    4; What (day of the week)
    is today? ¿Qué día es
    hoy? 5
dear querido,-a 1
to delight encantar 6
delighted encantado,-a 3
delightful: to be delightful
    encantar 6
depressed deprimido,-a 3
dessert el postre 6
dictionary el diccionario 4
difficult difícil 1
dinner la cena 6; la comida (6)
disagreeable antipático,
    desagradable 1
disappointed desilusionado,-a 3
disease la enfermedad (3)
dish el plato 2
disillusioned desilusionado,-a 3
to do hacer* 2; Do you (*fam.
    sing.*) like...? ¿Te
    gusta(n)...? 1;
    so many things to do tantas
    cosas que hacer 5; *See also*
    don't.
doctor: eye doctor el (la)
    oculista (0)
doesn't no (0)
dog el perro 3

don't no 0; Don't tell me! (*fam.
    sing.*) ¡No me digas! 3; don't
    you (I, they, we)? ¿no?,
    ¿verdad? 2; Don't you
    (*fam. sing.*) think so? ¿No
    te parece? (4); I don't
    like.... No me gusta... 0
door la puerta (0)
downtown el centro 2
drink la bebida 6
to drink tomar* 6
to drive conducir* 6
during durante 5

E

to earn ganar 2
earphones los audífonos (4)
easy fácil 1
to eat comer* 5; to eat breakfast
    desayunar 6 to take out to
    eat
    llevar a comer 4
education la educación;
    physical education
    educación física 5
egg el huevo 6
eight ocho 0
eighteen dieciocho 1
eight hundred ochocientos,-as 4
eighty ochenta 1
eleven once 0
English (language) el inglés 1
especially sobre todo 1
evening la noche, la tarde;
    Good evening. Buenas
noches/tardes. 0; in the
    evening, por la tarde/noche,
    de la tarde/noche 5
everybody todos 3
every day todos los días 4
everyone todos 3
exaggerated exagerado,-a 3
exam el examen (*pl.*
    exámenes) 1
example el ejemplo (0); for
    example por ejemplo 5
excellent excelente 1
exchange el intercambio (5)

excited emocionado,-a 3
exciting emocionante 1
expensive caro,-a 4
explanation la explicación 5
eye: eye doctor el (la) oculista (0)
eyeglasses los anteojos 4

F

fact: as a matter of fact por
    cierto 2
fair la feria (4)
fairly bastante 1
familiar: to be familiar with
    conocer* 6
family la familia 4
fan (*sports*) fanático, -a; to be a
    fan of ser fanático de 2
fanatical fanático,-a
far: as far as I am concerned
    para mí 4
fast rápido,-a 5
fat gordo,-a 4
father el padre (papá) 4
to feel: to feel like tener ganas de
    3; to feel warm (hot) tener
    calor 6
feeling el sentimiento (3)
fever la fiebre; to have a fever
    tener fiebre 3
few: a few unos, unas 3
field: playing field la cancha (6)
fifteen quince 0
fifty cincuenta 1
film la película 2
finally finalmente 5
fine bien; Fine, thank you.
    Bien, gracias. 0; OK, fine.
    Está bien. 2
first primero,-a 2
fish el pescado 6
five cinco 0
five hundred quinientos,-as 4
flan el flan 6
floor el piso 4
flu la gripe; to have the flu
    tener gripe 3
following siguiente 5
food la comida 6
football el fútbol americano 0

for para **2**; por; **for example** por ejemplo **5**

forty cuarenta **1**

four cuatro **0**

four hundred cuatrocientos,-as **4**

fourteen catorce **0**

French (language) el francés **5**

french fries las papas fritas **(6)**

frequently muchas veces **4**

Friday viernes **5; (on) Friday** el viernes **5**

fried frito,-a **6; fried potatoes** las papas fritas **(6)**

friend el amigo, la amiga **1**; el compañero, la compañera **(2)**

friendly simpático,-a **1**

from de **1; Where are you** (*fam. sing.*) **from?** ¿De dónde eres? **1**

fruit la fruta **6**

fun divertido,-a **1**

G

to gain weight aumentar de peso **6**

game (*sports*) el partido **2; video game** el juego electrónico **1**

garden el jardín **2**

genius el (la) genio **4**

geography la geografía **5**

geometry la geometría **5**

to get recibir **6; Get up.** (*pl.*) Levántense. **0; to get back home** regresar a (la) casa **4; to get good (bad) grades** sacar buenas (malas) notas **4**

gift el regalo **4**

girl la chica **1**

girlfriend la novia **2**

glad alegre; **Gladly.** Con mucho gusto. **(6); I'm so glad!** ¡Cuánto me alegro! **3**

glasses: eyeglasses los anteojos **4**

glove: baseball glove el guante de béisbol **5**

to go ir* **2; Go to the chalkboard.** (*pl.*) Vayan al pizarrón. **0; How's it going?** ¿Qué tal? **0; to go back home** regresar a (la) casa **4; to go bike riding** andar en bicicleta **2; to go bowling** jugar boliche **2; to go on vacation** ir de vacaciones **3; to go out** salir* **2, 6; to go shopping** ir de compras **2; to go to (a class)** asistir a (una clase) **6; What's going on?** ¿Qué pasa? **(4)**

good buen (*m*), bueno,-a **1; Good!** ¡Qué bueno! **3; Good afternoon.** Buenas tardes. **0; Good evening.** Buenas noches/tardes. **0; Good luck!** ¡Buena suerte! **3; Good morning.** Buenos días. **0; Good night.** Buenas noches. **0; It's good weather.** Hace buen tiempo. **3**

good-bye adiós **0**

good-looking guapo,-a **1**

goodness: My goodness! ¡Dios mío! **5**

grades las notas; **to get good (bad) grades** sacar buenas (malas) notas **4**

grandfather el abuelo **4**

grandmother la abuela **4**

grandparents los abuelos **4**

grape la uva **6**

great formidable **1; Great!** ¡Fantástico! **3**

guest el invitado, la invitada **(6)**

guitar la guitarra **1; to play the guitar** tocar la guitarra **2**

gymnastics la gimnasia **1**

H

half (past the hour) media **5**

ham el jamón **6**

hammock la hamaca **2**

handsome guapo,-a **1**

to happen pasar **4**

happy alegre **(1)**; contento,-a **3; Happy birthday!** ¡Feliz cumpleaños! **(4)**

hard difícil **1**

to have tener* **3; to have (to eat or drink)** tomar* **6; to have a backache** tener dolor de espalda **3; to have a cold** tener catarro **3; to have a cough** tener tos **3; to have a fever** tener fiebre **3; to have a headache** tener dolor de cabeza **3; to have a sore throat** tener dolor de garganta **3; to have a stomachache** tener dolor de estómago **3; to have a toothache** tener dolor de muelas **3; to have breakfast** desayunar **6; to have the flu** tener gripe **3; to have to** tener que **3**, deber **5**

he él **1**

headache dolor de cabeza **3; to have a headache** tener dolor de cabeza **3**

head cold el catarro **3**

headphones los audífonos **(4)**

healthy sano,-a **6**

heart: by heart de memoria **(2)**

to help ayudar; **to help at home** ayudar en casa **2**

her ella (*after prep.*) su, sus (*poss. adj.*) **4**

here aquí **2**

Hey! (*fam. sing.*) ¡Oye! **0**

Hi! Hola! **0**

him él (*after prep.*)

his su, sus **4**

Hispanic hispano,-a **(3)**

history la historia **5**

hit (*movie, song, etc.*) el éxito **3**

home la casa **2; at home** en casa **2; to help at home** ayudar en casa **2; to return home** regresar a (la) casa **4**

homework la tarea **0; Take out your homework.** (*pl.*) Saquen la tarea. **0**

hospital el hospital **3**
hot caliente; **hot chocolate** el chocolate **6**; **It's hot (weather).** Hace calor. **3**; **to be (feel) hot** tener calor **6**
hotel el hotel **2**
hour la hora **5**
house la casa **2**. *See also* **home**
how? ¿cómo?; **How are you?** ¿Cómo está(s)? (*formal sing., fam. sing.*) **0**; **How are you?** ¿Qué tal? **0**; **How boring!** ¡Qué pesado! **3**; **How do you say...?** ¿Cómo se dice...? **0**; **How is the weather?** ¿Qué tiempo hace? **3**; **how many?** ¿cuántos,-as? **1**; **How many are there?** ¿Cuántos,-as hay? **1**; **how much?** ¿cuánto,-a? **1**; **How much does it (do they) cost?** ¿Cuánto cuesta(n)? **4**; **How often?** ¿Con qué frecuencia? **4**; **How old is he/she?** ¿Cuántos años tiene? **2**; **How painful!** ¡Qué dolor! (**3**); **How's it going?** ¿Qué tal? **0**
hundred: one hundred cien **1**; ciento (*used in counting:* ciento uno *and above*) **4**
hungry: to be hungry tener hambre **6**
hurry la prisa; **to be in a hurry** tener prisa **6**

I yo **1**; **I don't like....** No me gusta(n)... **0**; **I'm so glad!** ¡Cuánto me alegro! **3**; **I'm (so) sorry!** ¡(Cuánto) lo siento! **3**; **I would like....** Me gustaría... **4**
ice cream el helado **6**
idea la idea **3**
if si **3**
ill enfermo,-a **3**

illness la enfermedad (**3**)
impatient impaciente **1**
important importante **1**
impossible imposible **5**
in en **1**; **in addition** además **4**; **in order to** para **2**; **in the afternoon** por la tarde, de la tarde **5**; **in the evening** por la tarde/noche, de la tarde/noche **5**; **in the morning** por la mañana, de la mañana **5**
included incluido,-a **6**
to increase aumentar **1**
independent independiente **1**
information la información **5**
to insist (on) insistir (en) **6**
institute el instituto **5**
intelligent inteligente **1**
interesting interesante **1**
to invite invitar **5**
irresponsible irresponsable **1**
isn't it? ¿no?, ¿verdad? **2**
it él, ella (**1**); **It can't be!** ¡No puede ser! **3**; **It's cloudy.** Está nublado. **3**; **It's cool.** Hace fresco. **3**; **It's good (bad) weather.** Hace buen (mal) tiempo. **3**; **It's hot.** Hace calor. **3**; **It's raining.** Está lloviendo. **3**; **It's snowing.** Está nevando. **3**; **It's sunny.** Hace sol. **3**; **It's windy.** Hace viento. **3**; **its** su, sus **4**

jam la mermelada **6**
jealous celoso,-a **3**
jelly la mermelada **6**
jigsaw puzzle el rompecabezas **4**
juice el jugo **6**

key la llave **4**
to know (to be acquainted with, **familiar with)** conocer* **6**; **to know** (*a fact, information*), **to know how** (*to do something*) saber* **6**; **I don't know.** No sé. **0**
know-it-all el (la) sabelotodo **6**

laboratory el laboratorio **5**
large grande **4**
last último,-a **4**
late tarde **5**
later más tarde **2**; **See you later.** Hasta luego. **0**
to learn (to) aprender (a) **5**
to leave salir* **6**
less menos (**6**)
lesson la lección (*pl.* lecciones) **5**
Let's see.... A ver... **4**
letter la carta **5**
library la biblioteca **2**
likable agradable, simpático,-a **1**
like como **24**
to like (to be pleasing [to someone]) gustar **6**; **Do you (fam. sing.) like...?** ¿Te gusta(n)...? **1**; **he/she/you (formal sing.) like(s)** le gusta(n) **2**; **I don't like....** No me gusta... **0**; **I like a lot** me encanta(n) **6**; **I would like....** Me gustaría... **4**
Likewise. Igualmente. **0**
limousine la limusina (**4**)
list la lista (**1**)
to listen (to) escuchar **1**; **Listen.** (*pl.*) Escuchen. **0**; **Listen!** (*fam. sing.*) ¡Oye! **0**; **to listen to the radio** escuchar la radio **1**
little pequeño,-a **4**; **a little** un poco **3**
lively alegre (**1**)
to live vivir* **6**
to look (at) mirar **1**; **to look for** buscar **5**
to lose weight bajar de peso **6**

loss la pérdida 0
lot: a lot mucho (*adv.*); **a lot of** mucho,-a (*adj.*) 1
to love: I love me encanta(n) 6
luck la suerte; **Good luck!** ¡Buena suerte! 3
lunch el almuerzo 6

M

mad (angry) enojado,-a 3
magazine la revista 4
to make hacer* 2
mom mamá 4
many muchos,-as 1; **How many?** ¿Cuántos,-as? 1
market el mercado (1)
match (*sports*) el partido 2
mathematics las matemáticas 3
matter: as a matter of fact por cierto 2
maybe a lo mejor 2
me mí (*after prep.*) 6; **to me** para mí 4
meal la comida 6
mean antipático,-a 1
to mean querer decir; **What does... mean?** ¿Qué quiere decir...? 0
meat la carne 6
to meet: Pleased to meet you. Mucho gusto. 0
melon el melón 6
menu el menú 6
Merry Christmas! ¡Feliz Navidad! (3)
midnight la medianoche 5
milk la leche 6
million millón 4; **one million** un millón (de) 4
Miss (la) señorita (*abbrev.* Srta.) 0
mom mamá 4
Monday lunes 5; **(on) Monday** el lunes 5
money el dinero 1
more más 2
morning la mañana; **Good morning.** Buenos días. 0; **in**

the morning por la mañana, de la mañana 5
mother (mom) la madre (mamá) 4
motorcycle la moto (*f*) 3
movie la película 2; **movies, movie theater** el cine 2; **movie star** la estrella (1)
Mr. (el) señor (*abbrev.* Sr.) 0
Mrs. (la) señora (*abbrev.* Sra.) 0
much mucho (*adv.*), mucho,-a (*adj.*) 1; **How much?** ¿Cuánto? 1 **museum** el museo 2
music la música 3; **rock music** música rock 3; **salsa music** la salsa (2)
must deber 5
my mi, mis 4; **My goodness!** ¡Dios mío! 5

N

name: My name is ___. Me llamo ___. 0; **What's your name?** ¿Cómo se (te) llama(s)? (*formal sing.,* *fam. sing.*) 0
to need necesitar 5
neither: neither... nor ni... ni 6
nervous nervioso,-a 3
never nunca 4
new nuevo,-a 1
news la información 5, las noticias 3; **news item** la noticia 3
newspaper el periódico 5
next próximo,-a 4; siguiente 5
nice agradable 1, bonito,-a 1, simpático,-a 1
nickname el apodo (0)
night la noche; **at night** por la noche, de la noche 5; **Good night.** Buenas noches. 0
nine nueve 0
nine hundred novecientos,-as 4
nineteen diecinueve 1
ninety noventa 1
no no (0); **Oh, no!** ¡Ay, no! 1

nonsense la tontería; **What nonsense!** ¡Qué tontería! 3
noon el mediodía 5
nor ni 6
not no 0; **not at all** nada 1
notebook el cuaderno 1
nothing nada 1
novel la novela 5
now ahora 2
nuisance: What a nuisance! ¡Qué pesado! 3
number el número 1

O

octopus el pulpo (6)
of de 1; **of course** por supuesto 2
office la oficina 2
often muchas veces 4; **How often?** ¿Con qué frecuencia? 4
Oh pues; **Oh, no!** ¡Ay, no! 1; **Oh, pretty well.** Pues, bastante bien. 0
OK. Regular. 0; **OK, fine.** Está bien. 2; **OK, well,....** Bueno, ... 2
old (*people or things*) viejo,-a 1; **How old is he/she?** ¿Cuántos años tiene? 2; **to be ___ years old** tener ___ años 4
older mayor 4
omelet la tortilla de huevo 6
on en 1
one uno 0; **one hundred** cien 1; ciento (used in counting *ciento uno* and above) 4; **one million** un millón 4; **one thousand** mil 4
only sólo 4
to open abrir 6; **Open your book.** (*pl.*) Abran el libro. 0
or o 2, (*before* o *or* ho) u (6)
orange (*fruit*) la naranja 6
order: in order to para 2
to order (*in a restaurant*) pedir 6
other otro,-a 2

our nuestro,-a **4**
to own poseer; (**one's**) **own** propio,-a (**5**)
oyster la ostra (**6**)

P

package el paquete **6**
pact el pacto (**6**)
paella (**Valencian**) la paella (valenciana) (**6**)
pain el dolor **3**; **How painful!** ¡Qué dolor! (**3**)
pal el compañero, la compañera (**2**)
paper el papel; **Take out paper and pencil.** (*pl.*) Saquen papel y lápiz. **0**
parasol el parasol (**0**)
parents los padres **4**
park el parque **2**
party la fiesta **1**
pastry el pastel **6**
patient el (la) paciente **1**
pear la pera **6**
pen el bolígrafo **1**
pencil el lápiz (*pl.* lápices) **1**; **Take out paper and pencil.** (*pl.*) Saquen papel y lápiz. **0**
perfume el perfume **4**
to permit permitir **6**
person la persona **3**
peseta (*unit of currency, Spain*) la peseta (**0**)
peso (*unit of currency, several Latin American countries*) el peso (**0**)
to phone *See* **telephone**
photo la foto **2**; **to take photos** sacar fotos **2**
photographer el (la) fotógrafo **2**
physical education la educación física **5**
physics la física **5**
piano el piano; **to play the piano** tocar el piano **2**
to pick up one's room arreglar el cuarto **2**
picture la foto; **to take pictures** sacar fotos **2**

pie la tarta **6**
piece la pieza **4**
pity la lástima, la pena; **What a pity!** ¡Qué lástima!, ¡Qué pena! **3**
to place poner* **6**
plans los planes **5**
plantain el plátano **6**
plate el plato **2**
to play (*sports, games, etc.*) jugar, practicar **1**; (*an instrument*) tocar **2**; **to play the piano** tocar el piano **2**
player el jugador, la jugadora **2**; **cassette player** la grabadora **3**; **tape player** la grabadora **3**
playing field la cancha (**6**)
plaza la plaza **2**
pleasant agradable **1**
please por favor **0**; **Pleased to meet you.** Mucho gusto. **0**; **Please sit down.** (*pl.*) Siéntense, por favor. **0**; **Repeat, please.** (*pl.*) Repitan, por favor. **0**
to please gustar **6**
pleasing: to be pleasing gustar **6**. *See also* **to like: pleasure** gusto; **with pleasure** con mucho gusto **6**
P.M. de la noche, de la tarde **5**
poetry la poesía **5**
pool: swimming pool la piscina **2**
poor pobre; **poor thing** pobrecito,-a **5**
poorly mal **4**
pop (*drink*) el refresco **6**
popular popular **1**
pork el cerdo **6**; **pork chop** la chuleta de cerdo **6**
postal postal **0**
postcard la tarjeta postal (**1**)
poster el cartel **4**
post office el correo **2**
potato la papa **6**
to practice practicar **1**
to prefer preferir **1**
to prepare preparar **6**

present el regalo **4**
pretty bonito,-a (*adj.*), bastante (*adv.*) **1**; **Oh, pretty well.** Pues, bastante bien. **0**
price el precio **6**
private school el colegio **5**
problem el problema (*m*) **6**
professor el profesor, la profesora **1**
programming: computer programming la programación de computadoras **5**
to promise prometer **5**
purchases las compras **2**
purse la bolsa **4**
to put poner* **6**; **to put on weight** aumentar de peso **6**
puzzle el rompecabezas **4**

Q

quarter (**hour**) cuarto **5**
quick rápido,-a **5**
quite bastante **1**

R

radio (*broadcast, programming*) la radio **1**; **radio** (**set**) el radio **3**; **to listen to the radio** escuchar la radio **1**
to rain: It's raining. Está lloviendo. **3**
rarely pocas veces **4**
rather bastante **1**
to read leer **5**
reading la lectura (**1**)
ready listo,-a **5**
Really? ¿De veras? **3**
to receive recibir **6**
recess el recreo **5**
to recommend recomendar (**6**)
recommendation la recomendación (**6**)
record el disco **1**; **record player** el tocadiscos **3**
recorder: tape recorder la grabadora **3**

relative el familiar **4**

Repeat, please. (*pl.*) Repitan, por favor. **0**

report el reportaje; **news report** las noticias **3**

to request pedir **6**

responsible responsable **1**

to rest descansar **2**

restaurant el restaurante, el café **2**

to return regresar a (la) casa **3**

rice el arroz **6**

to ride a bike andar en bicicleta **2**

ridiculous: How ridiculous! ¡Qué tontería! **3**

right? ¿no?, ¿verdad? **2**; **to be right** tener razón **6**

ring el anillo **4**

roast beef la carne asada **6**

rock music la música rock **3**

room el cuarto; **to straighten up one's room** arreglar el cuarto **2**

routine la rutina (**4**)

S

salad la ensalada **6**

salsa music la salsa (**2**)

salt la sal (**6**)

same: the same lo mismo (*pron.*) **6**

Saturday sábado **5**; (**on**) **Saturday** el sábado **5**

sauce la salsa (**6**)

to say: How do you say...? ¿Cómo se dice...? **0**

scared: to be scared tener miedo **6**

schedule el horario (**5**)

school la escuela **1**; **high school** escuela secundaria **1**; (**private**) **school** el colegio **5**

science las ciencias **5**

scientist el científico, la científica **5**

to search (**for**) buscar **5**

seat: Please be seated. (*pl.*) Siéntense, por favor. **0**

to see ver* **1, 5**; **Let's see....** A ver... **4**; **See you later** (**soon, tomorrow**). Hasta luego (pronto, mañana). **0**

to seem parecer **6**

serious serio,-a **3**

servant el (la) sirviente (**4**)

to set (*a table*) poner* **6**

seven siete **0**

seven hundred setecientos,-as **4**

seventeen diecisiete **1**

seventy setenta **1**

shame la lástima, la pena; **What a shame!** ¡Qué lástima!, ¡Qué pena! **3**

sharp (*time*) en punto **5**

she ella **1**

shirt la camisa **4**

shopping: to go shopping ir de compras **2**

short (*height*) bajo,-a **1**

should deber **5**

shrimp el camarón (*pl.* camarones) **6**

siblings los hermanos **4**

sick enfermo,-a **3**

sickness la enfermedad (**3**)

since (**because**) porque **2**

to sing cantar **1**

sister la hermana **4**; **brother(s) and sister(s)** los hermanos **4**

to sit down: Please sit down. (*pl.*) Siéntense, por favor. **0**

six seis **0**

six hundred seiscientos,-as **4**

sixteen dieciséis **1**

sixty sesenta **1**

to ski esquiar **1**

skinny delgado,-a **4**

to sleep dormir **6**

sleepy: to be sleepy tener sueño **6**

slender delgado,-a **4**

small pequeño,-a **4**

smart inteligente **1**

to snow: It's snowing. Está nevando. **3**

so many things to do tantas cosas que hacer **5**

soap el jabón; **soap opera** la telenovela **1**

soccer el fútbol **0**

soda (*drink*) el refresco **6**

soft drink el refresco **6**

to solve solucionar (**4**)

some unos, unas **3**; **some day** algún día **2**

something algo **3**

sometimes a veces **4**

son el hijo **4**; **son(s) and daughter(s)** los hijos **4**

soon pronto **2**; **See you soon.** Hasta pronto. (**1**)

sore: to have a sore throat tener dolor de garganta **3**

sorry: I'm sorry lo siento (**5**); **I'm so sorry!** ¡Cuánto lo siento! **3**

So-so. Así, así. **0**; **Regular. 0**

soup la sopa **6**

Spanish (*language*) el español **1**

to speak hablar **1**

to spend (*money*) gastar **4**; (*time*) pasar **4**

spinach las espinacas **6**

sport el deporte **1**

square (*of a town*) la plaza **2**

stadium el estadio **2**

Stand up. (*pl.*) Levántense. **0**

star la estrella **1**

to stargaze mirar las estrellas **1**

steak el bistec **6**

still todavía **3**

stingy tacaño,-a **4**

stomachache: to have a stomachache tener dolor de estómago **3**

store la tienda **2**

to straighten up (**one's room**) arreglar (el cuarto) **2**

strange raro,-a **3**

strawberry la fresa **6**

street la calle **4**

student el (la) estudiante **1**

to study estudiar **1**

stupid: How stupid! ¡Qué tontería! **3**

success el éxito **3**

such: such a tan **2**; **such as** como **2**

to suffer sufrir (**6**)

suggestion la sugerencia (**2**)

Sunday domingo **5**; **(on)
  Sunday** el domingo **5**
sunny: It's sunny. Hace sol. **3**
sunshade el parasol **(0)**
supermarket el supermercado **2**
supper la cena **6**
surprise la sorpresa **(3)**
surprised sorprendido,-a **3**
survey la encuesta **(1)**
sweater el suéter **4**
sweets los dulces **6**
to swim nadar **1**
swimming pool la piscina **2**
symptom el síntoma (*m*) **(3)**

T _____

tab (*in a restaurant*) la cuenta **6**
table la mesa **6**
to take tomar* **6**; **Take out paper
  and pencil.** (*pl.*) Saquen
  papel y lápiz. **0**; **Take out
  your homework.** (*pl.*)
  Saquen la tarea. **0**; **to take a
  vacation** ir de vacaciones **3**;
  to take a walk dar un paseo
  2; **to take care of** cuidar **4**;
  to take out to eat llevar a
  comer **4**; **to take pictures**
  sacar fotos **2**
to talk conversar **(2)**; hablar **1**; **to
  talk on the telephone**
  hablar por teléfono **2**
tall alto,-a **1**
tape cinta; **cassette tape** la
  cinta **4**; **tape player
  (recorder)** la grabadora **3**
tart la tarta **6**
taste el gusto **(1)**
tea el té **6**
teacher el profesor, la
  profesora **1**
team el equipo **2**
teddy bear el osito de peluche **4**
telephone el teléfono **1**; **to call
  on the telephone** llamar por
  teléfono **(3)**; **to talk on the
  telephone** hablar por
  teléfono **2**

television (*broadcast,
  programming*) la televisión
  0; **television (set)** el
  televisor **1**; **to watch
  television** ver televisión **1**
to tell: Don't tell me! (*fam. sing.*)
  ¡No me digas! **3**
ten diez **0**
tennis el tenis **0**
terminal la terminal; **bus
  terminal** terminal de
  autobuses **2**
terrible pesadísimo **5**
test el examen (*pl.* exámenes) **1**
thank you gracias **0**; **Fine,
  thank you.** Bien, gracias. **0**;
  Very well, thank you. Muy
  bien, gracias. **0**
that que **2**
that eso; **that's why** por eso **4**;
  What is that? ¿Qué
  es eso? **3**
the el, la, los, las **1**
theater el teatro **2**; **movie
  theater** el cine **2**
theatrical exagerado,-a **3**
their su, sus **4**
them ellos, ellas (*after prep.*)
then entonces **2**
there: There are.... Hay... **1**;
  There is.... Hay... **1**
therefore por eso **4**
they ellos, ellas **1**
thin delgado,-a **4**
thing la cosa; **poor thing**
  pobrecito,-a **5**; **so many
  things to do** tantas cosas
  que hacer **5**
to think creer **5**; **Don't you** (*fam.
  sing.*) **think so?** ¿No te
  parece? **(4)**; **I (don't) think
  so.** Creo que sí (no). **5**;
  What do you (*fam. sing.*)
  think? ¿Qué te parece? **4**
thirsty: to be thirsty tener
  sed **6**
thirteen trece **0**
thirty treinta **1**
this este,-a (*adj.*), esto (*pron.*);
  this weekend este fin de

semana **2**; **What is this?**
  ¿Qué es esto? **3**
thoughtful considerado,-a **(4)**
thousand: one thousand mil **4**
three tres **0**
three hundred trescientos,-as **4**
throat: to have a sore throat
  tener dolor de garganta **3**
Thursday jueves **5**; **(on)
  Thursday** el jueves **5**
time (*of day*) la hora **5**; (*in
  general*) el tiempo **6**;
  (*occasion*) la vez (*pl.* veces)
  4; **At what time...?** ¿A qué
  hora...? **5**; **What time is it?**
  ¿Qué hora es? **5**
tip (*in a restaurant*) la
  propina **6**
tired cansado,-a **3**
to a **1**; para **2**; **to have to** tener
  que (+ *inf.*) **3**; **to me** para
  mí **4**
today hoy **2**; **Today is....** Hoy
  es... **5**; **What day is
  today?, What (day of the
  week) is today?** ¿Qué día es
  hoy? **5**
tomato el tomate **6**
tomorrow mañana **2**; **day after
  tomorrow** pasado mañana
  4; **See you tomorrow.**
  Hasta mañana. **0**
tonight esta noche **2**
too (*also*) también **1**
toothache dolor de muelas; **to
  have a toothache** tener
  dolor de muelas **3**
tortilla la tortilla; **corn tortilla**
  tortilla de maíz **6**
town: downtown el centro **2**;
  town square la plaza **2**
to travel viajar **2**
true cierto,-a **(4)**
truth la verdad **5**
T-shirt la camiseta **4**
Tuesday martes **5**; **(on)
  Tuesday** el martes **5**
twelve doce **0**
twenty veinte **1**
two dos **0**; **the two (of them)** los
  (las) dos **(2)**

two hundred doscientos, -as **4**
typewriter la máquina de escribir **3**
typing la mecanografía **5**

U

ugly feo, -a **1**
uncle el tío **4**; **aunt(s) and uncle(s)** los tíos **4**
to understand comprender **5**; **I don't understand.** No entiendo. **0**
unpleasant antipático, -a, desagradable **1**
us nosotros, nosotras (*after prep.*) **3**
U.S. EE.UU., los Estados Unidos

V

vacation las vacaciones **1**; **to take a vacation** ir de vacaciones **3**
Valencian paella la paella valenciana (**6**)
vanilla la vainilla (**0**)
vegetable la verdura **6**
very muy **1**; **very hectic** pesadísimo, -a **5**; **Very well, thank you.** Muy bien, gracias. **0**
video game el juego electrónico **1**
visa el visado (**0**)
visit la visita **3**
to visit visitar **2**
volleyball el volibol **0**

W

to wait (for) esperar **5**
waiter el mesero **6**
waitress la mesera **6**
walk: to take a walk dar un paseo **2**

wallet la billetera **4**
to want desear (de) **5**; querer* **2**; tener ganas de **3**
warm: to be (feel) warm tener calor **6**
to wash lavar **2**
watch el reloj **3**
to watch mirar, ver* **1**; **to watch television** ver televisión **1**
water el agua (*f*) **6**
we nosotros, nosotras **1**
weather el tiempo; **How is the weather?** ¿Qué tiempo hace? **3**; **It's good (bad) weather.** Hace buen (mal) tiempo **3**
Wednesday miércoles **5**; **(on) Wednesday** el miércoles **5**
week la semana **3**
weekend el fin de semana; **(on) weekends** los fines de semana **2**; **this weekend** este fin de semana **2**
weight el peso; **to gain (lose) weight** aumentar (bajar) de peso **6**
weird raro, -a **3**
welcome: You're welcome. De nada. **0**
well bien **0**; pues **0**; **Oh, pretty well.** Pues, bastante bien. **0**; **Okay, well, ...** Bueno, . . . **2**; **Very well, thank you.** Muy bien, gracias. **0**
what? ¿cómo? **0**; ¿qué? **1**; ¿cuál? **2**; **What about . . . ?** ¿Qué tal . . . ? (**4**); **What a nuisance!** ¡Qué pesado! **3**; **What a shame!** ¡Qué lástima!, ¡Qué pena! **3**; **What (day of the week) is today?** ¿Qué día es hoy? **5**; **What does . . . mean?** ¿Qué quiere decir . . . ? **0**; **What do you think?** (*fam. sing.*) ¿Qué te parece? **4**; **What is he/she like?** ¿Cómo es? **1**; **What is that (this)?** ¿Qué es

eso (esto)? **3**; **What is your** (*fam. sing.*) **address?** ¿Cuál es tu dirección? **4**; **What nonsense!** ¡Qué tontería! **3**; **What's going on?** ¿Qué pasa? (**4**); **What's wrong with you?** (*pl.*) ¿Qué les pasa? (**2**); **What's your name?** (*formal, fam., sing.*) ¿Cómo se (te) llama(s)? **0**; **What time is it?** ¿Qué hora es? **5**
when cuando (**3**)
when? ¿cuándo? **2**
where donde **6**
where? ¿dónde?; **where . . . (to)?** ¿adónde? **2**; **Where are you** (*fam. sing.*) **from?** ¿De dónde eres? **1**; **Where is he/she/it?** ¿Dónde está? **3**
which que **2**
which? ¿cuál? **2**; ¿qué? **1**
who que **2**
who? ¿quién? **2**; **Who are they?** ¿Quiénes son? **1**; **Who cares!** ¡Qué importa! **3**; **Who is it?** ¿Quién es? **1**
wholesome sano, -a **6**
Whose . . . ? (*sing., pl.*) ¿De quién(es) . . . ? **4**
why: that's why por eso **4**
why? ¿por qué? **2**
windy: It's windy. Hace viento. **3**
to wish querer* **2**; tener ganas de **3**; **to wish (for)** desear (de) **5**
with con **2**; **with pleasure** con mucho gusto **6**
wonderful formidable **1**
to work trabajar **1**; **to work at the computer** trabajar en la computadora **2**
world el mundo (**0**)
world mundial (*adj.*); **World Cup** (*soccer*) la Copa Mundial (**3**)
worried preocupado, -a **3**

would: I would like me
gustaría **0**
wrestling la lucha libre **0**
to write escribir **6**
wrong: What's wrong with you
(*pl.*)? ¿Qué les pasa? (**2**)

Y _____

yard el jardín **2**

year el año **2; to be** ____ **years**
old tener ____ años **4**
yes sí **0**
you (*fam. sing.*) tú (*subj.*) (**1**); ti
(*after prep.*) **6**
you (*formal*) usted (*sing.*),
ustedes (*pl.*) **1**
you (*fam. pl., Spain*) vosotros,
vosotras (**1**)
young joven
(*pl.* jóvenes) **1**

younger menor **4**
your tu, tus (*fam. sing.*) (**4**); su,
sus (*formal sing.*), vuestro,
vuestra (*fam. pl.*,
Spain) **4**
You're welcome. De nada. **0**

Z _____

zero cero **0**

Index

For a topic list of vocabulary taught in ¿**Y tú?** see page 253. For a topic
list of **Rincones Culturales,** see page vii.

two hundred doscientos,-as **4**
typewriter la máquina de escribir **3**
typing la mecanografía **5**

U

ugly feo,-a **1**
uncle el tío **4**; **aunt(s) and uncle(s)** los tíos **4**
to **understand** comprender **5**; **I don't understand.** No entiendo. **0**
unpleasant antipático,-a, desagradable **1**
us nosotros, nosotras (*after prep.*) **3**
U.S. EE.UU., los Estados Unidos

V

vacation las vacaciones **1**; **to take a vacation** ir de vacaciones **3**
Valencian paella la paella valenciana **(6)**
vanilla la vainilla **(0)**
vegetable la verdura **6**
very muy **1**; **very hectic** pesadísimo,-a **5**; **Very well, thank you.** Muy bien, gracias. **0**
video game el juego electrónico **1**
visa el visado **(0)**
visit la visita **3**
to **visit** visitar **2**
volleyball el volibol **0**

W

to **wait (for)** esperar **5**
waiter el mesero **6**
waitress la mesera **6**
walk: to take a walk dar un paseo **2**

wallet la billetera **4**
to **want** desear (de) **5**; querer* **2**; tener ganas de **3**
warm: to be (feel) warm tener calor **6**
to **wash** lavar **2**
watch el reloj **3**
to **watch** mirar, ver* **1**; **to watch television** ver televisión **1**
water el agua (*f*) **6**
we nosotros, nosotras **1**
weather el tiempo; **How is the weather?** ¿Qué tiempo hace? **3**; **It's good (bad) weather.** Hace buen (mal) tiempo **3**
Wednesday miércoles **5**; **(on) Wednesday** el miércoles **5**
week la semana **3**
weekend el fin de semana; **(on) weekends** los fines de semana **2**; **this weekend** este fin de semana **2**
weight el peso; **to gain (lose) weight** aumentar (bajar) de peso **6**
weird raro,-a **3**
welcome: You're welcome. De nada. **0**
well bien **0**; pues **0**; **Oh, pretty well.** Pues, bastante bien. **0**; **Okay, well,....** Bueno, ... **2**; **Very well, thank you.** Muy bien, gracias. **0**
what? ¿cómo? **0**; ¿qué? **1**; ¿cuál? **2**; **What about...?** ¿Qué tal...? **(4)**; **What a nuisance!** ¡Qué pesado! **3**; **What a shame!** ¡Qué lástima!, ¡Qué pena! **3**; **What (day of the week) is today?** ¿Qué día es hoy? **5**; **What does...mean?** ¿Qué quiere decir...? **0**; **What do you think?** (*fam. sing.*) ¿Qué te parece? **4**; **What is he/she like?** ¿Cómo es? **1**; **What is that (this)?** ¿Qué es

eso (esto)? **3**; **What is your** (*fam. sing.*) **address?** ¿Cuál es tu dirección? **4**; **What nonsense!** ¡Qué tontería! **3**; **What's going on?** ¿Qué pasa? **(4)**; **What's wrong with you?** (*pl.*) ¿Qué les pasa? **(2)**; **What's your name?** (*formal, fam., sing.*) ¿Cómo se (te) llama(s)? **0**; **What time is it?** ¿Qué hora es? **5**
when cuando **(3)**
when? ¿cuándo? **2**
where donde **6**
where? ¿dónde?; **where...(to)?** ¿adónde? **2**; **Where are you** (*fam. sing.*) **from?** ¿De dónde eres? **1**; **Where is he/she/it?** ¿Dónde está? **3**
which que **2**
which? ¿cuál? **2**; ¿qué? **1**
who que **2**
who? ¿quién? **2**; **Who are they?** ¿Quiénes son? **1**; **Who cares!** ¡Qué importa! **3**; **Who is it?** ¿Quién es? **1**
wholesome sano,-a **6**
Whose...? (*sing., pl.*) ¿De quién(es)...? **4**
why: that's why por eso **4**
why? ¿por qué? **2**
windy: It's windy. Hace viento. **3**
to **wish** querer* **2**; tener ganas de **3**; **to wish (for)** desear (de) **5**
with con **2**; **with pleasure** con mucho gusto **6**
wonderful formidable **1**
to **work** trabajar **1**; **to work at the computer** trabajar en la computadora **2**
world el mundo **(0)**
world mundial (*adj.*); **World Cup** (*soccer*) la Copa Mundial **(3)**
worried preocupado,-a **3**

would: I would like me
   gustaría **0**
wrestling la lucha libre **0**
to write escribir **6**
wrong: What's wrong with you
   (*pl.*)? ¿Qué les pasa? (**2**)

Y

yard el jardín **2**

year el año **2**; **to be** ___ **years**
   old tener ___ años **4**
yes sí **0**
you (*fam. sing.*) tú (*subj.*) (**1**); ti
   (*after prep.*) **6**
you (*formal*) usted (*sing.*),
   ustedes (*pl.*) **1**
you (*fam. pl., Spain*) vosotros,
   vosotras (**1**)
young joven
   (*pl.* jóvenes) **1**

younger menor **4**
your tu, tus (*fam. sing.*) (**4**); su,
   sus (*formal sing.*), vuestro,
   vuestra (*fam. pl.*,
   Spain) **4**
You're welcome. De nada. **0**

Z

zero cero **0**

Index

For a topic list of vocabulary taught in **¿Y tú?** see page 253. For a topic
list of **Rincones Culturales**, see page vii.

A

a + *infinitive*
   ir a + *infinitive* 67, 72
a, personal. *See* personal **a**
a (*prep.*) *See also* **al**
   in expressions of time 184
   with pronouns 232–233
abbreviations
   of **señor, señora**, and **señorita** 2
   of **usted** and **ustedes** 39
accents and special marks 19
adjectives
   agreement of, with noun 45,
      106, 152
   de phrases as 147
   descriptive 45
   for expressing feelings 107
   gender of 45, 106
   number of 45
   plural of 46
   position of, in sentence 46
   possessive 152
adverbs 46
   of frequency 159
   of time 68
agreement
   of adjectives 45, 106

   of definite articles 33
   of numbers 51
   of possessive adjectives 152
al, contraction of **a** + **el** 72, 189
alphabet 10–11
-ar verbs. *See also* preterite,
      irregular; *specific* **-ar** *verb
      entries*
   present tense of 159
articles. *See* definite articles;
      indefinite articles

C

classroom expressions 13–14
cognates 17–18, 119,
      138–139
   conducir A-1
present tense of 219
conocer A-1
   present tense of 228
   vs. **saber** 228
contractions
   al 72, 189
   del 147
counting 50–52.

   See also numbers

creer
   expressions commonly used
      with 193
   present 192
cuánto 51. *See also* questions
currency 12

D

days of the week 198
de
   in adjectival expressions 147
   contraction of **de** + **el** 147
   in expressions of time 184
   to show possession 147, 152
definite articles
   agreement of, with nouns 33
   before titles 147 (note)
   contraction of, with **a** and **de** 72,
      147, 189
   with days of the week 198
   gender of 33
   plural forms of 34
   with titles 147 (note)
   use of 33
del, contraction of **de** + **el** 147
direct object pronouns
   after personal **a** 189

irregular
  of **-er** verbs 218
  of **-ir** verbs 218
pronouns
  a with 232–233
  direct object following personal
    a 189
  with **gustar** 232–233
  interrogative 39
  subject 38–39
  tú vs. **usted** 38–39
pronunciation
  of **c** 172
  of **d** 127
  of **g** 204
  of **h** 90
  of **j** 204
  of **p** 172
  of **qu** 90, 172
  of Spanish sounds 19
  and stressed syllables 238
  of **t** 172
  of vowel sounds 56
punctuation marks 18

Q

querer A-1
  present tense of 78
questions
  form of 39, 78
  with indefinite articles 101
  interrogative words in 39, 51,
    72, 84
  inverted word order in 84
  negative questions 39
  tag word in 84
  yes-or-no questions 39, 84

R

reading strategies 136–141,
  245–251

regular verbs A-1
  -ar verbs
    present tense of 159
  -er verbs
    present tense of 192–193, 218
  -ir verbs
    present tense of 218–219

S

saber A-1
  vs. **conocer** 228
  present tense of 228
salir A-1
  present tense of 219
ser A-1
  vs. **estar** 106
  present tense of 38
sounds of Spanish 19
Spanish-speaking world 21–23
strategies. *See* reading strategies
subject pronouns 38–39

T

tag questions 84
tener A-1
  to express feelings 114, 224
  to express illness 113
  tener ganas de + *infinitive* 114
  present tense of 113
  with **que** + *infinitive* 113
tenses. *See* future; present tense
time
  adverbs of 68
  concept of 49
  telling time 183–184
  24-hour system of 188
titles, definite article used with
  147 (note)
traer
  present 219

tú
  commands. *See* familiar
    commands
  vs. **usted**
    38–39

U

usted 39
  abbreviation of 39
  vs. **tú** 38–39
ustedes 39
  abbreviation of 39

V

ver A-1
  present tense of 192
verb charts A-1
verb tenses. *See* future; present
  tense
verbs. *See* **-ar** verbs; **-er** verbs; **-ir**
  verbs; irregular verbs;
  irregular present tense **yo** forms;
  present tense; *specific verb
  entries*

W

weather expressions
  120–121
weekdays 198

Y

yes-or-no questions
  39, 84
yo forms, irregular present tense
  192, 218–219